Zivilrechtliche Haftung und Verantwortung
für künstliche Intelligenz in der Europäischen Union und in den Vereinigten
Staaten von Amerika - ein Rechtsvergleich

Schriften zum Medien-, Urheber- und Wirtschaftsrecht

Herausgegeben von Prof. Dr. Georgios Gounalakis

Band 34

PETER LANG

Berlin · Bruxelles · Chennai · Lausanne · New York · Oxford

Kristin Baron

Zivilrechtliche Haftung und Verantwortung für künstliche Intelligenz in der Europäischen Union und in den Vereinigten Staaten von Amerika - ein Rechtsvergleich

PETER LANG
Berlin · Bruxelles · Chennai · Lausanne · New York · Oxford

Bibliografische Information der Deutschen Nationalbibliothek
Die Deutsche Nationalbibliothek verzeichnet diese Publikation in der Deutschen Nationalbibliografie; detaillierte bibliografische Daten sind im Internet über http://dnb.d-nb.de abrufbar.

Zugl.: Marburg, Univ., Diss., 2025

DE-4
ISSN 1867-1012
ISBN 978-3-631-93740-2 (Print)
E-ISBN 978-3-631-93747-1 (E-PDF)
E-ISBN 978-3-631-93748-8 (E-PUB)
DOI 10.3726/b22879

Verlegt durch Peter Lang GmbH, Berlin (Deutschland)

info@peterlang.com

www.peterlang.com

Extinguished philosophies lie about the cradle of every science as
the strangled snakes beside that of Hercules

adapted from T. H. Huxley

Vorwort Dissertation

Diese Arbeit wurde im Wintersemester 2023/2024 von der Philipps-Universität zu Marburg als Dissertation angenommen. Im Februar 2025 fand die Disputation statt.

An erster Stelle möchte ich mich herzlich bei meinem Doktorvater Professor Dr. Georgios Gounalakis für seine stetige Unterstützung und Ansprechbarkeit bedanken, die maßgeblich zum Gelingen dieser Arbeit beigetragen haben. Seine Expertise und sein Vertrauen in meine Arbeit haben maßgeblich dazu beigetragen, dass diese Dissertation in ihrer jetzigen Form entstehen konnte. Ebenso möchte ich mich ausdrücklich bei meinem Zweitgutachter Professor Dr. Florian Möslein für seine Bereitschaft, sich intensiv mit meiner Arbeit auseinanderzusetzen, sowie die zügige und sorgfältige Erstellung des Zweitgutachtens bedanken.

Mein tief empfundener Dank gilt meinen Ehemann Dr. Joachim Baron für seine immerwährende Unterstützung, auch während meiner Promotionszeit. Seine Geduld, seine Liebe, sein Zuspruch und sein Glaube an mich haben mir oft die Kraft gegeben, weiterzumachen. Du warst nicht nur mein größter Rückhalt in schwierigen Momenten, sondern auch eine Quelle der Motivation und Inspiration. Deine aufmunternden Worte, dein Verständnis und deine Bereitschaft, mir in jeder Hinsicht zur Seite zu stehen, haben mir geholfen, auch die herausforderndsten Phasen dieser Arbeit zu meistern. Für all das danke ich dir von Herzen.

Ein besonderer Dank gilt auch meinem lieben Freund Florian Mansard für die Unterstützung und das Korrekturlesen der Arbeit, das maßgeblich zum Gelingen dieser Arbeit beigetragen hat. Deine Bereitschaft, meine Arbeit kritisch zu lesen, deine Geduld bei der Durchsicht unzähliger Seiten und deine wertvollen Anmerkungen haben diese Dissertation entscheidend geprägt.

Besonders danke ich meinen Eltern für ihre bedingungslose Unterstützung sowie für das Vertrauen, das sie mir stets entgegengebracht haben.

Für diese Arbeit konnten Rechtsprechung und Literatur bis Januar 2025 berücksichtigt werden.

Kronberg im Taunus, den 12. Februar 2025 Dr. Kristin Baron

Inhaltsverzeichnis

A. Einleitung

I. Einführung in das Thema

Der Begriff „Künstliche Intelligenz" (kurz: „KI") ist in aller Munde und revolutioniert mit enormer Dynamik nahezu alle Geschäftsmodelle.[1] Sie ist aus dem Alltag nicht mehr wegzudenken und ist omnipräsent.[2] So bietet die KI-Technologie zahlreiche Einsatzmöglichkeiten, wie beispielsweise in der Finanzbranche[3] (z. B. Algo Trader[4] und

---

1 Ausf. zur Geschichte der KI: *Ebers/Steinrötter*, Künstliche Intelligenz und smarte Robotik im IT-Sicherheitsrecht, 2021, § 2, S. 31ff.; allg. zur digitalen Transformation und den rechtlichen Herausforderungen *Hoffmann-Riehm* JuS 2023, 617–627.

2 Nach einer Umfrage der Tageszeitung Handelsblatt sollen 70 % der Dax-Unternehmen damit rechnen, dass KI ihr Geschäftsmodell in den nächsten Jahren verändern wird; N.N. „Warum wir so viele Artikel über Künstliche Intelligenz veröffentlichen", in: Handelsblatt, Artikel v. 27.6.2023, abgerufen unter: https://app.handelsblatt.com/technik/forschung-innovation/handelsblatt-ki-woche-warum-wir-so-viele-artikel-ueber-kuenstliche-intelligenz-veroeffentlichen/29227266.html (Abrufdatum: 10.9.2023).

3 Eingehend zum KI-Einsatz im Bankensektor *Buck-Heeb* WM 2023, 1625–1636; zum Einsatz in der Finanzbranche *Theis* BKR 2024, 414–420; *Woesch/Vogt* BKR 2024, 689–696.

4 Bei dem Algo Trading reagieren algorithmisch aufgebaute Systeme innerhalb von Millisekunden; vgl. Deutsche Börse, Report 1585 Nr. 3/06, S. 23f. In den USA sollen nach unabhängigen Schätzungen bereits im Jahr 2017 zwischen 70 % und 80 % und in Deutschland ca. 60 % aller Transaktionen dem automatisierten Handel bzw. dem Algo-Trading zuzuschreiben sein; siehe *Köhler/ Slodczyk*, „Wenn künstliche Intelligenz an der Börse spekuliert", in: Handelsblatt, Artikel v. 12.6.2017, abgerufen unter: https://www.handelsblatt.com/finanzen/banken-versicherungen/banken/algo-trading-wenn-kuenstliche-intelligenz-an-der-boerse-spekuliert/19913174.html (Abrufdatum: 10.9.2023).

Robo Advisor[5]), im Medizin- und Gesundheitswesen[6] (z. B. KI-assistierte Chirurgie[7] und intelligente Pflegeroboter[8]), im Transport- und Logistikwesen (z. B. intelligente Serviceroboter[9]), in der Fahrzeugindustrie (z. B. autonomes Fahren[10]) und bei der Erstellung von Texten, der Erschaffung von

---

5 Näher zum KI-Einsatz beim Robo Advice *Spindler*, in: Langenbucher/Bliesener/Spindler, 3. Aufl. 2020, WpHG § 63 Rn. 57; rund die Hälfte der Robo Advisor soll KI zur Marktrecherche einsetzen; siehe *Rezmer*, „Wie schlagen sich Robo-Advisors in unsicheren Zeiten?“, in: Handelsblatt, Artikel v. 24.5.2023, abgerufen unter: https://www.handelsblatt.com/finanzen/anlagestrategie/trends/geldanlage-wie-schlagen-sich-robo-advisors-in-unsicheren-zeiten/29152106.html (Abrufdatum: 10.9.2023).

6 Siehe *Thiermann* RDi 2022, 333–339; vgl. PWC, Whitepaper: Das intelligente Krankenhaus, S. 3.

7 Ausweislich einer Studie der Unternehmensberatung PwC aus dem Jahr 2017 mit 11.000 befragten Personen aus zwölf Ländern sollen 41 % der Befragten offen dafür sein, eine Untersuchung durch einen Roboter durchführen zu lassen, wobei 43 % der Befragten zu kleineren Eingriffen wie Augenoperationen bereit seien; siehe *Schramm* „OP von Dr. Roboter“, in: Handelsblatt, Artikel v. 12.5.2017, abgerufen unter: https://www.handelsblatt.com/technik/medizin/kuenstliche-intelligenz-in-der-medizin-op-von-dr-roboter/19794946.html (Abrufdatum: 10.9.2023).

8 Ausführlich zum Einsatz intelligenter Roboter *Keßler* MMR 2017, 589–594; im Jahr 2021 sollen weltweit 14.800 Serviceroboter im Bereich der Medizin und Pflege verkauft worden sein; siehe *Höpner*, „Stimmanalyse mit KI – Roboter entdecken Krankheiten“, in: Handelsblatt, Artikel v. 7.8.2023, abgerufen unter: https://www.handelsblatt.com/technik/ki/automatisierung-stimmanalyse-mit-ki-roboter-entdecken-krankheiten/29249482.html (Abrufdatum: 10.9.2023).

9 Im Jahr 2021 sollen weltweit 49.500 Serviceroboter im Bereich Transport und Logistik verkauft worden sein; siehe *Höpner*, „Stimmanalyse mit KI– Roboter entdecken Krankheiten“, a.a.O. In den USA sollen im Jahr 2022 Anbieter von selbstlernenden Greifrobotern einen Umsatz von 100 Millionen Euro erwirtschaftet haben; siehe *Alvares de Souza Soares/Kolf*, „Wie Roboter mit Künstlicher Intelligenz ein Lagerhaus in den Griff kriegen“, in: Handelsblatt, Artikel v. 9.5.2023, abgerufen unter: https://www.handelsblatt.com/unternehmen/handel-konsumgueter/innovation-wie-roboter-mit-kuenstlicher-intelligenz-ein-lagerhaus-in-den-griff-kriegen/29135848.html (Abrufdatum: 10.9.2023).

10 Siehe zu haftungsrechtlichen Fragestellungen in Bezug auf autonomes Fahren *Sedlmaier/Krzic Bogataj* NJW 2022, 2953–2957. Nach einer Analyse von McKinsey sollen Autohersteller und Risikokapitalgeber zwischen 2010 und 2020 insgesamt 106 Milliarden Dollar in autonomes Fahren investiert haben; siehe *Holtermann/Jahn*, „Nicht nur Tesla tut sich schwer mit autonomem Fahren“, in: Handelsblatt, Artikel v. 25.5.2023, abgerufen unter: https://www.handelsblatt.com/unternehmen/industrie/tesla-files-nicht-nur-tesla-tut-sich-schwer-mit-autonomem-fahren/29167474.html (Abrufdatum: 10.9.2023).

Kunstwerken und der Komposition von Musik.[11] In einigen Bereichen, wie z. B. bei gewissen Entscheidungsprozessen, soll die KI bereits den Menschen übertreffen, wie etwa bei der Diagnose von Krankheiten.[12]

Die sog. „Superintelligenz“, eine überlegene, autonome und sich selbst mittels „Intelligenzexplosionen“ rapide verbessernde Intelligenz, die weit über die menschliche Intelligenz hinausgehen soll, soll sogar die Fähigkeit haben, Aufgaben zu lösen, die für die menschliche Intelligenz unerreichbar ist.[13] Diese KI wird als eine der größten Bedrohungen der Menschheit - neben einem Atomkrieg und Pandemien – eingeordnet.[14]

Spitzenreiter im Bereich des KI-Einsatzes und im Bereich der KI-Innovationen im Allgemeinen sind die USA und der Volksrepublik China.[15] Im Bereich des KI-Einsatzes in der verarbeitenden Industrie ist Europa (über 50 %), gefolgt von Japan (30 %) und den USA (28 %), führend.[16] Die führenden

---

[11] Zu Beispielen siehe *Dornis* 2021, 784 (784ff.) m.w.N.

[12] Siehe *Buxmann*, „In diesen Bereichen ist KI bereits besser als der Mensch“, in: Welt, Artikel v. 4.10.2022, abgerufen unter: https://www.welt.de/wirtschaft/article241205075/In-diesen-Bereichen-ist-KI-bereits-besser-als-der-Mensch.html (Abrufdatum: 10.9.2023). GPT-4, ein multimodales Sprachmodell von dem US-amerikanischen Unternehmen OpenAI, Inc., das Text aus textuellen und visuellen Eingaben generiert, soll die medizinische Zulassungsprüfung in den Vereinigten Staaten von Amerika besser als 90 % der ausgebildeten Ärzte bestanden haben; siehe *Scheuer/Telgheder*, „Wie Künstliche Intelligenz den Klinik-Alltag erleichtern soll“, in: Handelsblatt, Artikel v. 3.7.2023, abgerufen unter: https://www.handelsblatt.com/technik/it-internet/medizin-und-ki-wie-kuenstliche-intelligenz-den-klinik-alltag-erleichtern-soll/29224540.html (Abrufdatum: 10.9.2023).

[13] Ausf. *Urban*, „The AI Revolution: The Road to Superintelligence”, in: Wait But Why, Artikel v. 22.1.2015, abgerufen unter: https://waitbutwhy.com/2015/01/artificial-intelligence-revolution-1.html (Abrufdatum: 3.10.2023); siehe auch *Bostrom*, Superintelligenz: Szenarien einer kommenden Revolution, 3. Aufl. 2018, S. 181 ff.; zu KI-gestützten Medizin-Apps *Ströbel/Grau* ZD 2022, 599 (600).

[14] Siehe *Eckert*, „Die fünf größten Bedrohungen für die Menschheit“, in: ZEIT, Artikel v. 6.1.2017, abgerufen unter: https://www.zeit.de/zett/politik/2017-01/die-fuenf-groesste-bedrohungen-fuer-die-menschheit?utm_referrer=https%3A%2F%2Fwww.google.de%2F (Abrufdatum: 3.10.2023).

[15] Siehe Global AI Index, in: Tortoise Media, veröffentlicht am 28.6.2023, abgerufen unter: https://www.tortoisemedia.com/intelligence/global-ai/ (Abrufdatum: 5.11.2023).

[16] Siehe Europäische Kommission, Weißbuch zur Künstlichen Intelligenz – ein europäisches Konzept für Excellenz und Vertrauen, 19.2.2020, COM(2020) 65 final, S. 4.

Industrienationen haben die revolutionäre Bedeutung und die Potenziale von KI erkannt und jeweils eigene KI-Strategien entwickelt.[17]

Was einerseits von Vorteil ist, hat auch Schattenseiten: Generative KI-Tools, wie von der von dem US-amerikanischen Unternehmen OpenAI, Inc. entwickelte KI-Chatbot ChatGPT („Generative Pre-trained Transformer"), der im November des Jahres 2022 veröffentlicht wurde, haben sog. Halluzinationen hervorgebracht, die zu Diffamierungen von Personen führten.[18] Rechtsanwälte in den USA, die sich auf KI verlassen haben und mit Hilfe von ChatGPT Schriftsätze erstellt haben, trugen Falschinformationen vor und mussten sich dem Vorwurf des Täuschungsversuchs stellen.[19] In den USA haben sich innerhalb von rd. 10 Monaten ca. 500 Autounfälle ereignet, bei denen autonome Fahrzeuge beteiligt waren.[20] Deepfakes[21], d.h. KI-Programme zur Veränderung von Fotos, Videos oder Audio-Dateien, stellen große Gefahren für die Gesellschaft und die Politik dar, da durch sie Fehlinformationen verbreitet und dadurch Schäden verursacht werden können.[22] Kommt es

---

17 Ausf. dazu Mitteilung der Europäischen Kommission an das Europäische Parlament, den Europäischen Rat, den Rat, den europäischen Wirtschafts- und Sozialausschuss und den Ausschuss der Regionen – Künstliche Intelligenz in Europa, v. 25.4.2018, COM(2018) 237 final.

18 Siehe z. B. o.V., „Milliardenklage gegen Google wegen Daten für Künstliche Intelligenz", in: WirtschaftsWoche, Artikel v. 12.7.2023, abgerufen unter: https://www.wiwo.de/unternehmen/dienstleister/schadenersatz-milliardenklage-gegen-google-wegen-daten-fuer-kuenstliche-intelligenz/29253544.html (Abrufdatum: 3.10.2023).

19 Siehe *Passenheim*, „Wenn KI nach hinten losgeht", Artikel v. 9.6.2023, in: tagesschau online, abrufbar unter: https://www.tagesschau.de/wissen/technologie/ki-rechtsanwalt-100.html (Abrufdatum: 30.8.2024); zu den rechtlichen Grenzen des KI-Einsatzes im Rahmen der anwaltlichen Mandatsbearbeitung nach deutschem Recht siehe *Salz/Wiedemann* NJW 2024, 1634–1636.

20 Siehe NHTSA, Summary Report: Standing General Order on Crash Reporting for Automated Driving Systems 2022, DOT HS 813 324, S. 4 und Summary Report: Standing General Order on Crash Reporting for Level 2 Advanced Driver Assistance Systems, DOT HS 813 325, S. 5.

21 Der Begriff „Deepfake" setzt sich aus den Wörtern „Deep Learning" und „Fake" zusammen.

22 Siehe Information der Bundesregierung v. 29.11.2023, abgerufen unter: https://www.bundesregierung.de/breg-de/schwerpunkte/umgang-mit-desinformation/deepfakes-2246064 (Abrufdatum: 7.1.2024); allg. zu Deepfakes siehe *Kumkar/Rapp* ZfDR 2022, 199–228; *Thiel* ZRP 2021, 202–205; *Lantwin* MMR 2019, 574–578; zur strafrechtlichen Bewertung *Lantwin* MMR, 2020, 78–82; *Erdogan* MMR 2024, 379–383; zur gezielten Verbreitung von Falschmeldungen (Fake News) zugunsten politischer Einflussnahme siehe *Tschorr* ZfDR 2021, 381–383; vgl. *Holznagel* MMR 2018, 18 (19).

durch ein KI-Entscheidungssystem aufgrund eines Programmierfehlers zu einer Diskriminierung, kann dies zu ungerechten Entscheidungen, z. B. im Bereich der Kreditvergabe, führen.[23] Vor diesem Hintergrund stellt sich die Frage der Haftung und Verantwortung für KI.[24]

Derzeit herrscht ein „globaler Regulierungswettbewerb“ zwischen der Volksrepublik China, der EU und den USA.[25] Die ersten KI-spezifischen Vorgaben soll es in der Volksrepublik China gegeben haben.[26] In den letzten Jahren hat die Volksrepublik China darüber hinaus eine Reihe von „Maßnahmen“ zur Regulierung von KI, insbesondere von generativen KI-Services, erlassen.[27] Eine Vorreiterrolle bei der Regulierung von KI übernimmt auch die EU mit der am 1. August 2024 in Kraft getretenen EU-Verordnung (EU) 2024/1689 über harmonisierte Vorschriften für KI (englisch: „AI Act“, kurz: „KI-Verordnung“).[28] Die KI-Verordnung gilt als Meilenstein in der KI-Regulierung. Neben der KI-Verordnung hat die Europäische Kommission zwei Richtlinienentwürfe, namentlich den Richtlinienentwurf über KI-Haftung (COM(2022) 496 final),[29] der sich explizit mit der zivilrechtlichen außervertraglichen Haftung in Bezug auf KI befasst, und den Richtlinienentwurf über Produkthaftung

---

[23] Siehe dazu *Buck-Heeb* WM 2023, 1625 (1631); allg. zur Diskriminierung durch KI *Lauscher/Legner* ZfDR 2022, 367–390.

[24] Nach einer Umfrage der Europäischen Kommission aus dem Jahr 2020 ist für Unternehmen, die in den nächsten Jahren den Einsatz von KI-Systemen geplant haben, die Unsicherheit bei Haftungsfragen im Zusammenhang mit dem Einsatz von KI-Systemen eines der bedeutsamsten Hindernisse, KI einzusetzen; Europäische Kommission, Unternehmensumfrage über den Einsatz von Technologien der künstlichen Intelligenz, Ipsos 2020, Abschlussbericht, S. 12, 58, abgerufen unter: https://op.europa.eu/en/publication-detail/-/publication/f089bbae-f0b0-11ea-991b-01aa75ed71a1/language-en (Abrufdatum: 19.2.2023).

[25] Eingehend *Smuha*, 13(1) Law, Innovation and Technology 2021, 74.

[26] Siehe *Vasel* EuZW 2024, 829 (829) m.w.N.

[27] Ausfl. dazu *Blasek* RDi 2023, 557 m.w.N.

[28] Die Verordnung (EU) 2024/1689 ist abrufbar unter: https://eur-lex.europa.eu/legal-content/DE/TXT/PDF/?uri=OJ:L_202401689 (Abrufdatum: 2.8.2024).

[29] Vorschlag der Europäischen Kommission für eine Richtlinie des Europäischen Parlaments und des Rates zur Anpassung der Vorschriften über außervertragliche zivilrechtliche Haftung an künstliche Intelligenz (Richtlinie über KI-Haftung), 28.9.2022, COM(2022) 496 final.

(COM(2022) 495 final),[30] mit dem prioritär Unsicherheiten in Bezug auf Software und KI geklärt werden sollen, erlassen. Am 18. November 2024 wurde die neue Produkthaftungsrichtlinie (EU 2024/2853) im Amtsblatt der EU veröffentlicht.[31] Am 9. Dezember 2024 ist sie in Kraft getreten.[32] Prominent ist auch die im Oktober 2023 von der US-Regierung erlassene Executive Order 14110, namentlich die „Executive Order on Safe, Secure, and Trustworthy Artificial Intelligence“, mit der erstmals gewisse Vorgaben in Bezug auf KI in den USA erlassen wurden.[33] Nicht einmal ein Jahr und drei Monate später, namentlich am 20. Januar 2025, hat der neugewählte US-Präsident *Donald Trump* diese mit der Executive Order 14145 aufgehoben.[34] Kurz danach, am 23. Januar 2025, erließ *Trump* die Executive Order namens „Removing Barriers to American Leadership in Artificial Intelligence" (kurz: "Executive Order "Removing Barriers").[35]

---

[30] Vorschlag der Europäischen Kommission für eine Richtlinie des Europäischen Parlaments und des Rates über die Haftung für fehlerhafte Produkte, 28.9.2022, COM(2022) 495 final.

[31] Richtlinie (EU) 2024/2853 des Europäischen Parlaments und des Rates vom 23.10.2024 über die Haftung für fehlerhafte Produkte und zur Aufhebung der Richtlinie 85/374/EWG des Rates.

[32] Die Richtlinie (EU) 2024/2853 ist abrufbar unter: https://eur-lex.europa.eu/legal-content/DE/TXT/PDF/?uri=OJ:L_202402853 (Abrufdatum: 25.01.2025).

[33] Die Executive Order 14110 ist abrufbar unter: https://www.whitehouse.gov/briefing-room/presidential-actions/2023/10/30/executive-order-on-the-safe-secure-and-trustworthy- development-and-use-of-artificial-intelligence/ (Abrufdatum: 13.7.2024); siehe dazu auch die Veröffentlichung des Weißen Hauses (Washington) v. 30.10.2023, abgerufen unter: https://www.whitehouse.gov/briefing-room/statements-releases/2023/10/30/fact-sheet-president-biden-issues-executive-order-on-safe-secure-and-trustworthy-artificial-intelligence/ (Abrufdatum: 13.7.2024).

[34] Die Executive Order 14145 ist abrufbar unter: https://www.whitehouse.gov/presidential-actions/2025/01/initial-rescissions-of-harmful-executive-orders-and-actions/ (Abrufdatum: 25.01.2025).

[35] Die Executive Order „Removing Barriers“ ist abrufbar unter: https://www.whitehouse.gov/presidential-actions/2025/01/removing-barriers-to-american-leadership-in-artificial-intelligence/ (Abrufdatum: 25.01.2025).

Die KI-Technologien entwickeln sich mit enormer Geschwindigkeit weiter. Ein Paradebeispiel dafür ist ChatGPT, der als der Revolutionär im Bereich der KI gilt und den „iPhone-Moment“ für KI geschaffen haben soll.[36] Die enorme Geschwindigkeit der Weiterentwicklung der KI-Technologien stellt die Gesetzgeber bei Gestaltung von Vorgaben für KI vor große Herausforderungen. Sie können häufig nur schwer mit der Entwicklung der KI-Systeme Schritt halten. Hinzukommt, dass KI global eingesetzt wird, was die jeweiligen Gesetzgeber ebenfalls vor Herausforderungen stellt.

Die US-Regierung und die Europäischen Kommission arbeiten bereits an gemeinsamen Lösungen in Bezug auf Vorgaben für KI. Am 27. Januar 2023 haben sie dazu eine „Verwaltungsvereinbarung über künstliche Intelligenz für das Gemeinwohl“ („Administrative Arrangement on Artificial Intelligence for the Public Good“) im Rahmen des EU-US-Handels- und

---

[36] Siehe *Meyer/Podszun* ZRP 2024, 41 (41); siehe auch Presseartikel wie z. B. *Scheurer*, „Der neue iPhone-Moment – ChatGPT und die Tech-Revolution“, in: Handelsblatt, Artikel v. 10.2.2023, abrufbar unter: https://www.handelsblatt.com/meinung/kommentare/kommentar-der-neue-iphone-moment-chatgpt-und-die-tech-revolution/28969310.html (Abrufdatum: 12.10.2024); *Hensen*, „Ein Jahr ChatGPT: Der „iPhone-Moment“ für Künstliche Intelligenz“, in: Capital, Artikel v. 30.11.2023, Abrufbar unter: https://www.capital.de/wirtschaft-politik/ein-jahr-chatgpt--der--iphone-moment--fuer-kuenstliche-intelligenz-34246382.html (Abrufdatum: 12.10.2024); *Stock/Giersch*, , „Mit ChatGPT bahnt sich „Microsofts iPhone-Moment“ an“, in: Focus, Artikel v. 24.1.2024, abgerufen unter: https://www.focus.de/finanzen/revolution-im-lehrerzimmer-wie-chatgpt-das-lernen-veraendert-und-wem-die-neue-technologie-wirklich-gehoert_id_183483961.html (Abrufdatum: 7.4.2024); *Mansholt*, „Seine KI soll die Welt revolutionieren – er selbst bereitet sich mit Gold, Waffen und Gasmasken auf den Untergang vor“, in: Stern, Artikel v. 5.2.2023, abgerufen unter: https://www.stern.de/digital/online/sam-altmans-ki-soll-die-welt-revolutionieren---er-selbst-bereitet-sich-mit-gold--waffen-und-gasmasken-auf-den-untergang-vor-33164548.html (Abrufdatum: 7.4.2024); *ders*, „Ein Jahr ChatGPT: Wie ein Experiment die KI-Revolution lostrat“, in: Capital, Artikel v. 9.12.2023, abgerufen unter https://www.capital.de/wirtschaft-politik/ein-jahr-chatgpt--wie-ein-experiment-die-ki-revolution-lostrat-34267874.html (Abrufdatum: 7.4.2024); *Wirminghaus/Schwär*, „Was Sie über ChatGPT wissen müssen“, in: Capital, Artikel v. 5.12.2024, abgerufen unter https://www.capital.de/wirtschaft-politik/chatgpt--was-sie-ueber-den-revolutionaeren-chatbot-wissen-muessen-32976718.html (Abrufdatum: 7.4.2024).

Technologierats unterzeichnet.[37] Darüber hinaus fand Anfang November 2023 ein KI-Gipfel („AI Safety Summit“) statt, im Rahmen dessen sich die Teilnehmer-Staaten[38] durch die sog. „Bletchley Declaration“, die u.a. die Verantwortung der Regierungen und Unternehmen regelt, verpflichtet haben, KI-Systeme auf potenzielle Risiken und Gefahren zu testen sowie Prüf- und Evaluierungsergebnisse zu teilen.[39] Darüber hinaus haben im Oktober 2023 die bedeutendsten Industriestaaten der westlichen Welt, namentlich die G7-Staaten[40], einen Entwurf für Leitprinzipien („Draft Guiding Principles for Organizations Developing Advanced AI Systems“) für Organisationen, die fortgeschrittene KI-Systeme entwickeln, veröffentlicht, der die Sicherheit und Vertrauenswürdigkeit der KI-Technologie fördern soll.[41] Dabei handelt es sich um Leitlinien für KI-Entwickler und KI-Nutzer, die u.a. zu mehr Transparenz bei KI-generierten Inhalten (z. B. mittels eines digitalen Wasserzeichens), zur Risikominderung und Steigerung der Sicherheit von KI und einem

---

[37] Siehe Europäische Kommission, „The European Union and the United States of America strengthen cooperation on research in Artificial Intelligence and computing for the Public Good“, Veröffentlichung v. 27.01.2023, abgerufen unter: https://digital-strategy.ec.europa.eu/en/news/european-union-and-united-states-america-strengthen-cooperation-research-artificial-intelligence (Abrufdatum: 22.6.2023); Außenministerium der Vereinigten Staaten von Amerika (US Department of State), „Under Secretary Fernandez Signs Administrative Arrangement with European Commission's Directorate General for Communications Networks, Content, and Technology (DG-CNECT) on Artificial Intelligence“, Veröffentlichung v. 28.1.2023, abgerufen unter: https://www.state.gov/under-secretary-fernandez-signs-administrative-arrangement-with-european-commissions-directorate-general-for-communications-networks-content-and-technology-dg-cnect-on-artificial-intellig (Abrufdatum: 10.9.2023).

[38] Australien, Brasilien, Chile, China, Deutschland, die Europäische Union, Frankreich, Indien, Indonesien, Irland, Israel, Italien, Japan, Kanada, Kenia, die Niederlande, Nigeria, die Philippinen, Ruanda, Saudi-Arabien, die Schweiz, Singapur, Spanien, Südkorea, Türkei, Ukraine, Vereinigte Staaten von Amerika, die Vereinigten Arabischen Emirate und das Vereinigte Königreich.

[39] Die „Bletchley Declaration“ ist abgerufen unter: https://www.gov.uk/government/publications/ai- safety-summit-2023-the-bletchley-declaration/the-bletchley-declaration-by-countries-attending-the-ai- safety-summit-1-2-november-2023 (Abrufdatum: 5.11.2023).

[40] Deutschland, Frankreich, Italien, Japan, Kanada, das Vereinigte Königreich und die Vereinigten Staaten von Amerika.

[41] Europäische Kommission, Pressemitteilung v. 13.10.2023, „Kommission sammelt Meinungen zu den G7-Leitprinzipien für generative künstliche Intelligenz“, abgerufen unter: https://digital- strategy.ec.europa.eu/en/news/commission-gathers-views-g7-guiding-principles-generative-artificial- intelligence (Abrufdatum: 15.10.2023).

Bekenntnis zu universalen Menschenrechten und demokratischen Werten führen sollen.[42] Auf Basis dieser „G7-KI-Gebote" diskutieren die G7-Staaten als nächsten Schritt einen KI-Verhaltenskodex zu entwickeln.[43]

Aufgrund des globalen Einsatzes von KI und mit Blick auf die bereits bestehende globale Zusammenarbeit ist eine Vereinheitlichung der Regulierungskonzepte wünschenswert. Dabei sollte die Frage der Haftung und Verantwortung für KI eine zentrale Rolle spielen, da dies für die Akteure, namentlich für Produkthersteller, Betreiber, Bevollmächtigte, Einführer und Händler von KI von herausragender Bedeutung ist.

II. Themenbegrenzung und Zielsetzung

Voraussetzung für eine Vereinheitlichung der Regulierungskonzepte ist eine Analyse der verschiedenen Konzepte zur Regulierung von KI. Vor diesem Hintergrund fokussiert sich das Dissertationsvorhaben auf die Analyse der Regulierungskonzepte der EU und der USA. Im Mittelpunkt der Betrachtung steht dabei die Frage nach der Verantwortungsübernahme für KI und im haftungsrechtlichen Zusammenhang die Regelungen in Bezug auf das „Ob" einer Pflichtverletzung und die Möglichkeiten der Rechtsdurchsetzung. Damit gelangen die in dem vorgenannten Abschnitt angesprochenen Maßnahmen und Initiativen in den Fokus der Betrachtung, wobei die chinesische KI-Regulierung nicht betrachtet wird. Ziel ist es in einem ersten Schritt, im Rahmen einer Analyse zu erarbeiten, welche Regulierungsansätze die EU und die USA verfolgen und inwieweit sie sich voneinander unterscheiden. Hierbei soll auch aufgezeigt werden, wie die EU und die USA mit etwaigen Interessenskollisionen umgehen und sie lösen. Diese Analyse ist erforderlich, um länderspezifische Regelungen zu abstrahieren und auf diesem Wege in einem zweiten Schritt mögliche Vorgaben für allgemeingültige Regelungskonzepte zu identifizieren. Ziel des Dissertationsvorhabens ist

---

[42] Der Entwurf ist abrufbar unter: https://digital-strategy.ec.europa.eu/en/library/international-draft-guiding-principles-organizations-developing-advanced-ai-systems (Abrufdatum: 15.10.2023).

[43] Europäische Kommission, Pressemitteilung v. 13.10.2023, a.a.O.; siehe auch *Kölling/Volkery*, „G7 beschließt elf Gebote für KI", in: Handelsblatt, Artikel v. 12.10.2023, abgerufen unter: https://www.handelsblatt.com/politik/international/kuenstliche-intelligenz-g7-beschliesst-elf-gebote-fuer-ki/29442462.html (Abrufdatum: 15.10.2023).

dabei auch etwaige Unterschiede und Gemeinsamkeiten in den verschiedenen Rechtsordnungen zu identifizieren und zu erarbeiten, inwieweit gewisse Vorschriften und Systeme als Vorbild oder Negativvorbild dienen können.

Auf diesem Weg soll das Dissertationsvorhaben Zusammenhänge erforschen und bewerten sowie Impulse zur optimalen Gestaltung von Vorschriften in Bezug auf die Haftung und Verantwortlichkeit für KI-Systeme mit Blick auf die im vorstehenden Abschnitt beschriebene avisierte Stärkung der Zusammenarbeit der USA und der EU geben. Das Thema der KI-Haftung ist und bleibt brandaktuell. Bislang fehlt es an einer umfassenden Betrachtung und rechtsvergleichenden Analyse der europäischen und US-amerikanischen Regulierungs- und Haftungsvorschriften für KI-Systeme. Hierzu soll dieses Dissertationsvorhaben einen wertvollen Beitrag zur Aufklärung leisten und Erkenntnisse für die „beste Lösung" gewinnen.

III. Gang der Untersuchung

Das Dissertationsvorhaben gliedert sich in sieben Abschnitte (A.-G.). Im ersten Abschnitt (A.) der Einleitung wurde das Dissertationsthema und das konkrete Dissertationsvorhaben erklärt und dessen Ziele erläutert. Im zweiten Abschnitt (B.) wird zum besseren Verständnis kursorisch erläutert, was unter KI aus technischer Sicht zu verstehen ist, und welche besonderen Eigenschaften KI charakterisieren. Dies ist für das Verständnis des Dissertationsvorhabens von zentraler Bedeutung. Der dritte Abschnitt (C.) widmet sich der Definition von KI, die von großer Bedeutung ist, da sie die Weichen für die Regulatorik stellt und damit auch bestimmt, welche Anforderungen an Haftung und Verantwortung für KI gestellt werden. Der vierte Abschnitt (D.) befasst sich mit der Regulierung von KI innerhalb der EU und gibt einen Überblick über die zentralen KI-spezifischen Vorgaben. Der fünfte Abschnitt (E.) widmet sich der Regulierung von KI innerhalb der USA und stellt die dortigen zentralen KI-spezifischen Maßnahmen, Initiativen sowie Gerichtsentscheidungen, die in den USA mit einem Common Law Rechtssystem eine zentrale Rolle spielen, vor. Im sechsten Abschnitt (F.) werden die Ergebnisse aus den beiden vorangegangenen Abschnitten (D. und E.) im Rahmen eines funktionalen Rechtsvergleichs miteinander verglichen, analysiert und bewertet. Anschließend werden die Thesen im siebten Abschnitt (G.) zusammengefasst.

B. Technologie, Eigenschaften, Risiken und haftungsrechtliche Probleme von KI

Dieser Abschnitt widmet sich der KI-Technologie und den KI-spezifischen Eigenschaften, daraus resultierenden Risiken und Problemen aus haftungsrechtlicher Sicht. Zunächst wird kursorisch dargestellt, was aus technischer Sicht unter KI zu verstehen ist. Dies ist für das Verständnis des Dissertationsvorhabens von Bedeutung, um die regulatorischen Vorgaben, die zwischen verschiedenen KI-Technologien differenzieren, inhaltlich verstehen und bewerten zu können. Hierzu werden zunächst die für das Dissertationsvorhaben zentralen Methoden und Anwendungen von KI aus technischer Sicht überblicksartig dargestellt und anhand von Beispielen erklärt (hierzu unter **I.**). Sodann werden die wesentlichen Eigenschaften von KI und die daraus resultierenden Risiken und Problemen aus haftungsrechtlicher Sicht erläutert (hierzu unter **II.**). Diese haben insbesondere im Zusammenhang mit den beiden Richtlinienvorschlägen der Europäischen Kommission aus September 2022, namentlich dem Vorschlag für eine Richtlinie über die außervertragliche zivilrechtliche Haftung für KI (COM(2022) 496 final)[44] und den Vorschlag für eine Novelle der Richtlinie

[44] Vorschlag der Europäischen Kommission für eine Richtlinie des Europäischen Parlaments und des Rates zur Anpassung der Vorschriften über außervertragliche zivilrechtliche Haftung an künstliche Intelligenz (Richtlinie über KI-Haftung), 28.9.2022, COM(2022) 496 final.

über Produkthaftung (COM(2022) 495 final)[45] eine Rolle gespielt. Am Ende dieses Abschnitts werden die wesentlichen Erkenntnisse dieses Abschnitts zusammengefasst (hierzu unter **III.**).

I. KI-Technologie

Grundsätzlich wird zwischen zwei verschiedenen Arten von KI unterschieden, namentlich zwischen der sog. „schwachen" KI (englisch: „ weak AI" oder „narrow AI") und der sog. „starken" KI (englisch: „strong AI" oder „general AI").[46] Als „schwache" KI wird weitgehend KI bezeichnet, die einen begrenzten Anwendungsbereich hat, auf menschliche Eingaben (Input) angewiesen ist und menschliches Verhalten allenfalls imitieren kann.[47] Als „starke" KI gilt im allgemeinen KI, die, anders als die „schwache" KI, eine Vielzahl von Funktionen ausführen kann und in der Lage ist, selbstständig dazuzulernen und sich anzupassen.[48] Bei der derzeit eingesetzten KI soll es sich ausschließlich um schwache KI handeln.[49]

---

[45] Vorschlag der Europäischen Kommission für eine Richtlinie des Europäischen Parlaments und des Rates über die Haftung für fehlerhafte Produkte, 28.9.2022, COM(2022) 495 final.

[46] Näher zur Differenzierung von „starker" und „schwacher" KI Europäische Kommission – High Level Expert Group on Artificial Intelligence, A Definition of AI: Main Capabilities and Disciplines, 2019, S. 5, abrufbar unter: https://digital-strategy.ec.europa.eu/de/node/2226 (Abrufdatum: 18.8.2024); siehe zur früheren Unterscheidung „starker" und „schwacher" KI siehe *Searle* Behavioral and Brain Sciences 3 (1980), 417 ff.; siehe auch *Pieper* GRUR-Prax 2019, 298 (298) m.w.N.

[47] Siehe *Tischbirek* ZfDR 2021, 307 (310) m.w.N.; siehe auch *Görz/Schmid/Braun*, Handbuch der Künstlichen Intelligenz, S. 910.

[48] Europäische Kommission – High Level Expert Group on Artificial Intelligence, A Definition of AI: Main Capabilities and Disciplines, a.a.O.; zur „Superintelligenz" *Bostrom*, Superintelligenz: Szenarien einer kommenden Revolution, 3. Aufl. 2018; *Görz/Schmid/Braun*, Handbuch der Künstlichen Intelligenz, S. 910.

[49] Siehe *Botta* ZfDR 2022, 391 (393) m.w.N.

Die KI-Technologie basiert auf Algorithmen[50] gestützter Ausnutzungen großer Datenmengen unter Zuhilfenahme großer Rechenleistungen.[51] Zur Anwendung gelangen meist sog. determinative Algorithmen, d.h. Algorithmen, bei denen nur definierte und reproduzierbare Zustände auftreten können[52], und Lernalgorithmen, die auf maschinellen Trainingsbeispielen basieren, wie z. B. auf künstlich neuronalen Netzwerken (englisch: „Artificial Neural Network", kurz: „ANN").[53]

Aus technischer Sicht unterscheiden sich KI-Systeme insbesondere dergestalt von klassischen Computerprogrammen, dass sie nicht nur regelbasiert (z. B. mittels „Wenn-Dann-Regeln") funktionieren, sondern mittels eines programmierten Algorithmus als „intelligent" charakterisiert werden, d.h. fähig sind, selbst aus sich ändernden Bedingungen ihrer Umwelt zu lernen und sich anzupassen.[54]

Nachfolgend werden die drei für das Dissertationsvorhaben relevanten KI-Methoden, namentlich das sog. maschinelle Lernen (hierzu unter **1.**), das sog. mehrschichtige Lernen (hierzu unter **2.**) und der generativ vortrainierte Transformer (hierzu unter **3.**) vorgestellt.

---

[50] Die Bundesanstalt für Finanzdienstleistungsaufsicht (BaFin) versteht unter Algorithmen Handlungsvorschriften, die in der Regel in ein Computerprogramm integriert sind und ein (Optimierungs-) Problem oder eine Klasse von Problemen lösen, siehe *BaFin*, Big Data und künstliche Intelligenz: Prinzipien für den Einsatz von Algorithmen in Entscheidungsprozessen, 2021, S. 3,abgerufen unter: https://www.bafin.de/SharedDocs/Downloads/DE/Aufsichtsrecht/dl_Prinzipienpapier_BDAI.html (Abrufdatum: 14.04.2024); siehe auch *Lum/Chowdhury*, "What is an "algorithm"? It depends whom you ask", MIT Review, 26.2.2021, abgerufen unter: https://www.technologyreview.com/2021/02/26/1020007/what-is-an-algorithm/ (Abrufdatum: 6.6.2024).

[51] Vgl. Europäische Kommission, Weißbuch zur Künstlichen Intelligenz – ein europäisches Konzept für Exzellenz und Vertrauen, COM(2020) 65 final, S. 2; ausf. zu den neuen Algorithmen aus den Bereichen der KI *Klüver*, Neue Algorithmen für praktische Probleme, 2. Aufl. 2024, S. 343ff.

[52] Ein Beispiel für einen determinativen Algorithmus ist die sog. Brute-Force-Suche („brute-force search"), bei der es sich um eine Lösungsmethode für die Thematik kryptografischer Probleme handelt, die durch Ausprobieren aller möglichen Fallvarianten zu Ergebnissen gelangt, siehe dazu *Leupold/Wiebe/Glossner*, IT-Recht, 4. Aufl., 2021.

[53] Näher dazu *Bathaee* BTLJ 2020, 114 (138f.) m.w.N.; *Sheikh, Haroon / Prins, Corien / Schrijvers, Erik*, Mission AI, 2023, S. 31; Domingos, The master algorithm: How the Quest for the ultimate learning machine will remake our world, 2017, S. 93.

[54] Siehe *Ebers/Steinrötter*, Künstliche Intelligenz und smarte Robotik im IT-Sicherheitsrecht, 2021, S. 26; siehe auch *Langheld/Haagen* NZG 2023, 1535 (1535).

1. Maschinelles Lernen (Machine Learning)

Das maschinelle Lernen (englisch: „Machine Learning“, kurz: „ML“) ist ein zentraler Teilbereich der KI. Bei dieser Methode sind KI-Systeme in der Lage, selbstständig aus Daten (Input) zu lernen und sich zu verbessern, ohne dazu explizit programmiert zu sein, und ein neues Ergebnis hervorzubringen (Output).[55] Der Begriff ML erfasst eine Vielzahl von verschiedenen ML-Methoden, die von einfachen ML-Systemen bis zu hochkomplexen ML-Systemen reichen.[56] Das nachfolgende Schaubild zeigt exemplarisch die wesentlichen Unterschiede traditioneller Computerprogramme im Vergleich zu dem ML auf:

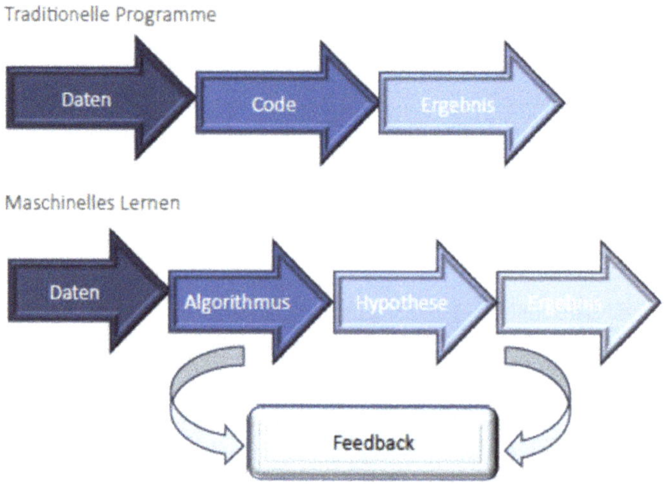

Abbildung 1: Traditionelle Programme vs. Maschinelles Lernen (angelehnt an Wittphal, Volker, Künstliche Intelligenz – Technologie / Anwendung / Gesellschaft, 2009).

Grundsätzlich ist im Rahmen des ML zwischen drei Lernaufgaben, namentlich dem sog. überwachten Lernen (englisch: „Supervised Learning“), bei der die KI auf Basis vorhandener Daten und vorgegebener Zielwerte aus Altfällen

[55] Ausf. zum maschinellen Lernen *Görz/Schmid/Braun*, Handbuch der Künstlichen Intelligenz, S. 429ff.; *Ertel*, Künstliche Intelligenz, S. 191ff; siehe auch *Etzkorn* MMR 2020, 360 (361); *Apel/Kaulartz*, RDi 2020, 24 (25ff.); *Malorny* JuS 2022, 289 (290); *Schneider* ARP 2023, 194 (194f): *Ebers/Steinrötter*, Künstliche Intelligenz und smarte Robotik im IT-Sicherheitsrecht, 2021, S. 42f.; *Langheld/Haagen* NZG 2023, 1535 (1535f.); *Möller-Klapperich/Rasquin* NJ 2023, 383 (385); *Apel/Kaulartz*, RDi 2020, 24 (25ff.).

[56] Siehe Europäische Bankenaufsichtsbehörde, Diskussionspapier EBA/DP/2021/04, S. 9; *Sheikh, Haroon / Prins, Corien / Schrijvers, Erik*, Mission AI, 2023, S. 19 m.w.N.

lernt, dem sog. bestärkenden Lernen (englisch: „Reinforcement Learning"), bei dem die KI anhand einer Belohnungs- und Bestrafungsfunktion lernt und selbst eine Datenbasis durch Trial-and-Error-Abläufe bildet sowie dem sog. unüberwachten Lernen (englisch: „Unsupervised Learning"), bei dem die KI ohne bekannte Zielwerte und ohne Belohnungen nach eigenen Mustern und Strukturen sucht.[57]

2. Mehrschichtiges Lernen (Deep Learning)

Das mehrschichtigen Lernen („Deep Learning", kurz: „DL") bezeichnet eine spezielle Methode der Datenverarbeitung unter Zuhilfenahme großer Datenmengen, die den Datenverarbeitungsvorgängen des menschlichen Gehirns nachempfunden ist.[58] Bei dem DL handelt es sich um einen Teilbereich des ML, der sich dadurch auszeichnet, dass er leistungsstarke Algorithmen mit einer hohen Parameteranzahl verwendet.[59] Charakteristisch ist, dass bei dem DL technisch typischerweise neuronale Netzwerke genutzt werden, um große Datensätze zu analysieren. Die neuronalen Netzwerke bestehen aus komplexen Knoten-, Eingabe- und Ausgabeschichten, die eine Vielzahl an Informationen in mehreren Rechenschritten verarbeiten.[60] Aufgrund der Möglichkeiten, die KI mit einer Vielzahl an Daten zu trainieren, ist eine solche

57 Näher dazu *Görz/Schmid/Braun*, Handbuch der Künstlichen Intelligenz, S. 430ff.; *Schneider* ARP 2023, 194 (194f.); *Ebers/Steinrötter*, Künstliche Intelligenz und smarte Robotik im IT-Sicherheitsrecht, 2021, S. 42f.; *Langheld/Haagen* NZG 2023, 1535 (1535f.); *Haagen* Verantwortung für Künstliche Intelligenz, 2021, 73ff.; *Möller-Klapperich/Rasquin* NJ 2023, 383 (385); *Lühmann/Görgülü/Marciniak* BKR 2024, 175 (176f.); *Ertel*, Künstliche Intelligenz, S. 313ff.

58 Eingehend *Stiemerling* CR 2015, 762–765; siehe auch *Kirn/Müller-Hengstenberg* MMR 2014, 225 (229); *Zech* ZfPW 2019, 198 (200); *Pieper* GRUR-Prax 2019, 298 (298).

59 Siehe *Zech* ZfPW 2019, 198 (200); *Pieper* GRUR-Prax 2019, 298 (298); mit graphischen Darstellungen die technischen Hintergründe erläuternd *Kainer/Förster* ZfPW 2020, 275 (277f.).

Siehe EBA/DP/2021/04, S. 9; aufl. zum Tiefgreifenden Lernern *Malorny* JuS 2022, 289 (290f.) m.w.N.

60 Ausf. zu der Funktionsweise neuronaler Netzwerke *Görz/Schmid/Braun*, Handbuch der Künstlichen Intelligenz, S. 509ff.; *Ertel*, Künstliche Intelligenz, S. 265ff.; siehe auch *Ebers/Steinrötter*, Künstliche Intelligenz und smarte Robotik im IT-Sicherheitsrecht, 2021, S. 42f.; *Langheld/Haagen* NZG 2023, 1535 (1535f.).

KI in der Lage, Aufgaben auszuführen und Ergebnisse zu erlangen, die die menschlichen Fähigkeiten und das menschliche Fachwissen übertreffen.[61]

3. Generative vortrainierte Transformer (Generative pre-trained transformer)

Ein generativer vortrainierter Transformer (englisch: „Generative pre-trained transformer, kurz: „GPT") ist ein großes Sprachmodell (englisch: „Large Language Model", kurz: „LLM"), der Deep-Learning-Techniken und große Datensätze verwendet, um neue Daten und Inhalte wie z. B. Bilder, Texte und Musik, zu generieren.[62] Dabei handelt es sich um generative KI-Tools, die vorab angelernt wurden und die in der Lage sind, Inhalte der Trainingsdaten aufzusplitten, im Anschluss neu zusammensetzen und so neue Daten und Inhalte, folglich neuen Output, zu erschaffen.[63] Zu den GPTs zählen z. B. Chatbots wie ChatGPT von OpenAI, Inc.[64], Gemini von Google[65] sowie Bing[66] und GitHub[67] von Microsoft. Charakteristisch ist für solche Chatbots, dass sie eine menschenähnliche Kommunikation zwischen Mensch und Maschine durch natürliche Sprachverarbeitung (englisch: „Natural Language Model", kurz: „NLP") mittels spezieller Algorithmen, namentlich mittels

61 Vgl. *Silver et. Al.*, Mastering the Game of Go Without Human Knowledge, Nature Journal 2017, S. 354ff.; so wohl auch *Langheld/Haagen* NZG 2023, 1535 (1536).

62 Ausf. zur Funktionsweise generativer KI-Systeme *Maamar* ZUM 2023, 481 (482ff.); *Hartung* RDi 2023, 209 (210f.); *Heine* GRUR-Prax 2024, 87 (87); näher zur Funktionsweise von ChatGPT *Hartung* RDi 2023, 209 (210f.); zu Sorgfaltspflichtverletzungen beim Einsatz von generativer KI siehe *Schaub* NJW 2023, 2145–2150; zu urheberrechtlichen Fragestellungen *Welser* GRUR-Prax 2023, 57–59; *ders.* GRUR-Prax 2023, 516–520.

63 Näher dazu *Käde* MMR 2024, 142–148.

64 OpenAI, ChatGPT: Optimizing Language Models for Dialogue; abgerufen unter: https://openai.com/blog/chatgpt/ (Abrufdatum: 7.4.2024).

65 Google, Gemini: abrufbar unter: https://gemini.google.com/?utm_source=google&utm_medium=cpc&utm_campaign=2024deDE_gemfeb&gad_source=1, (Abrufdatum: 7.4.2024).

66 Microsoft, Bing: abrufbar unter: http://www.mircosoft.com/de-de/bing?form=MA13FV, (Abrufdatum: 7.4.2024).

67 Microsoft, GitHub abrufbar unter: https://github.com/microsoft (Abrufdatum: 30.8.2024).

LLM, ermöglichen.[68] So beantwortet beispielsweise ChatGPT Fragen und formuliert auf Nachfrage Inhalte, wie z. B. Literaturzusammenfassungen und -analysen, Gedichte und Übersetzungen sowie Ideensammlungen.[69] Im Jahr 2023 wurde der auf ChatGPT basierende „AutoGPT" auf den Markt gebracht. Dabei handelt es sich um einen Open-Source-KI-Assistenten, der in der Lage ist auf Basis vorgegebener Ziele seine Eingabeaufforderungen selbstständig zu generieren und so komplexe Aufgaben auszuführen.[70]

Das nachfolgende Schaubild gibt einen Überblick über die vorgenannten drei KI-Methoden, deren Überschneidungen und Abgrenzungen:

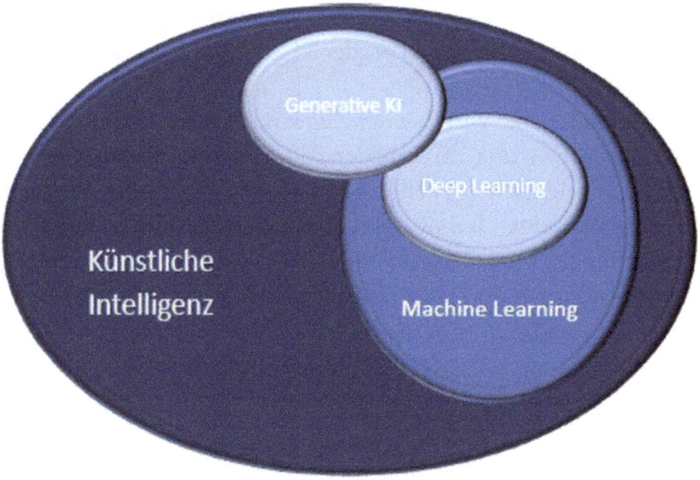

Abbildung 2: Abgrenzung der Begriffe „Künstiche Intelligenz" – „Machine Learning" – „Deep Learning" – „Generative KI".

---

68 Ausfl. dazu *Hartung* RDi 2023, 209 (210); *Hacker* IRZ 2023, 117 (118); siehe auch *Meyer/Podszun* ZRP 2024, 41 (41).

69 Zu ChatGPT im Allgemeinen: *Hacker* GRUR 2023, 289; *Spies* MMR 2023, 469; *Schwartmann* MMR-Aktuell 2023, 455536; ChatGPT und Urheberrecht: *Welser* GRUR-PRAX 2023, 75; *Hoeren* MMR 2023, 81; *Krone* RDi 2023, 117; ChatGPT und Arbeitsrecht: *Kalbfus* ArbRAktuell 2023, 251; *Mohn* NZA 2023, 538; *Witteler* ZD 2023, 377; zu ChatGPT im Rechtsbereich *Nickl* MMR 2023, 328; *Johannisbauer* MMR-Aktuell 2023, 45537; zu ChatGPT in der Medizin *Vorberg/Gottberg* RDi 2023, 159.

70 Näher dazu *Pesch/Böhme* MMR 2023, 917–923; siehe auch *Wendehorst/Nessler/Aufreiter/Aichinger* MMR 2024, 605 (609).

II. KI-spezifische Eigenschaften, deren Risiken und haftungsrechtliche Probleme

KI-Systeme zeichnen sich grundsätzlich durch die nachfolgenden drei zentralen Eigenschaften aus, namentlich durch Autonomie, Opazität und der daraus resultierenden Komplexität. Unter Autonomie eines KI-Systems wird weitgehend verstanden, dass das KI-System eigene „Entscheidungen" trifft, also auf Basis der Eingaben ohne menschliches Zutun reagiert.[71] Gemeint ist die „Delegation" von Tätigkeiten und Aufgaben zur Automatisierung von Entscheidungsprozessen.[72] Das Risiko, das damit einhergeht, wird als „Autonomierisiko" oder „Intelligenzrisiko" (nachfolgend einheitlich: „Autonomierisiko") bezeichnet.[73] Opazität meint die Intransparenz von Entscheidungsfindungsprozessen bei der KI, d.h. dass diese schwer technisch nachvollziehbar sind.[74]

Das Autonomierisiko wird bei der Zuordnung der Haftung, folglich der Frage der Verantwortung für Schäden, die durch KI verursacht wurden, relevant. In der deutschen Fachliteratur wollen eine Reihe von Autoren solchen Systemen eine (Teil-)Rechtsfähigkeit zusprechen und diskutieren die Anerkennung der sog. E-Person, die eigene Willenserklärungen abgeben und somit als Vertreter des Geschäftsherrn ein Rechtsgeschäft herbeiführen

---

71 Ausfl. zur Bedeutung des Begriffs „Autonomie" im Zusammenhang mit KI *Görz/Schmid/Braun*, Handbuch der Künstlichen Intelligenz, S. 913ff.; *Kainer/Förster* ZfPW 2020, 275 (279ff.); siehe auch *Staudenmayer* NJW 2023, 894 (895); *Zech* ZfPW 2019, 198 (199f.) m.w.N.

72 Ausfl. *Görz/Schmid/Braun*, Handbuch der Künstlichen Intelligenz, S. 913.

73 Näher dazu *Burchardi* EuZW 2022, 685 (685f.) m.w.N.

74 Siehe *Käde/v. Maltzan* CR 2020, 66 (71); *Staudenmayer* NJW 2023, 894 (895); *Theis* BKR 2024, 414 (414) spricht von einer „Black Box der Entscheidungsfindung".

könnten.[75] Derzeit ist es so, dass KI-Systeme weder in Deutschland,[76] der EU[77] noch in den USA[78] rechtsfähig sind, d.h. der E-Person keine Rechtspersönlichkeit zugesprochen wird.

Die Kombination bzw. das Interagieren der vorgenannten Eigenschaften führt u.a. zu äußerst komplexen Systemen. In Bezug auf haftungsrechtliche Fragestellungen führt diese Komplexität im Rahmen von zivilrechtlichen Gerichtsprozessen oftmals zu Schwierigkeiten bei der Rechtsdurchsetzung. So scheitern Schadensersatzansprüche im Zusammenhang mit durch KI verursachten Schäden häufig daran, dass den Anspruchsstellern die notwendigen Informationen und Beweise fehlen, die sie zu der Geltendmachung ihrer Ansprüche benötigen.[79] So ist es häufig schwierig zu ermitteln, ob ein Schaden durch eine Sorgfaltspflichtverletzung des Anspruchsgegners oder einer anderen Person verursacht worden ist oder auf der autonomen Entscheidung des KI-Systems beruht.[80] Ferner besteht aufgrund der Opazität der KI-Systeme

---

75 Siehe zur deutschen Diskussion z. B. *Omlor/Möslein*, in: Ellenberger/Bunte, Bankrechts-Handbuch 6. Auflage 2022, § 34, Rn. 19; *Mayinger*, Die künstliche Person, 2017, S. 166ff.; *Matthias*, Automaten als Träger von Rechten, 2008, 83 ff.; *Günther*, Roboter und rechtliche Verantwortung, 2016, 251 ff.; *Pieper* GRUR-Prax 2019, 298 (300); *Keßler* MMR 2017, 589 (592); *Teubner* ZfRSoz 27 (2006), 5 (16ff.); *Kersten* JZ 2015, 1 (7); *Schirmer* JZ 2016, 660 (663ff.); *Spindler* JZ 2016, 805 (816); *Wilmer* EuZW 2024, 868 (874); *Wetting/Zehendner* in Proceedings of the Law and Electronic Agents workshop (LEA'03), The Electronic Agent: A Legal Personality under German Law?; zur Diskussion im arzthaftungsrechtlichen Kontext *Eichelberger* ZfPC 2023, 209 (2013) m.w.N.; a.A. *Cornelius* MMR 2002, 353 (354); *Riehm*, RDi 2020, 42 („Nein zur ePerson!"); kritisch *Hetmank/Lauber-Rönsberg* GRUR 2018, 574 (581); *Teubner* AcP 218 (2018), 155ff. (Teilrechtsfähigkeit); *Specht/Herold* MMR 2018 40 (43f.) (Teilrechtsfähigkeit).

76 Siehe BPatG, Urt. v. 11.11.2021, Az. 11 W (pat) 5/21; BGH, Beschluss v. 31.1.2024, Az. II ZB 5/22 (DABUS); vgl. BGH, Urt. v. 24.10.1978, Az. X ZR 42/76, BGHZ 72, 236 = GRUR 1979, 145, 148 (Aufwärmvorrichtung); BGH, Urt. v. 20.6.1978, Az. X ZR 49/75, GRUR 1978, 583, 585 (Motorkettensäge); BGH, Urt. v. 17.3.1961, Az. I ZR 70/59, GRUR 1961, 470, 472 (Mitarbeiter-Urkunde).

77 Siehe EPA, Entscheidung. v. 21.12.2021, Az. J 8/20 und J 9/20 (DABUS);

78 Siehe *Thaler v. Hirsheld*, Case No. 1:20-cv-00903-LMB-TCB, US District Court, E.D. Virginia; *Thaler v. Vidal*, Case No. 1:20-cv-00903-LMB-TCB, US District Court , E.D. Virginia.

79 Vgl. COM(2022) 496 final, S. 6.

80 Siehe *Käde/v. Maltzan* CR 2020, 66 (71); *Burchardi* EuZW 2022, 685 (686) m.w.N.

oftmals Beweisnot in Bezug auf die Kausalität zwischen einer etwaigen Pflichtverletzung des Anspruchsgegners und einer Rechtsgutverletzung oder eines Schadens aufseiten des/der Geschädigten.[81]

Sowohl das Autonomierisiko als auch das Opazitätsrisiko trägt derjenige, den die Darlegungs- und Beweislast für die behaupteten Schadensersatzansprüche trifft.[82] Das Grundprinzip der Beweislastverteilung besagt, dass grundsätzlich die Klagepartei die Erfüllung des Tatbestands bzw. die Erfüllung seiner Tatbestandsmerkmale beweisen muss (sog. Rosenberg'sche Formel).[83] Beispielsweise obliegt nach allgemeinen deliktischen Grundsätzen im Rahmen der Produkthaftung der Klagepartei die Darlegungs- und Beweislast. Anknüpfungspunkt der Haftung ist dabei nach derzeit geltendem Recht das Inverkehrbringen oder die Inbetriebnahme eines fehlerhaften Produkts durch den Hersteller.[84] Die Klagepartei hat damit den Fehler, den Schaden und den ursächlichen Zusammenhang zwischen Fehler und Schaden nachzuweisen, § 1 Abs. 4 S. 1 ProdHaftG.[85]

III. Zusammenfassung der Ergebnisse

Die KI-Technologie basiert auf Algorithmen gestützter Ausnutzungen großer Datenmengen unter Zuhilfenahme großer Rechenleistungen. Eine wichtige Rolle im Rahmen des Dissertationsvorhaben spielen drei KI-Methoden, namentlich ML, DL und GPT. KI-Systeme unterscheiden sich von klassischen Computerprogrammen dergestalt, dass sie nicht nur regelbasiert (z. B. mittels „Wenn-Dann-Regeln") funktionieren, sondern mittels eines programmierten Algorithmus als „intelligent" charakterisiert werden. KI-Systeme haben

---

81 Eingehend *Weingart*, Vertragliche und außervertragliche Haftung für den Einsatz von Softwareagenten, 2022, S. 184–187.

82 Vgl. *Burchardi* EuZW 2022, 685 (686).

83 Siehe *Pohlmann*, Zivilprozessrecht, § 8 Rn. 352.

84 Siehe BeckOK BGB/*Förster* BGB § 823 Rn. 683.

85 Die Rechtswidrigkeit wird allerdings im Rahmen des Schadensersatzanspruchs von der Tatbestandsmäßigkeit „indiziert" mit der Folge, dass sich der Schädiger etwa mit dem Nachweis eines Rechtfertigungsgrunds oder einer Einwilligung des Geschädigten entlasten muss. Das Verschulden (i. d. R. Vorsatz und Fahrlässigkeit, § 276 Abs. 1 BGB) hat wiederum die Klagepartei als Anspruchssteller nachzuweisen (so z. B. bei §§ 823–826 BGB und §§ 839, 839a BGB); ausf. dazu BeckOK/*Förster* BGB § 823 Rn. 42.

die Fähigkeit, selbst aus den sich ändernden Bedingungen ihrer Umwelt zu lernen und sich anzupassen.

KI-Systeme zeichnen sich grundsätzlich durch die nachfolgenden drei zentralen Eigenschaften aus, namentlich durch Autonomie, Opazität und der daraus resultierenden Komplexität. Die Kombination bzw. das Interagieren der vorgenannten Eigenschaften führt u.a. zu äußerst komplexen Systemen. In Bezug auf haftungsrechtliche Fragestellungen führt diese Komplexität im Rahmen von zivilrechtlichen Gerichtsprozessen oftmals zu Schwierigkeiten bei der Rechtsdurchsetzung. So scheitern Schadensersatzansprüche im Zusammenhang mit durch KI verursachte Schäden häufig daran, dass den Anspruchsstellern, die nach den allgemeinen Grundsätzen darlegungs- und beweisbelastet sind, die notwendigen Informationen und Beweise fehlen, die sie zur Geltendmachung ihrer Ansprüche benötigen. Darüber hinaus stellt sich die Frage der Verantwortlichkeit, denn KI-Systeme sind (bisher) nicht rechtsfähig.

C. Begriffsherkunft und Definition des Begriffs „Künstliche Intelligenz (KI)“

Der Begriff „künstliche Intelligenz (KI)“ ist auf den englischen Begriff „artificial intelligence“ („AI“) zurückzuführen.[86] Die konkrete Definition von KI ist von zentraler Bedeutung. Sie bestimmt, inwieweit KI-Systeme der Regulierung unterfallen und damit auch die zivilrechtliche Haftung und Verantwortung für KI. Dies ist von erheblicher Bedeutung für die Privatwirtschaft, da die KI-Definition damit bestimmt, welche Anforderungen an die KI-Technologie gestellt werden.[87]

Der Begriff „KI“ ist aufgrund der rasanten Entwicklung und der Dynamik des Technologiefortschritts dieser Systeme schwer zu definieren.[88] Diese Problemantik wurde erkannt und wird allgemein als sog. „AI effect“

[86] Einen Überblick zur Historie von KI gebend *Haenlein/Kaplan* California Management Review 2019, 5–14; siehe auch *Busche* JA 2023 441 (441); zu den Begrifflichkeiten „intelligence“ und „artificial“, *Herberger* NJW 2018, 2825 (2826f.).

[87] Vgl. *Steege* MMR 2022, 926; *Chibanguza/Steege* NJW 2024, 1769 1770).

[88] Siehe *Sheikh, Haroon / Prins, Corien / Schrijvers, Erik*, Mission AI, 2023, S. 15f. m.w.N.; *Zech* ZfPW, 2019, 198 (198); *Schneider* ARP 2023, 194 (194); *Kirn/Müller-Hengstenberg* MMR 2014, 225 (226) m.w.N; MüKoBGB/*Spickhoff*, 9. Auflage 2021, BGB § 1 Rn. 14; *Wandtke/Bullinger/Thum*, 6. Aufl. 2022, UrhG, § 7 Rn. 16, vgl. *Steege* MMR 2022, 926 (926); statt vieler *Herberger* NJW 2018, 2825 (2826).

bezeichnet.[89] Der „AI effect" stellt die Gesetzgeber vor die Herausforderung, eine geeignete Legaldefinition festzulegen, die mit der Entwicklung der KI-Systeme Schritt halten kann. Aufgrund rasanten Technologiefortschritts und des damit einhergehenden Wandels der KI-Technologie gibt es ein breites Spektrum an KI-Definitionen.[90] Kritisiert wird in Bezug auf die KI-Definitionen insbesondere, dass der Begriff KI häufig unpräzise sei und eher schlagwortartig eingesetzt werde.[91]

Bereits im Jahr 1956 wurde der Begriff KI gebraucht und von namenhaften Forschern versucht, KI zu definieren. Zum besseren Verständnis der Herleitung des Bergriffs wird einleitend ein Abriss über die Begriffsherkunft und die ersten Definitionsversuche gegeben, da sie auch heute noch eine gewisse Rolle spielen, sofern es um die Diskussion geht, ob der Mensch als Richtwert für KI (noch) eine Bedeutung zukommt (hierzu unter **I.**). Darauf aufbauend widmet sich dieser Abschnitt der KI-Definition aus der am 1. August 2024 in Kraft getretenen EU-Verordnung (EU) 2024/1689 über harmonisierte Vorschriften für KI (englisch: „AI Act", kurz: „KI-Verordnung")[92] (hierzu unter **II.**), der US-amerikanischen KI-Definition aus der am 30. Oktober 2023 von dem vorangegangenen US-Präsidenten *Joe Biden* erlassenen Executive Order 14110 („Executive Order on Safe, Secure and Trustworthy

---

[89] Siehe etwa *Atleson*, 'Keep your AI claims in check', Federal Trade Commission Business Blog, 27.2.2023, abgerufen unter: https://www.ftc.gov/business-guidance/blog/2023/02/keep-your-ai-claims-check (Abrufdatum: 6.6.2024); *Haenlein/Kaplan* CMR 2019, 5 (6); *Möslein/Omlor* FinTech-HdB/Steinrötter/Stamenov § 11 Rn. 3; vgl. National Science & Technology Council, The National Artificial Intelligence Research and Development Strategic Plan: 2019 Update, Washington, DC: Executive Office of the President of the United States, S. 33, abgerufen unter: https://www.nitrd.gov/pubs/National-AI-RD-Strategy-2019.pdf (Abrufdatum: 6.6.2024); vgl. *Sheikh, Haroon / Prins, Corien / Schrijvers, Erik*, Mission AI, 2023, S. 17.

[90] Näher dazu *Sheikh, Haroon / Prins, Corien / Schrijvers, Erik*, Mission AI, 2023, S. 20 m.w.N.; *Hervey/Lavy*, The Law of Artificial Intelligence, 2021, S. 308f.

[91] So *Möslein/Omlor* FinTech-HdB/Steinrötter/Stamenov § 11 Rn. 3, *Zech*, Risiken digitaler Systeme, S. 10; *Herberger* NJW 2018, 2825 (2826).

[92] Die Verordnung (EU) 2024/1689 ist abrufbar unter: https://eur-lex.europa.eu/legal-content/DE/TXT/PDF/?uri=OJ:L_202401689 (Abrufdatum: 2.8.2024).

Artificial Intelligence", kurz: „Executive Order 14110")[93] und der von dem neugewählten US-Präsidenten *Donald Trump* am 23. Januar 2025 erlassenen Executive Order „Removing Barriers to American Leadership in Artificial Intelligence" (kurz: Executive Order "Removing Barriers")[94] zur Regulierung von KI (hierzu unter **III.**). Am Ende dieses Abschnitts werden die wesentlichen Erkenntnisse zusammengefasst, miteinander verglichen und bewertet (hierzu unter **IV.**).

I. Begriffsherkunft

Erstmals soll der Begriff KI im Jahr 1950 von dem britischen Mathematiker *Alan Mathison Turing* verwendet worden sein (hierzu unter **1.**). Im Jahr 1955 war KI darüber hinaus bereits Gegenstand eines Forschungsprojekts von vier berühmten amerikanischen Forschern, namentlich von *John McCarthy*, *Marvin Lee Minsky*, *Nathaniel Rochester* und *Claude Shannon*, wobei insbesondere zwei der vorgenannten Forscher, *John McCarthy* und *Marvin Lee Minsky*, den Begriff KI besonders geprägt haben (hierzu unter **2.**). Bemerkenswert ist die KI-Definition von *Samuel Jerry Kaplan*, ein amerikanischer Informatiker und KI-Spezialist, der bereits im Jahr 2016 die Auffassung vertrat, dass der Mensch nicht als Richtwert oder Anknüpfungspunkt im Rahmen der KI-Definition eine Rolle spielen sollte (hierzu unter **3.**).

1. Alan Mathison Turing

Im Jahr 1950 veröffentlichte der britische Mathematiker, Logiker und Informatiker *Alan Mathison Turing*[95] in dem Aufsatz „Computing Machinery

[93] Die Executive Order 14110 ist abrufbar unter: https://www.whitehouse.gov/briefing-room/presidential-actions/2023/10/30/executive-order-on-the-safe-secure-and-trustworthy-development-and-use-of-artificial-intelligence/ (Abrufdatum: 13.7.2024); siehe dazu auch die Veröffentlichung des Weißen Hauses (Washington) v. 30.10.2023, abgerufen unter: https://www.whitehouse.gov/briefing-room/statements-releases/2023/10/30/fact-sheet-president-biden-issues-executive-order-on-safe-secure-and-trustworthy-artificial-intelligence/ (Abrufdatum: 13.7.2024).

[94] Die Executive Order „Removing Barriers" ist abrufbar unter: https://www.whitehouse.gov/presidential-actions/2025/01/removing-barriers-to-american-leadership-in-artificial-intelligence/ (Abrufdatum: 25.01.2025).

[95] *Alan M. Turing* (1912 – 1954) gilt als einer der einflussreichsten Wissenschaftler der früheren Computerentwicklung und Informatik.

and Intelligence“ seinen sog. Turing-Test unter dem Namen „Imitation Game“.[96] *Turing* wollte erforschen, ob eine Maschine ein Denkvermögen haben kann, das dem des Menschen gleichkommt und stellte einleitend dazu die Frage, ob Maschinen denken können („I PROPOSE to consider the question. 'Can machines think?'“).[97] *Turing* untersuchte, ob ein „menschlicher Richter“ zuverlässig erkennen kann, ob er mit einem anderen Menschen oder einer Maschine kommuniziert.[98] Dazu führt der „menschliche Richter“ kurze, textbasierte Gespräche mit einem unbekannten Gegenüber, das entweder eine andere Person oder ein Computer ist, und entscheidet, ob er sich mit einem Menschen oder einem Computer unterhält.[99] Kann der „menschliche Richter“ die Maschine nicht von dem Menschen unterscheiden, wird die Maschine nach dem Turing-Test als intelligent betrachtet.[100]

Auf Basis dieses Tests kann KI wie folgt definiert werden: KI ist jeder Computer, der den Turing-Test besteht. Der Turing-Test gilt heute als überholt, da Chatbots, wie z. B. ChatGPT und andere moderne KI-Systeme den Turing-Test heutzutage regelmäßig bestehen.[101]

2. Forschungsprojekt 1956

Erwähnenswert ist im Rahmen der Begriffsherkunft von KI ein berühmtes Forschungsprojekt aus dem Jahr 1956 der amerikanischen Forscher *John*

---

96 Siehe *Turing* Mind 1950, 433 - 460.

97 Siehe *Turing* Mind 1950, 433 (433).

98 Eingehend *Dobson*, The Turing Test, 2018.

99 Zum Turing-Test und KI als Alternative zu menschlichen Entscheidern siehe *von Graevenitz* ZRP 2018, 238–241.

100 Siehe *Turing* Mind 1950, 433 (433).

101 Siehe dazu „ChatGPT und Co. – Neuer Turing-Test soll Intelligenz von Chatbots untersuchen“, in: Forschung und Wissen, Artikel v. 21.6.2023, aberufbar unter: https://www.forschung-und-wissen.de/nachrichten/technik/neuer-turing-test-soll-intelligenz-von-chatbots-untersuchen-13377685 (Abrufdatum: 5.6.2024); *Sagatz*, ChatGPT-Interview im heute-journal: „Die Welt zu einem besseren Ort machen“, in: Tagesspiegel, Artikel v. 1.5.2023, abgerufen unter: https://www.tagesspiegel.de/kultur/chatgpt-interview-im-heute-journal-die-welt-zu-einem-besseren-ort-machen-9745334.html (Abrufdatum: 5.6.2024); *Conroy*, „Can ChatGPT pass the Turing Test? “ in: PC guide; 14.5.2023, aktualisiert am 4.9.2023, abgerufen unter: https://www.pcguide.com/apps/chat-gpt-pass-turing-test/ (Abrufdatum: 5.6.2024).

McCarthy,[102] *Marvin Lee Minsky*,[103] *Nathaniel Rochester*[104] und *Claude Shannon*[105] und der Inhalt der dazugehörigen Gedenktafel des Dartmouth College (Hanover, New Hampshire, USA), auf der der Begriff „Artificial Intelligence“ explizit verwendet wird. Dort heißt es (aus dem Englischen übersetzt):

> „In diesem Gebäude führten John McCarthy (Dartmouth College), Marvin Lee Minsky (MIT), Nathaniel Rochester (IBM) und Claude Shannon (Bell Laboratories) im Sommer 1956 das ‚Dartmouth Summer Research Project on Artificial Intelligence‘ durch.“

Auf der Gedenktafel findet sich die Kernthese des Forschungsvorhabens der vier vorgenannten Wissenschaftler, die sinngemäß lautet: Intelligentes menschliches Verhalten besteht aus Prozessen, die formalisiert und in einer Maschine reproduziert werden können. Dabei wird betont, dass es sich bei den damaligen KI-Systemen um Systeme handele, die besonders eigenständig seien.[106] Konkret lautet der damalige Forschungsantrag: (aus dem Englischen übersetzt):[107]

> „Wir schlagen vor, dass eine […] Studie über KI durchgeführt wird […]. Die Studie soll auf der Grundlage der Vermutung durchgeführt werden, dass jeder Aspekt des Lernens oder jedes andere Merkmal der Intelligenz im Prinzip so genau beschrieben werden kann, dass eine Maschine dazu gebracht werden kann, dies zu simulieren.“

Im Jahr 1955 beschrieb *McCarthy*, der als „Vater der KI“ gilt,[108] KI als das Verhalten einer Maschine, welches als intelligent einzustufen wäre, wenn es

---

102 * 4.9.1927 in Boston, Massachusetts; † 23.10.2011 in Palo Alto, Kalifornien.

103 * 9.8.1927 in New York; † 24.1.2016 in Boston, Massachusetts.

104 * 14.1.1919 in Buffalo, New York; † 8.6. 2001.

105 * 30.4.1916 in Petoskey, Michigan; † 24.2.2001 in Medford, Massachusetts.

106 Vgl. *Malorny* JuS 2022, 289 (290):

107 Siehe *McCarthy/Minsky/Rochester/Shannon*, A Proposal for the Dartmouth Summer Research Project on Artificial Intelligence, 1955, abgerufen unter: https://ojs.aaai.org/aimagazine/index.php/aimagazine/article/view/1904 (Abrufdatum: 5.6.2024).

108 Ausf. zur Person *McCarthy* und seinen Beiträgen zur Informatik: *Rajaraman* Resonance 2014, 198–207.

ein Mensch an den Tag legen würde.[109] Im Jahr 2007 veröffentlichte *McCarthy* einen Aufsatz mit dem Titel „What is Artificial Intelligence?".[110] Darin definierte *McCarthy* KI als Wissenschaft und Technik der Herstellung intelligenter Maschinen, insbesondere intelligenter Computerprogramme, wobei er den Begriff „Intelligenz" ausdrücklich in Bezug zum Mensch und zu Tieren setzte.[111]

Minsky definierte KI im Jahr 1968 als eine Wissenschaft, die Maschinen dazu bringt, Dinge zu tun, die von Menschen mit Intelligenz ausgeführt werden.[112] Dabei stellte *Minsky* heraus, dass es sich bei der KI um Programme handeln solle, die sich insbesondere am menschlichen Problemlösungsverhalten orientieren würden.[113]

3. Definition von Kaplan

Samuel Jerry Kaplan[114], ein amerikanischer Informatiker, Autor und KI-Experte, kritisierte bereits im Jahr 2016 die KI-Definition insofern, dass der Mensch als ein Maßstab zur Definition von KI herangezogen wird.[115] *Kaplan* war bereits damals der Auffassung, dass KI Fähigkeiten hat, die über die des Menschen hinausgehen. Beispielsweise könne ein Sicherheitsprogramm aufgrund eines

---

109 Wörtlich heißt es: „[...] that of making a machine behave in ways that would be called intelligent if a human were so behaving. [...]"; siehe *Kaplan*, Artificial Intelligence, 2016, S. 1; ähnlich *Zech* ZfPW 2019, 198 (198), der KI als „Nachahmung natürlicher Intelligenz" beschreibt, und *Möslein/Omlor* FinTech-HdB/Steinrötter/Stamenov, § 11 Rn. 3, die KI als „Nachbildung natürlicher Intelligenz" definieren; ähnlich *Russell/Norvig*, Artificial Intelligence, S. 20 f.; *Sheikh, Haroon / Prins, Corien / Schrijvers, Erik*, Mission AI, 2023, S. 15 ff. m.w.N.

110 *McCarthy* Stanford University, 2007, 2 - 15.

111 Wörtlich heißt es: „[Artificial intelligence] is the science and engineering of making intelligent machines, especially intelligent computer programs. [...] Intelligence is the computational part of the ability to achieve goals in the world. Varying kinds and degrees of intelligence occur in people, many animals and some machines. [...]", siehe *McCarthy* Stanford University, 2007, 2.

112 Wörtlich heißt es: „[...] artificial intelligence, the science of making machines do things that would require intelligence if done by men. [...]", siehe *Minsky*, Semantic Information Processing, 1968, Vorwort, S. V.

113 Wörtlich heißt es: „[...] human problem-solving behavior as their most important model. [...]", siehe *Minsky*, Semantic Information Processing, 1968, Einleitung, S. 8.

114 * 25.3.1952.

115 „But there is another problem with using human capabilities as a yardstick for AI.", siehe *Kaplan*, Artificial Intelligence, 2016, S. 4.

ungewöhnlichen Musters von Datenzugriffsanfragen in einem Zeitraum von nur fünfhundert Millisekunden einen Cyberangriff vermuten, was die menschliche Intelligenz gerade nicht hergebe.[116] Maschinen seien in der Lage, viele Aufgaben auszuführen, die Menschen gerade nicht bewältigen könnten und würden daher nur intelligent erscheinen.[117]

II. Europäische KI-Definition

Der Europäische Gesetzgeber hat seit dem Jahr 2021 intensiv an einer Legaldefinition von KI gearbeitet und erstmals in dem Kommissionsentwurf der KI-Verordnung (kurz: „Kommissionsentwurf-KI-VO" oder „KI-VO-KOM-E") eine KI-Definition vorgeschlagen.[118] Die KI-Definition gehörte zu den umstrittensten Vorschriften der KI-Verordnung und wurde im Laufe des Gesetzgebungsverfahrens mehrfach abgeändert.[119]

Seit dem 1. August 2024 existiert mit Inkrafttreten der KI-Verordnung als Verordnung (EU) 2024/1689 (englisch: „AI Act", kurz: „KI-Verordnung" oder „KI-VO") eine europäische Legaldefinition in Art. 3 Nr. 1 KI-VO von KI.

Nachfolgend wird die über drei Jahre andauernde Diskussion über die Definition von KI in ihren wesentlichen Zügen dargestellt. Dazu wird zunächst die erste Fassung der KI-Definition aus dem Jahr 2021 (hierzu unter **1.**) und darauf aufbauend die zentralen Überarbeitungen aus den

---

116 Vgl. *Kaplan*, a.a.O.

117 Wörtlich heißt es: "Machines are able to perform lots of tasks that people can't do at all, and many such performances certainly feel like displays of intelligence. [...]", siehe *Kaplan*, a.a.O.

118 Vorschlag für eine Verordnung des Europäischen Parlaments und des Rates zur Festlegung harmonisierter Vorschriften für Künstliche Intelligenz (Gesetz über Künstliche Intelligenz) und zur Änderung bestimmter Rechtsakte der Union, COM(2021) 206 final, abgerufen unter: https://eur-lex.europa.eu/resource.html?uri=cellar:e0649735-a372-11eb-9585-01aa75ed71a1.0019.02/DOC_1&format=PDF (Abrufdatum: 5.6.2024).

119 Siehe dazu z. B. *Chibanguza/Steege* NJW 2024, 1769 (1770); *Möller-Klapperich* NJ 2024, 337 (339) m.w.N; eine Übersicht der Bearbeitungsstände der KI-Verordnung gibt Digitizing Europe, Documents and Timelines: The Artificial Intelligence Act (part 3), 12.10.2022, abgerufen unter https://www.kaizenner.eu/post/aiact-part3 (Abrufdatum: 6.6.2024).

Jahren 2022 und 2023 (hierzu unter **2.**) erläutert. Sodann wird die finale KI-Definition aus dem Jahr 2024 vorgestellt und erklärt (hierzu unter **3.**).

1. Der Startpunkt

Startpunkt war die KI-Definition der Europäischen Kommission (KI-VO-KOM-E) aus dem Jahr 2021,[120] die sich an den Ausarbeitungen der Hochrangigen Expertengruppe der Europäischen Kommission für KI orientiert.[121] Danach sollte KI in Art. 3 Nr. 1 KI-VO-KOM-E wie folgt definiert werden:

> „System der künstlichen Intelligenz" (KI-System) ist eine Software, die mit einer oder mehreren der in Anhang I aufgeführten Techniken und Konzepte entwickelt worden ist und im Hinblick auf eine Reihe von Zielen, die vom Menschen festgelegt werden, Ergebnisse wie Inhalte, Vorhersagen, Empfehlungen oder Entscheidungen hervorbringen kann, die das Umfeld beeinflussen, mit dem sie interagieren."

Die Begriffsbestimmung besteht aus drei Komponenten, namentlich (1) einer Software, die (2) mit einer oder mehreren der in Anhang I aufgeführten Techniken und Konzepte entwickelt worden ist und (3) im Hinblick auf eine Reihe von Zielen, die vom Menschen festgelegt werden, Ergebnisse wie Inhalte, Vorhersagen, Empfehlungen oder Entscheidungen hervorbringen kann, die das Umfeld beeinflussen, mit dem sie interagieren.[122]

Die in der zweiten Komponente genannte Liste im Anhang I KI-VO-KOM-E definiert den sachlichen Anwendungsbereich der KI-Systeme weiter, indem sie

---

[120] Vorschlag für eine Verordnung des Europäischen Parlaments und des Rates zur Festlegung harmonisierter Vorschriften für Künstliche Intelligenz (Gesetz über Künstliche Intelligenz) und zur Änderung bestimmter Rechtsakte der Union, COM(2021) 206 final, abgerufen unter: https://eur- lex.europa.eu/resource.html?uri=cellar:e0649735-a372-11eb-9585-01aa75ed71a1.0019.02/DOC_1&format=PDF (Abrufdatum: 5.6.2024).

[121] Siehe Hochrangige Expertengruppe der Europäischen Kommission für künstliche Intelligenz, Bericht v. 18.12.2018, S. 7, abgerufen unter: https://ec.europa.eu/futurium/en/system/files/ged/ai_hleg_definition_of_ai_18_december_1.pdf (Abrufdatum: 5.6.2024). Die Hochrangigen Expertengruppe der Europäischen Kommission für KI hat in ihrem Bericht v. 18.12.2018 eine ähnliche, aber weit ausführlichere und engere KI-Definition vorgeschlagen, die ebenfalls auf von Menschen entwickelte Softwareanwendungen abstellte. Diese Definition stellte auf bestimmte KI-Technologien, namentlich auf das maschinelle Lernen und Denken sowie auf die Robotik ab, wodurch der Anwendungsbereich der Definition stark begrenzt wurde.

[122] Ausfl. zu dieser KI-Definition *Borges* CR 2023, 706.

Konzepte und Techniken für die KI-Entwicklung (z. B. maschinelles Lernen und logik- und wissensgestützte Konzepte) aufführt. Ziel war es, durch den Verweis auf Anhang I KI-VO-KOM-E eine dynamische KI-Definition zu gestalten, die mittels delegierter Rechtsakte abgeändert werden konnte.[123] Das dynamische System erntete Kritik dergestalt, dass die Möglichkeit zur Anpassung der Liste im Anhang I KI-VO-KOM-E zu Abgrenzungsschwierigkeiten im Rahmen des sachlichen Anwendungsbereichs führen könnte.[124]

Kritisiert wurde, dass diese KI-Definition viel zu weit gefasst sei, weil sie durch die Bezugnahme auf „Software" in der ersten Komponente der Begriffsbestimmung auch herkömmliche Software erfasse, was in der Praxis zu Abgrenzungsfragen und damit zu Rechtsunsicherheit führen würde.[125] Kritisiert wurde zudem, dass der Begriff „Autonomie" bei dieser KI-Definition - anders als in den vorangegangenen Mitteilungen der Europäischen Kommission vom 25. April 2018 (COM(2018) 237 final)[126] und

---

123 Vgl. ErwG 6 KI-VO-KOM-E.

124 So *Möslein/Omlor* FinTech-HdB/Steinrötter/Stamenov, § 12 Rn. 50d; *Herberger* NJW 2018, 2825 (2826); *Rostalski/Weiss* ZfDR 2021, 329 (331) m.w.N.; *Bomhard/Merkle* RDi 2022, 276 (277); anders *Engelmann/Brunotte/Lütkens* RDi 2021, 317 (319), die diese Ausgestaltung der KI-Definition als „technologieneutral und zukunftssicher" bezeichnen.

125 Vgl. *Bomhard/Merkle* RDi 2021, 276 (277); *Ebers/Hoch/Rosenkranz/Ruschemeier/Steinrötter* RDi 2021, 528 (529); *Engelmann/Brunotte/Lütkens* RDi 2021, 317 (318); *Günther/Gerigk/Berger* NZA 2024, 234 (237); *Kalbhenn* ZUM 2021, 663 (664f.); *Möslein/Omlor* FinTech-HdB/Steinrötter/Stamenov, § 12 Rn. 50d; *Steege* MMR 2022, 926 (928); *Rostalski/Weiss* ZfDR 2021, 329 (331); vgl. *Engelmann/Brunotte/Lütkens* RDi 2021, 317 (318); *Schlee* ZD-Aktuell 2021, 05194. siehe auch Rat der Europäischen Union, Fortschrittsbericht 2021/0106(COD), Nr. 8576/22, S. 10 Rn. 27: „Einige Mitgliedstaaten sind nach wie vor der Auffassung, dass die Definition eines KI-Systems mehrdeutig und zu weit gefasst ist und keine hinreichend klaren Kriterien zur Unterscheidung von herkömmlicheren Softwaresystemen enthält. [...]"; anders *Bomhard/Siglmüller* RDi 2024, 45, die davon ausgehen, dass bereits die Autonomieeigenschaft der KI-Systeme für eine ausreichende Trennschärfe sorge.

126 Mitteilung der Europäischen Kommission an das Europäische Parlament, den Europäischen Rat, den Rat, den europäischen Wirtschafts- und Sozialausschuss und den Ausschuss der Regionen – Künstliche Intelligenz in Europa, v. 25.4.2018, COM(2018) 237 final, abgerufen unter: https://eur-lex.europa.eu/legal-content/DE/TXT/PDF/?uri=CELEX:52018DC0237 (Abrufdatum: 5.6.2024).

vom 7. Dezember 2018 (COM(2018) 795 final)[127], die explizit auf ein autonomes Handeln abstellen[128] - nicht erwähnt wird.[129]

2. Zentrale Zwischenschritte

Die in dem vorangegangenen Abschnitt dargestellte Kritik war Anlass, die bisherige KI-Definition zu überarbeiten. Es folgten ein Abänderungsvorschlag des Rats der Europäischen Union (KI-VO-RAT-E) aus November 2022[130] (hierzu unter **a)**) und ein Abänderungsvorschlag des Europäischen Parlaments (KI-VO-PARL-E) aus Juni 2023[131] (hierzu unter **b)**).

a) Abänderungsvorschlag des Rats der Europäischen Union

Nach dem Vorschlag des Rats der Europäischen Union aus November 2022 sollte KI wie folgt in Art. 3 Nr. 1 KI-VO-RAT-E definiert werden:

> "System mit künstlicher Intelligenz" (KI-System) ist ein System, das so konzipiert ist, dass es mit Elementen der Autonomie arbeitet und das auf der Grundlage von maschinellen und/oder menschlichen Daten und Eingaben unter Verwendung von maschinellem Lernen und/oder logik- und wissensbasierten Ansätzen schlussfolgert, wie eine bestimmte Reihe von Zielen zu erreichen ist, und das systemgenerierte

---

[127] Mitteilung der Europäischen Kommission an das Europäische Parlament, den Europäischen Rat, den Rat, den europäischen Wirtschafts- und Sozialausschuss und den Ausschuss der Regionen – Koordinierter Plan über künstliche Intelligenz, v. 7.12.2018, COM(2018) 795 final, abgerufen unter: https://eur-lex.europa.eu/resource.html?uri=cellar:22ee84bb-fa04-11e8-a96d-01aa75ed71a1.0003.02/DOC_1&format=PDF (Abrufdatum: 5.6.2024).

[128] „Künstliche Intelligenz (KI)" bezeichnet Systeme mit einem „intelligenten" Verhalten, die ihre Umgebung analysieren und mit einem gewissen Grad an Autonomie handeln, um bestimmte Ziele zu erreichen; siehe (COM(2018) 237 final) und COM(2018) 795 final, jeweils S. 1.

[129] Siehe *Steege* MMR 2022, 926 (928) m.w.N.

[130] Rat der Europäischen Union, Allgemeine Ausrichtung v. 25.11.2022, 2021/0106(COD), abgerufen unter: https://data.consilium.europa.eu/doc/document/ST-14954-2022-INIT/de/pdf, siehe auch Rat der Europäischen Union, Pressemitteilung v. 6.12.2022, „Gesetz über künstliche Intelligenz: Rat will sichere und die Grundrechte wahrende KI fördern", abgerufen unter: https://www.consilium.europa.eu/de/press/press-releases/2022/12/06/artificial-intelligence-act-council-calls-for-promoting-safe-ai-that-respects-fundamental-rights/ (Abrufdaten: 5.6.2024).

[131] Europäisches Parlament, Gesetz über Künstliche Intelligenz, Abänderungsvorschlag v. 14.6.2023, abgerufen unter: https://www.europarl.europa.eu/doceo/document/TA-9-2023-0236_DE.html (Abrufdatum: 5.6.2024).

> Ergebnisse wie Inhalte (generatives KI-System), Vorhersagen, Empfehlungen oder Entscheidungen erzeugt, die die Umgebung beeinflussen, mit denen das KI-System interagiert; [...]."

Die Begriffsbestimmung besteht aus vier Komponenten, namentlich (1) ein System, das (2) so konzipiert ist, dass es mit Elementen der Autonomie arbeitet und (3) das auf der Grundlage von maschinellen und/oder menschlichen Daten und Eingaben unter Verwendung von maschinellem Lernen und/oder logik- und wissensbasierten Ansätzen schlussfolgert, wie eine bestimmte Reihe von Zielen zu erreichen ist, und das (4) systemgenerierte Ergebnisse wie Inhalte (generatives KI-System), Vorhersagen, Empfehlungen oder Entscheidungen erzeugt, die die Umgebung beeinflussen, mit denen das KI-System interagiert.

Ziel des Rats der Europäischen Union war es, die KI-Definition enger zu fassen und insbesondere herkömmliche Software nicht unter den Begriff KI zu erfassen, was durch Abänderung der ersten Komponente und Ergänzung der dritten Komponente der Begriffsbestimmung erreicht werden sollte.[132] Der dynamische Verweis, wie er in Art. 3 Nr. 1 KI-VO-KOM-E auf Anhang I KI-VO-KOM-E vorgesehen war, wurde gestrichen.[133] Die insoweit bei der vorangegangenen Definition geäußerte Kritik wurde damit hinfällig.[134]

b) Abänderungsvorschlag des Europäischen Parlaments

Rund sechs Monate nach dem Abänderungsvorschlag des Rats der Europäischen Union, im Juni 2023, hat das Europäische Parlament in der ersten Lesung im ordentlichen Gesetzgebungsverfahren eine nochmals abgeänderte Fassung der KI-Definition in Art. 3 Nr. 1 KI-VO-PARL-E vorgeschlagen, und zwar wie folgt:[135]

> „System der künstlichen Intelligenz" (KI-System) ist ein maschinengestütztes System, das so konzipiert ist, dass es mit unterschiedlichem Grad an Autonomie operieren

---

[132] Siehe *Frank/Heine* NZA 2024, 433 (434.).

[133] Kritisch in Bezug auf die Streichung des Verweises auf Anhang I der KI-Definition im Kommissionsentwurf-KI-VO *Becker/Feuerstack* MMR 2024, 22 (23); *Feuerstack/Becker/Hertz* ZfDR 2023, 421 (423).

[134] Siehe *Reusch* RDi 2023, 152 (153); nach wie vor kritisch *Bomhard/Siglmüller* RDi 2022, 506 (507f.).

[135] Europäisches Parlament, Gesetz über Künstliche Intelligenz, Abänderungsvorschlag v. 14.6.2023, Abänderung Nr. 165.

> kann und das für explizite oder implizite Ziele Ergebnisse wie Vorhersagen, Empfehlungen oder Entscheidungen hervorbringen kann, die das physische oder virtuelle Umfeld beeinflussen; […].“

Die Begriffsbestimmung besteht aus drei Teilen, namentlich (1) ein maschinengestütztes System, das (2) so konzipiert ist, dass es mit unterschiedlichem Grad an Autonomie operieren kann und das (3) für explizite oder implizite Ziele Ergebnisse wie Vorhersagen, Empfehlungen oder Entscheidungen hervorbringen kann, die das physische oder virtuelle Umfeld beeinflussen.

Diese KI-Definition stellt explizit auf „maschinengestützte Systeme“ und nicht mehr auf „Software“ oder auf ein „System“, wie die vorangegangenen Definitionsvorschläge ab. Dadurch wollte das Europäische Parlament klarstellen, dass KI-Systeme von Maschinen und nicht von Menschen betrieben werden.[136] Systeme, die nach ausschließlich von Menschen aufgestellten Regeln operieren, wie einfache herkömmliche Softwaresystem, sind damit nicht mehr erfasst, wie in Erwägungsgrund 12 KI-VO-PARL-E auch ausdrücklich klargestellt wird.[137]

Die zweite Komponente der Begriffsbestimmung statuiert das „Konzept der Autonomie“ und berücksichtigt, dass KI-Systeme so konzipiert sein können, dass sie mit verschiedenen Graden der Autonomie arbeiten.[138] Die Formulierung: „[…] und das auf der Grundlage von […] und/oder menschlichen Daten und Eingaben […] schlussfolgert, […]“ wurde gestrichen. Im Rahmen der dritten Komponenten soll die soziale Wirkung von KI-Systemen betont werden.[139]

Auch diese KI-Definition erntete Kritik. Namentlich wurde kritisiert, dass diese KI-Definition nicht hinreichend die Eigenschaften von KI bestimme und zwar insbesondere nicht hinreichend darauf abstelle, dass KI-Systeme über Fähigkeiten verfügen, eigenständig zu lernen und sich zu verändern sowie in der Lage sind, sich an neue Umgebungen anzupassen.[140] Befürchtet

---

136 Vgl. ErwG 6 KI-VO-PARL-E.

137 Siehe insoweit zur finalen Fassung der KI-Definition *Frank/Heine* NZA 2024, 433 (434); *Krönke* NVwZ 2024, 529 (529).

138 Vgl. ErwG 6 KI-VO-PARL-E; kritisch dazu *Wendehorst/Nessler/Aufreiter/Aichinger* MMR 2024, 605 (607).

139 Siehe *Roth-Isigkeit* KIR 2024, 15 (16); *Chibangza/Steege* NJW 2024, 1769 (1170).

140 Siehe *Hacker/Berz* ZRP 2023, 226 (226) m.w.N.

wurde beispielsweise, dass einfache elektronische Geräte, wie z. B. elektronische Zahnbürsten, als KI-System eingeordnet werden könnten.[141]

3. Die finale Fassung

Schlussendlich wurde, nachdem sich das Europäische Parlament und der Europäische Rat vorläufig im Dezember 2023[142] und im Rahmen des Trilog-Verfahrens im Januar 2024 über den Text der KI-Verordnung geeinigt hatten,[143] eine nochmals abgeänderte KI-Definition in Art. 3 Nr. 1 KI-VO verabschiedet, die am 1. August 2024 in Kraft trat. Die verabschiedete Fassung lautet wie folgt:

> „[Ein KI-System ist] ein maschinengestütztes System, das für einen in unterschiedlichem Grade autonomen Betrieb ausgelegt ist und das nach seiner Betriebsaufnahme anpassungsfähig sein kann und das aus den erhaltenen Eingaben für explizite oder implizite Ziele ableitet, wie Ausgaben wie etwa Vorhersagen, Inhalte, Empfehlungen oder Entscheidungen erstellt werden, die physische oder virtuelle Umgebungen beeinflussen können.“

Diese KI-Definition orientiert sich an der im November 2023 überarbeiteten KI-Definition der Organisation for Economic Co-operation and Development (kurz: „OECD“)[144] und knüpft damit an ein internationales Verständnis von KI an.[145] Die Begriffsbestimmung besteht aus vier

---

[141] So *Hacker/Berz* ZRP 2023, 226 (227).

[142] Siehe Europäisches Parlament, Pressemitteilung v. 18.12.2023, „KI-Gesetz: erste Regulierung der künstlichen Intelligenz“, abgerufen unter: https://www.europarl.europa.eu/news/de/headlines/society/20230601STO93804/ki-gesetz-erste-regulierung-der-kunstlichen-intelligenz (Abrufdatum: 5.6.2024).

[143] Siehe Entwurf der KI-Verordnung v. 21.1.2024; abgerufen unter https://artificialintelligenceact.eu/wp-content/uploads/2024/01/AIA-Final-Draft-21-January-2024.pdf (Abrufdatum: 5.6.2024).

[144] OECD (2024), Explanatory memorandum on the updated OECD definition of an AI system, abrufbar unter: https://www.oecd.org/en/publications/explanatory-memorandum-on-the-updated-oecd-definition-of-an-ai-system_623da898-en.html (Abrufdatum: 14.9.2024), S. 4: “An AI system is a machine-based system that, for explicit or implicit objectives, infers, from the input it receives, how to generate outputs such as predictions, content, recommendations, or decisions that can influence physical or virtual environments. Different AI systems vary in their levels of autonomy and adaptiveness after deployment.”

[145] Siehe ErwG 12 KI-VO.

Komponenten, namentlich (1) ein maschinengestütztes System, das (2) für einen in unterschiedlichem Grade autonomen Betrieb ausgelegt ist und das (3) nach seiner Betriebsaufnahme anpassungsfähig sein kann und das (4) aus den erhaltenen Eingaben (Input) für explizite oder implizite Ziele (Output) ableitet, wie Ausgaben wie etwa Vorhersagen, Inhalte, Empfehlungen oder Entscheidungen erstellt werden, die physische oder virtuelle Umgebungen beeinflussen können.[146]

Mit Blick auf die Kritik welche im Zusammenhang mit Art. 3 Nr. 1 KI-VO-PARL-E geäußert wurde, wurde die KI-Definition um zwei weitere Komponenten ergänzt. Wie aus der dritten und neuen Komponente der Begriffsbestimmung hervorgeht, sollen KI-Systeme die Fähigkeit haben, sich während des Einsatzes selbst zu verändern (sog. „Veränderungskomponente") und in der Lage sein, Schlussfolgerungen aus empfangenen Daten (Input) abzuleiten (sog. „Ableitungskomponente).[147] Durch die Ergänzung der Ableitungskomponente soll klagestellt werden, dass sich KI-Systeme von einfachen herkömmlichen Softwaresystemen und Programmierungsansätzen unterscheiden, die ausschließlich regelbasiert operieren.[148] Die in Bezug auf die vorangegangene KI-Definition geäußerte Kritik wurde damit weitgehend Rechnung getragen.[149] Kritisiert wird allerdings, dass diese KI-Definition nicht hinreichend konkret sei und eine Abgrenzung von ähnlichen Systemen schwer möglich sei.[150]

---

146 Ausfl. zu dieser KI-Definition unter Nennung von Anwendungsbeispielen *Wendehorst/Nessler/Aufreiter/Aichinger* MMR 2024, 605–613; siehe auch *Roth-Isigkeit* KIR 2024, 15 (16).

147 Näher dazu *Wendehorst/Nessler/Aufreiter/Aichinger* MMR 2024, 605 (608); *Chibangza/Steege* NJW 2024, 1769 (1170).

148 Siehe *Krönke* NVwZ 2024, 529 (529); kritisch *Wendehorst/Nessler/Aufreiter/Aichinger* MMR 2024, 605 (607).

149 Zur Eingrenzung des Begriffs durch die „Ableitungskomponente" *Chibanguza/Steege* NJW 2024, 1769 (1770) m.W.N.; *Becker/Feuerstack* MMR 2024, 22 (23); *Feuerstack/Becker/Hertz* ZfDR 2023, 421 (423); kritisch *Ebers* LTZ 2024, 1 (1); *Frank/Heine* NZA 2024, 433 (434) m.w.N.

150 Siehe *Wendehorst/Nessler/Aufreiter/Aichinger* MMR 2024, 605 (613).

III. US-amerikanische KI-Definition

Sowohl die Executive Order 14110 als auch die Executive Order „Removing Barriers“ sehen KI-Definitionen vor. § 3(b) Executive Order 14110 lautet:

> „[...] The term “artificial intelligence” or “AI” has the meaning set forth in 15 U.S.C. 9401(3): a machine-based system that can, for a given set of human-defined objectives, make predictions, recommendations, or decisions influencing real or virtual environments. Artificial intelligence systems use machine- and human-based inputs to perceive real and virtual environments; abstract such perceptions into models through analysis in an automated manner; and use model inference to formulate options for information or action.“

Ins Deutsche übersetzt:

> „[...] Der Begriff “künstliche Intelligenz” oder “KI” hat die in 15 U.S.C. 9401(3) festgelegte Bedeutung: Ein maschinengestütztes System, das auf Basis von durch Menschen vorgegebenen Zielen Vorhersagen, Empfehlungen oder Entscheidungen treffen kann, die die reale oder virtuelle Umgebungen beeinflussen. KI-Systeme verwenden maschinelle und menschliche Eingaben, um reale und virtuelle Umgebungen wahrzunehmen und sie durch eine automatisierte Analyse in Modelle zu abstrahieren, um Informations- oder Handlungsoptionen zu formulieren.“

Ähnlich lautet die KI-Definition in der Executive Order „Removing Barriers“. Dort heißt es in § 3 Executive Order „Removing Barriers“:

> „For the purposes of this order, “artificial intelligence” or “AI” has the meaning set forth in 15 U.S.C. 9401(3).“

Ins Deutsche übersetzt:

> „Im Rahmen des Anwendungsbereichs dieser Executive Order hat der Begriff “künstliche Intelligenz” oder “KI” die in 15 U.S.C. 9401(3) festgelegte Bedeutung.“

Die KI-Definitionen in § 3(b) Executive Order 14110 und in § 3 Executive Order „Removing Barriers“ übernehmen inhaltsgleich die aus dem National Artificial Intelligence Initiative Act von 2020 (H.R. 6216) stammende Definition von KI,[151] die in 15 USC § 9401(3) Code of Laws of the United States

---

[151] Abrufbar unter: https://www.congress.gov/bill/116th-congress/house-bill/6216/text (Abrufdatum: 17.8.2024).

of America (kurz: „U.S.Code") kodifiziert ist. Diese Definition verwendet auch das im Jahr 2023 erlassene KI-Risikomanagementkonzept zur Schaffung von KI-Standards des National Institute of Standards and Technology (kurz: „NIST"), namentlich das „AI Risk Management Framework" (kurz: AI RMF").[152]

Die Begriffsbestimmung der in Rede stehenden KI-Definitionen besteht aus drei Komponenten, namentlich (1) ein maschinengestütztes System, das (2) auf Basis von durch Menschen vorgegebenen Zielen (Input), Vorhersagen, Empfehlungen oder Entscheidungen (Output) treffen kann, die die realen oder virtuellen Umgebungen beeinflussen. Wie der zweiten Komponente zu entnehmen ist, setzt diese KI-Definition einen menschlichen Input voraus.[153]

Die vorgenannte KI-Definition in 15 USC § 9401(3) U.S.Code hat sich, wie die im vorangegangenen Abschnitt dargestellte europäische KI-Definition,[154] an einer Definition der OECD orientiert und zwar an der OECD KI-Definition aus dem Jahr 2019.[155] Diese rund fünf Jahre alte OECD-Definition basiert auf einer konzeptionellen Sichtweise von KI, bei der der menschliche Input eine zentrale Rolle spielt. In den OECD-Grundsätzen aus dem Jahr 2019 wird KI wie folgt beschrieben:[156]

> "An AI system is a machine-based system that can, for a given set of human-defined objectives, make predictions, recommendations, or decisions influencing real or virtual environments. AI systems are designed to operate with varying levels of autonomy."

---

[152] Siehe NIST, AI Risk Management Framework, S. 1, abrufbar unter https://nvlpubs.nist.gov/nistpubs/ai/NIST.AI.100-1.pdf (Abrufdatum: 30.10.2024); näher dazu unten Abschnitt E. I. 2.

[153] Siehe zur europäischen Diskussion um das Erfordernis eines menschlichen Inputs ErwG 6 KI-VO-PARL-E.

[154] Vgl. ErwG 12 KI-VO.

[155] Siehe *Vasel/Müller* MMR 2024, 291 (293).

[156] Siehe OECD (2019), Recommendation of the Council on Artificial Intelligence, OECD/LEGAL/0449, abrufbar unter: https://legalinstruments.oecd.org/en/instruments/oecd-legal-0449.2019) und OECD (2019), "Scoping the OECD AI principles: Deliberations of the Expert Group on Artificial Intelligence at the OECD (AIGO)", OECD Digital Economy Papers, No. 291, OECD Publishing, Paris, abrufbar unter: https://doi.org/10.1787/d62f618a-en (Abrufdatum jeweils: 14.9.2024).

Ins Deutsche übersetzt:

> „Ein KI-System ist ein maschinengestütztes System, das auf Basis von durch Menschen definierten Zielen Vorhersagen, Empfehlungen oder Entscheidungen treffen kann, die reale oder virtuelle Umgebungen beeinflussen. KI-Systeme sind so konzipiert, dass sie mit unterschiedlichem Grad an Autonomie arbeiten."

Anders als die OECD-Definition aus dem Jahr 2023 und die europäische KI-Definition in Art. 3 Nr. 1 KI-VO, stellen die US-amerikanischen KI-Definitionen in § 3(b) Executive Order 14110 und in § 3 Executive Order „Removing Barriers" nicht auf die Autonomie und die Anpassungsfähigkeit von KI-Systemen ab. Auch einfache Softwaresysteme sollen von der KI-Definition erfasst sein, was aus § 3(e) Executive Order 14110 hervorgeht, wonach ein „KI-System" jedes Datensystem, jede Software, Hardware, Anwendung, jedes Werkzeugs oder Dienstprogramms ist, das ganz oder teilweise mit KI arbeitet („[...] means any data system, software, hardware, application, tool, or utility that operates in whole or in part using AI").[157]

Erwähnenswert ist in diesem Zusammenhang auch die Definition des „dual-use foundation models" in § 3(k) Executive Order 14110, die KI-Systeme umfasst, die auf einer breiten Datenbasis trainiert wurden und daher auf Grund ihrer umfassenden Einsatzmöglichkeiten entweder bereits bei Auslieferung ernsthafte Risiken für öffentliche Schutzgüter darstellen oder mit geringem Aufwand dahingehend modifiziert werden können.[158] Gemeint sind KI-Systeme mit allgemeinem Verwendungszweck („general-purpose AI"), wie z. B. generative KI-Systeme (z. B. ChatGPT von OpenAI).[159] Eine vergleichbare Definition enthält die Executive Order „Removing Barriers" nicht.

---

[157] Kritisch dazu *Logan/Zoltick* Law360, 1 (1); *Covington Alert*, "Biden Administration Releases Artificial Intelligence Executive Order", Artikel v. 2.11.2023, abgerufen unter: https://www.cov.com/en/news-and-insights/insights/2023/11/biden-administration-releases-artificial-intelligence-executive-order#layout=card&numberOfResults=12 (Abrufdatum: 6.6.2024).

[158] Siehe *Vasel/Müller* MMR 2024, 291 (294).

[159] Siehe *Logan/Zoltick* Law360, 1 (4).

IV. Vergleich und Bewertung der KI-Definitionen

Die Definition von KI ist von erheblicher Bedeutung, da sie bestimmt, inwieweit KI-Systeme der Regulierung unterfallen. Damit regelt sie auch Fragen in Bezug auf die zivilrechtliche Haftung und Verantwortung für KI. Wie herausgearbeitet wurde, ist der Begriff KI angesichts der rasanten Entwicklungen und der hohen Dynamik des Technologiefortschritts solcher Systeme äußerst schwer zu definieren. Die Analyse der Definitionsfindung im Rahmen der KI-Verordnung zeigt, dass die Bestimmung einer geeigneten KI-Definition eine der größten Herausforderungen im Rahmen der Regulierung von KI für den Europäischen Gesetzgeber darstellte. So haben die Europäische Kommission, der Rat der Europäischen Union das Europäische Parlament im Rahmen des Gesetzgebungsverfahrens eine Reihe von KI-Definitionen vorgeschlagen, die zwar gewisse gemeinsame Elemente aufwiesen und sich doch relevant voneinander unterschieden haben. Die Diskussionen im Rahmen des Gesetzgebungsverfahrens der KI-Verordnung und der Begriff KI zeigen, wie schwierig es ist, neue Technologien, wie KI, sinnvoll zu regulieren.

Die Geschichte der KI reicht weit zurück. Bereits im Jahr 1956 gab es Forschungsprojekte zu KI und Versuche, den Begriff KI zu definieren. Ursprünglich ging es um das Ziel, Maschinen zu entwickeln, die sich so verhalten, als wären sie intelligent, wobei der Mensch und auch Tiere als Richtwert und Anknüpfungspunkt herangezogen wurden. Bemerkenswert ist, dass bereits im Jahr 2016 erkannt wurde, dass KI die Fähigkeit haben kann, den Menschen zu übertreffen und dieser kein Richtwert sein sollte.

Menschlicher Input war und ist auch derzeit noch teilweise ein Definitionsmerkmal, wie etwa bei den US-amerikanischen KI-Definitionen in § 3(b) Executive Order 14110 und in § 3 Executive Order „Removing Barriers". Dies dürfte darin begründet sein, dass die US-Regierung an eine veraltete OECD-Definition aus dem Jahr 2019 anknüpft, die überholt sein dürfte.

Die europäische KI-Definition in Art. 3 Nr. 1 KI-VO und die US-amerikanischen KI-Definitionen in § 3(b) Executive Order 14110 und in § 3 Executive Order „Removing Barriers" weisen gewisse Gemeinsamkeiten auf, in dem sie beide auf ein „maschinengestütztes System" abstellen. Gemein haben die Definitionen auch, dass sie darauf abstellen, dass das KI-System durch Eingaben (Input) Ergebnisse generieren (Output). Neben dem Unterschied, dass die US-amerikanische KI-Definition einen menschlichen Input voraussetzt und die europäische KI-Definition nicht, unterscheiden sich die beiden Definitionen dahingehend voneinander, dass die europäische KI-Definition drei weitere Komponenten, namentlich eine Autonomie-, eine Veränderungs- und eine Ableitungskomponente vorsieht, während dies bei der US-amerikanischen Definition nicht der Fall ist. Zudem sind einfache herkömmliche Softwaresysteme von der europäischen KI-Definition nicht erfasst, wohingegen dies bei der US-amerikanischen KI-Definition der Fall sein soll.

Auch die weiteren Unterschiede dürften darin begründet sein, dass verschiedene Fassungen der OECD als Basis dienen. Während der Europäische Gesetzgeber die Überarbeitung der OECD im November 2023 berücksichtigt hat, verwendet die US-Regierung noch die veraltete OECD-Definition aus dem Jahr 2019. Dies dürfte wiederrum darin begründet sein, dass die Executive Order 14110 und die Executive Order „Removing Barriers" die KI-Definition unverändert aus dem U.S. Code übernommen haben.

Vor diesem Hintergrund erscheinen die US-amerikanischen KI-Definitionen verbesserungsbedürftig, denn sie berücksichtigen nicht hinreichend die Technologiefortschritte von KI und damit nicht hinreichend die KI-spezifischen Eigenschaften, wie etwa die Autonomie-, Veränderungs- und Ableitungsfähigkeiten. Durch die Erfassung einfacher herkömmlicher Softwaresysteme sind die US-amerikanischen KI-Definitionen sehr weit gefasst, was in der Praxis zu Abgrenzungsfragen und damit zu Rechtsunsicherheit führen kann.

Zur Erzielung der bestmöglichen Ergebnisse in Bezug auf die KI-Regulierung ist es zweckdienlich, die KI-Definition in der derzeit geltenden Executive Order „Removing Barriers" zu überarbeiten. Dabei kann die europäische KI-Definition als Vorbild dienen. Die europäische KI-Definition ist zeitgemäßer, passender und flexibler.

Mit Blick auf die überaus schnelle Weiterentwicklung der KI-Systeme dürfte es zudem in Bezug auf beide in Rede stehenden KI-Definitionen zweckdienlich sein, eine flexible Definition von KI vorzusehen, die mittels eines dynamischen Konzepts die Möglichkeit bietet, die Definition schnell und flexibel anzupassen, sofern dies erforderlich ist.[160] Die Europäische Kommission hatte ein solches dynamisches Konzept bereits bei ihrem Definitionsversuch aus dem Jahr 2021 vorgesehen, indem sie in der

---

160 Kritisch *Reusch* RDi 2023, 152 (153); ähnlich *Bomhard/Siglmüller* RDi 2022, 506 (507f.).

damaligen KI-Definition auf den Anhang I des KI-VO-E, der Konzepte und Techniken für die KI-Entwicklung aufführte, verwies, der mittels delegierter Rechtsakte abgeändert werden sollte.[161] Delegierte Rechtsakte gem. Art. 290 AEUV sind Rechtsakte ohne Gesetzescharakter mit allgemeiner Geltung zur Ergänzung oder Änderung nicht wesentlicher Punkte eines Gesetzgebungsaktes.[162] Zielführender wäre es gewesen, den dynamischen Verweis, den die Europäische Kommission im Kommissionsentwurf vorgesehen hatte, beizubehalten. Durch die Befugnis, delegierte Rechtsakte zu erlassen, hat die Europäische Kommission die Möglichkeit, schnell und flexibel zu reagieren und Ergänzungen und Änderungen bestimmter nicht wesentlicher Vorschriften eines Gesetzgebungsaktes vornehmen.

---

[161] Siehe oben Abschnitt C. II. 2a).

[162] Siehe *Auerbach* Bankenaufsicht, Kap. 2 Aufsicht über Kredit- und Finanzdienstleistungsinstitute Rn. 21.

D. Regulierung von KI in der EU

Bis vor Kurzem existierten keine einheitlichen und verbindlichen KI-spezifischen Vorgaben innerhalb der Europäischen Union.[163] Im Jahr 2019 hat die Hochrangige Expertengruppe für KI (kurz: „HEG-KI") „Ethikleitlinien für vertrauenswürdige KI" veröffentlicht, die die Förderung einer vertrauenswürdigen KI zum Ziel haben.[164] Die Haftung und Verantwortung für KI richtete sich bis dato nach den allgemeinen Vorschriften, wobei einige EU-Mitgliedstaaten bereits in Erwägung gezogen hatten, nationale KI-spezifische Vorschriften zu verabschieden.[165] Zur Schaffung einheitlicher Vorschriften und zur Schaffung von Rechtssicherheit haben sich die Europäische Kommission, das Europäische Parlament und hochrangige Expertengruppen für KI intensiv mit der KI-Technologie und deren Regulierung befasst und eine KI-Strategie entwickelt.[166] Ziel der KI-Strategie

---

163 Allgemein zur Regulierung von KI in der EU siehe *Hacker* NJW 202, 3242–2147.

164 Hochrangige Expertengruppe für KI „Ethikleitlinien für vertrauenswürdige KI" S. 2, Abrufbar unter: https://digital-strategy.ec.europa.eu/en/library/ethics-guidelines-trustworthy-ai (Abrufdatum:24.8.2024).

165 Siehe ErwG 3 KI-VO.

166 Siehe dazu Mitteilung der Europäischen Kommission an das Europäische Parlament, den Europäischen Rat, den Rat, den europäischen Wirtschafts- und Sozialausschuss und den Ausschuss der Regionen – Künstliche Intelligenz in Europa, v. 25.4.2018, COM(2018) 237 final, abgerufen unter: https://eur-lex.europa.eu/legal-content/DE/TXT/PDF/?uri=CELEX:52018DC0237 (Abrufdatum: 5.6.2024).

ist es, die weltweite Führungsrolle im Bereich der sicheren und vertrauenswürdigen KI zu übernehmen.[167]

Im Rahmen dessen spielt die am 1. August 2024 in Kraft getretene EU-Verordnung (EU) 2024/1689 über harmonisierte Vorschriften für KI (englisch: „AI Act", kurz: „KI-Verordnung" oder „KI-VO")[168] eine zentrale Rolle (hierzu unter **I.**). Diese hat zum Ziel, einen einheitlichen Rechtsrahmen innerhalb der Europäischen Union mit harmonisierten Vorschriften für KI zu schaffen, um die Entwicklung, Verwendung und Verbreitung von KI zu fördern und gleichzeitig ein hohes Schutzniveau in Bezug auf öffentliche Interessen wie etwa Gesundheit und Sicherheit und den Schutz der durch das Unionsrecht anerkannten und geschützten Grundrechte, einschließlich der Demokratie, der Rechtsstaatlichkeit und des Umweltschutzes, zu gewährleisten.[169]

Mit der KI-Verordnung eng verknüpft ist der Vorschlag einer KI-Haftungsrichtlinie (2022/0303(COD)) (englisch: „AI Liability Directive", kurz: „KI-Haftungsrichtlinie" oder „HaftRL-E") vom 28. September 2022 (hierzu unter **II.**).[170] Die KI-Haftungsrichtlinie setzt zeitlich später als die KI-Verordnung an, nämlich dann, wenn es durch den bzw. beim Betrieb einer KI zu einem Schaden gekommen ist, und sieht KI-spezifische Haftungsvorschriften vor.

Neben dem Entwurf der KI-Haftungsrichtlinie hat die Europäische Kommission ebenfalls am 28. September 2022 einen Entwurf für eine Novelle der Produkthaftungsrichtlinie veröffentlicht (COM/2022/495) (englisch: „Product Liability Directive", kurz: „Produkthaftungsrichtlinie 2022" oder „ProdHaftRL-E 2022"), um prioritär in Bezug auf KI-Systeme verbleibende Unsicherheiten im Rahmen der Produkthaftung zu beseitigen

---

[167] Vgl. COM(2018) 237 final.

[168] Die Verordnung (EU) 2024/1689 ist abrufbar unter: https://eur-lex.europa.eu/legal-content/DE/TXT/PDF/?uri=OJ:L_202401689 (Abrufdatum: 2.8.2024).

[169] Siehe ErwG 8 KI-VO.

[170] Daneben sind weitere rechtliche Vorgaben wie die DS-GVO, das Urheberrecht und der Data Act zu beachten, die allerdings mit Blick auf die Themenstellung des Dissertationsvorhabens nicht weiter vertieft werden.

(hierzu unter **III.**).[171] Am 18. Januar 2024 wurde der „final compromise text" veröffentlicht (kurz: „Produkthaftungsrichtlinie 2024" oder „ProdHaftRL-E 2024").[172]

I. EU KI-Verordnung

Am 21. April 2021 hat die Europäische Kommission den weltweit ersten Vorschlag eines Rechtsrahmens für KI, namentlich den ersten 119 Seiten umfassenden Entwurf für eine KI-Verordnung vorgestellt (kurz: „Kommissionsentwurf-KI-VO" oder „KI-VO-KOM-E").[173] Die KI-Verordnung soll nach Angaben des Europäischen Parlaments das weltweit erste umfassende KI-Gesetz sein.[174] Der Kommissionsentwurf-KI-VO geht auf die „gemeinsame europäische KI-Strategie" aus dem Jahr 2018[175], die „Leitlinien für Politik und Investitionen für eine vertrauenswürdige Künstliche Intelligenz (KI)"

---

[171] Vorschlag der Europäischen Kommission für eine Richtlinie des Europäischen Parlaments und des Rates über die Haftung für fehlerhafte Produkte, 28.9.2022, COM(2022) 495; siehe dazu *Mayrhofer* RDi 2023, 20; *Reusch* RDi 2023, 152; *Schreitmüller/Schucht* ARP 2023, 226 (228ff.).

[172] Abgerufen unter: https://data.consilium.europa.eu/doc/document/ST-5553-2024-INIT/en/pdf (Abrufdatum: 9.6.2024).

[173] Vorschlag für eine Verordnung des Europäischen Parlaments und des Rates zur Festlegung harmonisierter Vorschriften für Künstliche Intelligenz (Gesetz über Künstliche Intelligenz) und zur Änderung bestimmter Rechtsakte der Union, COM(2021) 206 final.

[174] Siehe Europäisches Parlament, KI-Gesetz: erste Regulierung der künstlichen Intelligenz, Onlineartikel v. 8.6.2023 (letzte Aktualisierung: 13.3.2024), abgerufen unter: https://www.europarl.europa.eu/topics/de/article/20230601STO93804/ki-gesetz-erste-regulierung-der-kunstlichen-intelligenz (Abrufdatum: 14.6.2024).

[175] Europäische Kommission, Mitteilung der Kommission an das Europäische Parlament, den Europäischen Rat, den Rat, den Europäischen Wirtschafts- und Sozialausschuss und den Ausschuss der Regionen – Koordinierter Plan für künstliche Intelligenz, COM (2018) 795 final, 2018.

aus dem Jahr 2019[176] und das „Weißbuch zur künstlichen Intelligenz aus dem Jahr 2020",[177] zurück.

Der Kommissionsentwurf-KI-VO wurde im Rahmen des rund drei Jahre dauernden Gesetzgebungsverfahrens intensiv diskutiert und mehrfach grundlegend überarbeitet.[178] So hat der Rat der Europäischen Union rund 1 ½ Jahre später, im November 2022, einen Abänderungsvorschlag zum Kommissionsentwurf-KI-VO (kurz: „Ratsentwurf" oder „KI-VO-RAT-E") vorgestellt.[179] Die rd. weitere sieben Monate später, am 14. Juni 2023, verabschiedete Verhandlungsposition des Europäischen Parlaments (kurz: „Parlamentsentwurf" oder „KI-VO-PARL-E") sieht wesentliche Abänderungen des Kommissionsentwurfs-KI-VO vor.[180] Im Dezember 2023 haben sich der Europäische Rat und das Europäische Parlament nach weiteren

---

[176] Europäische Kommission, Ethik-Leitlinien für eine vertrauenswürdige KI der Hochrangigen Expertengruppe für Künstliche Intelligenz (HEG_KI), 8.4.2024, abrufbar unter: https://digital-strategy.ec.europa.eu/en/library/ethics-guidelines-trustworthy-ai (Abrufdatum: 24.8.2024).

[177] Europäische Kommission, Weißbuch „Zur künstlichen Intelligenz – ein europäisches Konzept für Exzellenz und Vertrauen", COM (2020) 65 final (nachfolgend: „Weißbuch"). Das Weißbuch ist Teil der Bemühungen der Europäischen Union, in der KI-Forschung und KI-Entwicklung weltweit wettbewerbsfähig zu sein und gleichzeitig sicherzustellen, dass KI-Technologien verantwortungsvoll und ethisch eingesetzt werden; siehe Weißbuch, S. 1; näher zum Weißbuch *Hacker* NJW 2020, 2142 (2142); *Hess* CB 2023, 27 (27f.); *Ebers/Steinrötter*, Künstliche Intelligenz und smarte Robotik im IT-Sicherheitsrecht, 2021, § 7, S. 193). Ein Überblick über die weiteren Maßnahmen und Initiativen im Rahmen des europäischen Konzepts für vertrauenswürdige KI findet sich bei *Orssich* EuZW 2022, 254 (255).

[178] Digitizing Europe, Documents and Timelines: The Artificial Intelligence Act (part 3), 12.10.2022 gibt eine Übersicht der Bearbeitungsstände der KI-Verordnung, abgerufen unter https://www.kaizenner.eu/post/aiact-part3 (Abrufdatum: 6.6.2024); kritisch zur Überarbeitung und den Änderungen *Rohrßen* ZfPC 2024, 111 (122).

[179] Rat der Europäischen Union, Allgemeine Ausrichtung v. 25.11.2022, 2021/0106(COD), abgerufen unter: https://data.consilium.europa.eu/doc/document/ST-14954-2022-INIT/de/pdf; siehe auch Rat der Europäischen Union, Pressemitteilung v. 6.12.2022, „Gesetz über künstliche Intelligenz: Rat will sichere und die Grundrechte wahrende KI fördern", abgerufen unter: https://www.consilium.europa.eu/de/press/press-releases/2022/12/06/artificial-intelligence-act-council-calls-for-promoting-safe-ai-that-respects-fundamental-rights/ (Abrufdaten: 5.6.2024).

[180] Europäisches Parlament, Gesetz über Künstliche Intelligenz, Abänderungsvorschlag v. 14.6.2023, abgerufen unter: https://www.europarl.europa.eu/doceo/document/TA-9-2023-0236_DE.html (Abrufdatum: 5.6.2024).

Überarbeitungen des Parlamentsentwurfs über den Inhalt der KI-Verordnung vorläufig geeinigt.[181] Kurz danach, im Januar 2024, wurde der Verordnungstext von dem Europäischen Parlament und von dem Europäischen Rat formell angenommen (kurz: „KI-VO-E").[182] Rund fünf Monate danach hat der Rat der Europäischen Union am 21. Mai 2024 die KI-Verordnung verabschiedet.[183]

Die 144 Seiten umfassende KI-Verordnung wurde sodann am 12. Juli 2024, mithin über drei Jahre nach Vorstellung des Kommissionsentwurfs, als Verordnung (EU) 2024/1689 zur Festlegung harmonisierter Vorschriften für KI im Amtsblatt der Europäischen Union veröffentlicht. Als EU-Verordnung gilt sie ab dem Tag ihrer Inkraftsetzung als verbindliches Recht unmittelbar in den Mitgliedstaaten; einer Umsetzung durch die EU-Mitgliedstaaten bedarf es nicht.[184] Gem. Art. 113 Abs. 1 KI-VO tritt sie am 20. Tag nach ihrer Veröffentlichung, mithin am 1. August 2024, in Kraft. Es bestehen gestaffelte

---

181 Siehe zum Trilogergebnis *Bombard/Siglmüller* RDi 2024, 45–55; siehe auch Rat der Europäischen Union, Pressemitteilung v. 9.12.2023, „Gesetz über künstliche Intelligenz: Rat und Parlament einigen sich über weltweit erste Regelung von KI", abgerufen unter: https://www.consilium.europa.eu/de/press/press-releases/2023/12/09/artificial-intelligence-act-council-and-parliament-strike-a-deal-on-the-first-worldwide-rules-for-ai/ (Abrufdatum: 14.6.2024); Europäisches Parlament, Pressemitteilung v. 18.12.2023, „KI-Gesetz: erste Regulierung der künstlichen Intelligenz", abgerufen unter: https://www.europarl.europa.eu/news/de/headlines/society/20230601STO93804/ki-gesetz-erste-regulierung-der-kunstlichen-intelligenz (Abrufdatum: 14.6.2024).

182 Der KI-Verordnungsentwurf v. 21.1.2024 ist abrufbar unter https://artificialintelligenceact.eu/wp-content/uploads/2024/01/AIA-Final-Draft-21-January-2024.pdf (Abrufdatum: 14.6.2024); siehe dazu auch Bundesministerium für Wirtschaft und Klimaschutz, Pressemitteilung v. 2.2.2024, „Rahmen für Künstliche Intelligenz in der EU steht: KI-Verordnung einstimmig gebilligt", abgerufen unter: https://www.bmwk.de/Redaktion/DE/Pressemitteilungen/2024/02/20240202-rahmen-fur-kunstliche-intelligenz-in-der-eu-steht-ki-verordnung-einstimmig-gebilligt.html (Abrufdatum: 14.6.2024); siehe zum Ergebnis des Trilogverfahrens *Bombard/Siglmüller* RDi 2024, 45–55.

183 Siehe Bundesministerium für Digitales und Verkehr, Pressemitteilung v. 21.5.2024, „Erstes KI-Gesetz der Welt verabschiedet", abgerufen unter: https://bmdv.bund.de/SharedDocs/DE/Artikel/K/erstes-ki-gesetz.html (Abrufdatum: 6.6.2024).

184 Vgl. Art. 288 AEUV; näher dazu *Rohrßen* ZfPC 2024, 111 (114); vgl. *Auerbach* Bankenaufsicht, Kap. 2 Aufsicht über Kredit- und Finanzdienstleistungsinstitute Rn. 19.

Umsetzungsfristen von sechs, zwölf, 24 und 36 Monaten, wobei grundsätzlich eine Umsetzungsfrist von 24 Monaten gelten soll, Art. 113 S. 1 KI-VO.[185]

In Deutschland werden die Vorgaben der KI-Verordnung als Aufsichtsrecht qualifiziert.[186] Zudem werden bestimmte Regelungen nach h.M. als Schutzgesetz i. S. d. § 823 Abs. 2 BGB eingeordnet.[187] Vor diesem Hintergrund erlangen die Vorgaben der KI-Verordnung haftungsrechtliche Relevanz.

Mit Blick darauf werden nachfolgend die aus europäischer Sicht zentralen Vorgaben der KI-Verordnung vorgestellt. Hierzu wird zunächst der sachliche Anwendungsbereich (hierzu unter **1.**), der persönliche Anwendungsbereich (hierzu unter **2.**) und der räumliche Anwendungsbereich (hierzu unter **3.**) der KI-Verordnung erläutert. Sodann widmet sich dieser Abschnitt dem Risikokonzept der KI-Verordnung, wonach KI-Systeme je nach deren Gefährdungspotenzial in verschiedene Kategorien eingeordnet werden (hierzu unter **4.**). Im Anschluss wird das Sanktionskonzept der KI-Verordnung vorgestellt (hierzu unter **5.**). Am Ende dieses Abschnitts werden die wesentlichen Erkenntnisse dieses Abschnitts zusammengefasst, miteinander verglichen und bewertet (hierzu unter **6.**).

1. Sachlicher Anwendungsbereich

Die KI-VO unterscheidet zwischen einem „KI-System" und einem „KI-Modell mit allgemeinem Verwendungszweck". Der sachliche Anwendungsbereich der KI-Verordnung erfasst sog. „KI-Systeme" i. S. v. Art. 3 Nr. 1 KI-VO und sog. „KI-Modelle mit allgemeinem Verwendungszweck" i. S. v. Art. 3 Nr. 63 KI-VO. Ein KI-System ist gem. Art. 3 Nr. 1 KI-VO

> „ein maschinengestütztes System, das für einen in wechselndem Maße autonomen Betrieb ausgelegt ist, das nach seiner Einführung anpassungsfähig sein kann und das aus den erhaltenen Eingaben für explizite oder implizite Ziele ableitet, wie Ergebnisse wie etwa Vorhersagen, Inhalte, Empfehlungen oder Entscheidungen hervorgebracht werden, die physische oder virtuelle Umgebungen beeinflussen können."

185 Ein Überblick zu den Umsetzungsfristen findet sich bei *Rohrßen* ZfPC 2024, 111 (112).

186 *Buck-Heeb* BKR 2023, 137 (145).

187 Eingehend dazu *Theis* BKR 2024, 414 (416); die Schutzgesetzqualität ebenfalls bejahend *Roos/Weitz* MMR 2021, 844 (850); *Grützmacher* CR 2021, 433 Rn. 39; zur Schutzgesetzqualität i. S. d. Art. 22 Abs. 2 DS-GVO siehe *Paal/Hüger* MMR 2024, 540 (543); a.A. *Buck-Heeb* BKR 2023, 137 (145).

Nicht erfasst von dem Begriff KI-System sind einfache Softwaresysteme und Systeme, die ausschließlich regelbasiert operieren.[188] KI-Systeme sollen nach dieser Definition die Fähigkeit haben, sich während des Einsatzes selbst zu verändern (sog. „Veränderungskomponente“) und Schlussfolgerungen aus empfangenen Daten abzuleiten (sog. „Ableitungskomponente“).[189]

Zu den KI-Systemen gehören unter der Voraussetzung, dass bestimmte Bedingungen erfüllt sind,[190] gem. Art. 3 Nr. 66 KI-VO KI-Modelle mit „allgemeinem Verwendungszweck“ (englisch: „General Purpose AI“, kurz: „GPAI“). Solche KI-Modelle sind vielseitig einsetzbar, wie z. B. in der Spracherkennung, der Bildverarbeitung und der Datenanalyse. Sie beruhen auf GPAI-Modellen i. S. v. Art. 3 Nr. 63 KI-VO, wie z. B. den generativ vortrainierten Transformern (englisch: „Generative pre-trained transformers“, kurz: „GPTs“), die den großen Sprachmodellen (englisch: „Large Language Models“, kurz: „LLMs“) wie etwa ChatGPT, Google Gemini oder Llama 3.1 oder Luminous angehören.[191] GPAI selbst sind keine KI-Systeme, sondern wesentliche Komponenten von KI-Systemen.[192] GPAI können zu einem KI-System werden, sofern weitere Komponenten, wie etwa eine Nutzerschnittstelle, hinzugefügt wird.[193] Ein KI-Modell mit allgemeinem Verwendungszweck ist ein KI-Modell, das eine allgemeine Verwendbarkeit aufweist und in der Lage ist, unabhängig von der Art und Weise seines Inverkehrbringens ein breites Spektrum unterschiedlicher Aufgaben kompetent zu erfüllen, und das in eine Vielzahl nachgelagerter Systeme oder Anwendungen integriert werden kann (Art. 3 Nr. 63 KI-VO).

2. Persönlicher Anwendungsbereich

Der persönliche Anwendungsbereich umfasst prioritär Anbieter und Betreiber von KI-Systemen, die die KI-Verordnung konkret definiert. Anbieter sind in Art. 3 Nr. 3 KI-VO definiert. Danach ist ein Anbieter eine Person, Behörde, Einrichtung oder sonstige Stelle, die ein KI-System oder ein KI-Modell mit

---

188 Siehe *Frank/Heine* NZA 2024, 433 (434); *Krönke* NVwZ 2024, 529 (529); siehe dazu auch oben Abschnitt C II. 3.

189 Näher dazu *Woesch/Vogt* BKR 2024, 689 (691) m.w.N.

190 Siehe ErwG 97 KI-VO.

191 Siehe *Krönke* NVwZ 529 (529); *von Welser* GRUR-Prax 2024, 485 (485); *Engel* KIR 2024, 21 (22).

192 Siehe ErwG 97 KI-VO.

193 Siehe ErwG 97 KI-VO.

allgemeinem Verwendungszweck entwickelt oder entwickeln lässt und es unter ihrem eigenen Namen oder ihrer Handelsmarke auf den Markt bringt oder betreibt, unabhängig davon, ob dafür eine Gebühr erhoben wird oder nicht. Betreiber sind in Art. 3 Nr. 4 KI-VO definiert. Danach ist ein Betreiber eine Person, Behörde, Einrichtung oder sonstige Stelle, die ein KI-System eigenverantwortlich nutzt, sofern das KI-System nicht für persönliche und nichtberufliche Aktivitäten verwendet wird. Als Betreiber i. S. d. KI-Verordnung sollen Arbeitgeber gelten, die KI-Systeme beispielsweise im Personalbereich einsetzen.[194]

Weitere Adressaten der Verordnung sind Bevollmächtigte, Einführer und Händler von KI-Systemen. Bevollmächtigte sind in Art. 3 Nr. 5 KI-VO als eine in der Union ansässige oder niedergelassene natürliche oder juristische Person, die vom Anbieter eines KI-Systems oder eines KI-Modells mit allgemeinem Verwendungszweck schriftlich dazu bevollmächtigt wurde und sich damit einverstanden erklärt hat, in seinem Namen die in dieser Verordnung festgelegten Pflichten zu erfüllen bzw. Verfahren durchzuführen, definiert. Einführer von KI-Systemen sind in Art. 3 Nr. 6 KI-VO definiert. Danach sind Einführer eine in der EU ansässige oder niedergelassene natürliche oder juristische Person, die ein KI-System, das den Namen oder die Marke einer außerhalb der EU ansässigen oder niedergelassenen natürlichen oder juristischen Person trägt, in der EU in Verkehr bringt oder in Betrieb nimmt. Der Begriff Händler ist in Art. 3 Nr. 7 KI-VO definiert. Danach ist ein Händler eine natürliche oder juristische Person in der Lieferkette, die ein KI-System ohne Änderung seiner Merkmale auf dem Unionsmarkt bereitstellt, mit Ausnahme des Herstellers oder des Einführers. Gemeinsam werden Anbieter, Produkthersteller, Betreiber, Bevollmächtigte, Einführer und Händler als Akteure bezeichnet, Art. 3 Nr. 8 KI-VO.

3. Räumlicher Anwendungsbereich

Der räumliche Anwendungsbereich ist gegenüber Betreibern von KI-Systemen, die ihren Sitz in der EU haben und sich dort befinden, eröffnet, Art. 2 Abs. 1b) KI-VO. Anknüpfungspunkt ist mithin das Niederlassungs- und Sitzland.[195] Darüber hinaus knüpft die KI-Verordnung im Rahmen des

---

[194] Siehe *Frank/Heine* NZA 2024, 433 (434); vgl. *Witteler/Moll* NZA 2023, 327 (333).

[195] Siehe *Krönke* NVwZ 2024, 529 (520).

räumlichen Anwendungsbereichs an den Marktort an, indem sie auch Anbieter in Drittstaaten erfasst, sofern diese KI-Systeme in der EU in den Verkehr bringen, Art. 2 Abs 1a) KI-VO.[196] Erfasst sind ferner Anbieter und Betreiber von KI-Systemen in Drittländern, sofern das vom KI-System hervorgebrachte Ergebnis (Output), in der EU verwendet wird, Art. 2 Abs. 2c) KI-VO.[197]

4. Das Risikokonzept

Die KI-Verordnung verfolgt einen risikobasierten Ansatz, der verschiedene Regulierungsgrade je nach Risikostufe vorsieht.[198] Folgender Grundsatz gilt: „Je höher das Risiko des KI-Systems ist, desto strenger sind die Vorschriften der KI-Verordnung".[199] Der risikobasierte Ansatz der KI-Verordnung unterscheidet

---

196 Siehe *Frank/Heine* NZA 2024, 433 (434) m.w.N.; *Krönke* NVwZ 2024, 529 (520).

197 Kritisch dazu *Krönke* NVwZ 2024, 529 (520), der sich für eine enge Interpretation des Begriffs „Verwenden in der EU" ausspricht, um eine uferlose, praktisch universelle Geltung des KI-Gesetzes zu verhindern.

198 Zum Kommissionsentwurf *Becker* ZfDR 2023, 164 (167); *Borges* CR 2023, 706; *Buck-Heeb* WM 2023, 1625 (1630); *Ebers* RDi 2021, 588 (589ff.); *Ebert/Spiecker gen. Döhrmann* NVwZ 2021, 1188 (1188ff.); *Engelmann/Brunotte/Lütkens* RDi 2021, 317 (319); *Hacker* NJW 2020, 2142 (2143); *Hacker/Berz* ZRP 2023, 226 (226); *Orssich* EuZW 2022, 254 (255); *Roos/Weitz* MMR 2021, 844 (845ff.); *Rostalski/Weis* ZfDR 2021, 329 (335); *Steege* MMR 2022, 926 (929); zum Parlamentsentwurf *Becker/Feuerstark* MMR 2024, 22 (23); *Feuerstack/Becker/Hertz* ZfDR 2023, 421 (424); *Hero/Ströer* ZVertriebsR 2024, 75 (76ff.); *Frank/Heine* NZA 2023, 1281 (1282ff.); zur finalen KI-Verordnung Krönke NVwZ 2024, 529 (530), Chibanguza/Steege NJW 2024, 1769 (1771), *Möller-Klapperich* NJ 2024, 337(338); vgl. *Roth-Isigkeit* KIR 2024, 15 (16), der nicht von einem risikobasierten Ansatz der KI-Verordnung, sondern von „Elementen der Risikoregulierung" spricht.

199 Vgl. Rat der Europäischen Union, Pressemitteilung v. 9.12.2023, „Gesetz über künstliche Intelligenz: Rat und Parlament einigen sich über weltweit erste Regelung von KI", abgerufen unter: https://www.consilium.europa.eu/de/press/press-releases/2023/12/09/artificial-intelligence-act-council-and-parliament-strike-a-deal-on-the-first-worldwide-rules-for-ai/ (Abrufdatum: 7.6.2024); *Chibanguza/Steege* NJW 2024, 1769 (1771) m.w.N.
zur Rechtfertigung von Eingriffen in die Wissenschaftsfreiheit durch die KI-VO-KOM-E *Becker* ZfDR 2023, 164 (175).

dabei grundsätzlich zwischen drei Risikoklassen,[200] namentlich zwischen KI-Systemen mit unannehmbarem Risiko (hierzu unter **a**)), mit hohem Risiko (hierzu unter **b**)) und mit geringem oder minimalem Risiko (hierzu unter **c**)), die nachfolgend erläutert werden. Daneben sieht die KI-Verordnung besondere Vorgaben für KI-Modelle mit „allgemeinem Verwendungszweck" vor, die ebenfalls vorgestellt werden (hierzu unter **d**)).

a) Unannehmbares Risiko

KI-Systeme mit unannehmbaren Risiko sind in Kapitel II der KI-VO geregelt. Diese Vorschriften gelten gem. Art. 113 S. 3a) KI-VO grundsätzlich ab dem 2. Februar 2025.

KI-Systeme mit einem unannehmbaren Risiko sind gem. Art. 5 KI-VO strikt verboten. Dazu zählen KI-Systeme, die ein unannehmbares Risiko für die Sicherheit, die Rechte und die Existenzgrundlagen von Einzelpersonen darstellen können. Erfasst sind KI-Systeme, die durch Missbrauch zu manipulativer, ausbeuterischer und sozialer Kontrolle führen können.[201] Ausnahmen sollen für Forschungstätigkeiten aufgrund der Wissenschaftsfreiheit bestehen.[202]

Im Laufe des Gesetzgebungsverfahrens wurde Art. 5 KI-VO intensiv diskutiert und mehrfach überarbeitet. Dabei wurde der sachliche Anwendungsbereich stark erweitert. Zu den verbotenen KI-Systemen zählen nunmehr kognitive Verhaltensmanipulations-KI (Buchst. a), manipulative KI (Buchst. b), bestimmte Sozial-Scoring-KI-Systeme (Buchst. c), KI-Systeme zur Erstellung von Straftat-Prognosen (Buchst. d), KI-Systeme zum ungezielten

---

200 Diese Kategorisierung der Risikoklassen findet sich in der Begründung im Kommissionsentwurf-KI-VO unter Nr. 5.2.2. In Bezug auf die KI-Systeme gem. Art. 50 KI-VO wird z.T. weiter zwischen KI-Systemen mit einem „mittleren" und einem „minimalen" Risiko differenziert; vgl. *Bombard/Merkle* RDi 2021, 276 (282); *Rostalski/Weiss* ZfDR 2021, 329 (350 ff.). In Bezug auf KI-Systeme mit „allgemeinen Verwendungszweck" gem. Art. 3 Nr. 63 i.V.m Art. 51 ff. KI-VO wird ebenfalls z.T. angenommen, dass sie eine eigene Kategorie darstellen; vgl. *Bombard/Siglmüller* RDi 2024, 45 (49 ff.); *Theis* BKR 2024, 414 (415). Hinsichtlich der im Parlamentsentwurf eingeführten Basismodelle wird ebenfalls z.T. von einer eigenen Kategorie gesprochen, vgl. *Feuerstack/Becker//Hertz* ZfDR 2023, 421 425 ff.); *Müller-Peltzer/Tanczik* RDi 2023, 452) (454).

201 Siehe ErwG 29 KI-VO.

202 Siehe *Frank/Heine* NZA 2024, 433 (436); *Chibanguza/Steege* NJW 2024, 1769 (1771) m.w.N.

Auslesen von Gesichtsbildern (Buchst. e), KI-Systeme zum Ableiten von Emotionen (Buchst. f), KI-Systeme zur biometrischen Kategorisierung (Buchst. g) und biometrische Echtzeit-Fernidentifizierungssysteme (Buchst. h).[203] Näher betrachtet werden nachfolgend drei ausgewählte verbotene KI-Systeme, namentlich kognitive Verhaltensmanipulations-KI, Social Scoring Systeme und biometrische Echtzeit-Fernidentifizierungssysteme.

Bei der kognitiven Verhaltensmanipulations-KI gem. Art. 5 Abs. 1a) KI-VO handelt es sich um KI-Systeme, die unterschwellige Techniken einsetzen, um das Verhalten einer Person oder einer Personengruppe zu manipulieren.[204] Zu den gem. Art. 5 Abs. 1b) KI-VO verbotenen manipulativen KI-Systemen gehören etwa „Dark Patterns", d.h. manipulative Gestaltungsformen von Benutzeroberflächen, die die Nutzer zu einem bestimmten Verhalten verleiten sollen (z. B. Anklicken eines „Akzeptieren-Buttons" oder eines auffällig gestalteten Links).[205] Im Rahmen des Gesetzgebungsverfahrens war der erfasste Schaden ein zentrales Thema. Der Kommissionsentwurf-KI-VO stellte explizit auf physische oder psychische Schäden ab.[206] Diskutiert wurde daher, ob ein Vermögensschaden Relevanz haben kann.[207] Nunmehr stellt Art. 5 Abs. 1a) und b) KI-VO allgemein auf einen „erheblichen Schaden" ab, so herrscht nunmehr Einigkeit, dass auch ein Vermögensschaden erfasst ist.[208]

Bei den gem. Art. 5 Abs. 1c) KI-VO verbotenen Social Scoring Systemen handelt es sich um KI-Systeme, die Klassifizierung von Personen oder Personengruppen auf der Grundlage von Verhalten, sozioökonomischem

[203] *Krönke* NVwZ 2024, 532 (531f.) spricht insoweit von einer „KI-Blacklist"); kritisch in Bezug auf die Definitionen der in Art. 5 KI-VO genannten Handlungen *Wybitul* NJW 2024, 2641 (2642).

[204] Siehe dazu *Ebert/Spieker gen. Döhmann NVwZ* 2021, 1188 (1189); kritisch zur Beweisbarkeit der Manipulation und Bewusstseinsbeeinflussung *Chibanguza/Steege* NJW 2024, 1769 (1771).

[205] Vgl. *Ebert/Spiecker* gen. *Döhmann* NVwZ 2021, 1188 (1189); *Martini/Kramme/Kamke* MMR 2023, 399 (399); eingehend zum Begriff Dark Pattern *Martini/Drews* et al. ZfDR 2021, 47 (49).

[206] Vgl. Art. 5 Abs. 1a), b) i.V.m. ErwG 16 Kommissionsentwurf-KI-VO.

[207] Mit dem Argument verneinend, dass insoweit die bestehenden Vorschriften ausreichenden Rechtsschutz bieten *Orssich* EuZW 2022, 254 (257); *Ebert/Spiecker* gen. *Döhmann* NVwZ 2021, 1188 (1189); vgl. auch *Möslein/Omlor* FinTech-HdB/Steinrötter/Stamenov § 12 Rn. 50h.

[208] Näher dazu *Becker/Feuerstack* MMR 2024, 22 (25).

Status und persönlichen Merkmalen vornehmen.[209] Solche KI-Systeme gerieten insbesondere durch die Überwachung von Bürgern in der Volksrepublik China in den Fokus der Regulierung durch den Europäischen Gesetzgeber.[210]

Die Verwendung biometrischer Echtzeit-Fernidentifizierungssysteme (z. B. Gesichtserkennung), die auf die Kritik an KI-basierten Kategorisierungssystemen wie etwa der Möglichkeit zur Identifizierung des Geschlechts zurückgeht,[211] sind grundsätzlich erlaubt, da sie als Hochrisiko-KI-Systeme eingeordnet werden.[212] Art. 5 Abs. 1h) KI-VO sieht als Ausnahmeregelung ein Verbot dieser KI-Systeme zum Zwecke der Strafverfolgung vor.[213] Davon wiederum ausgenommen sind rechtmäßig erfasste biometrische Datensätze im Bereich der Strafverfolgung zu bestimmten Strafverfolgungszwecken in öffentlich zugänglichen Räumen, vgl. Art. 5 Abs. 1h) KI-VO.[214]

Ausdrücklich verboten ist das Inverkehrbringen, die Inbetriebnahme oder die Verwendung solcher KI-Systeme.[215] Während die Begriffe

---

[209] Im Kommissionsentwurf-KI-VO war der funktionale Anwendungsbereich dieser Vorschrift dergestalt begrenzt, dass Social-Scoring-Systeme „im Auftrag“ von Behörden in Verkehr gebracht, in Betrieb genommen oder verwendet werden. Diese Begrenzung war ein umstrittener Punkt im Gesetzgebungsverfahren, der zu viel Kritik führte Kritisiert wurde insbesondere, dass unklar sei, unter welchen Bedingungen Social-Scoring-Systeme „im Auftrag“ von Behörden in Verkehr gebracht, in Betrieb genommen oder verwendet würden und, ob weitere Anwendungsfälle erfasst seien. Ferner wurde eine fehlende Begründung der Ausnahme gerügt; siehe dazu *Ebert/Spiecker* gen. *Döhmann* NVwZ 2021, 1188.

[210] Näher dazu *Maamar*, CR 2018, 820 (821f.).

[211] Näher dazu *Becker/Feuerstack* MMR 2024, 22 (25).

[212] Siehe *Chibanguza/Steege* NJW 2024, 1769 (1771).

[213] Das Verbot war Gegenstand intensiver Diskussion im Rahmen des Gesetzgebungsverfahrens. Diskutiert wurde insbesondere, ob und inwieweit der Einsatz solcher KI-Systeme ausnahmsweise zum Zwecke der Strafverfolgung in gewissen Grenzen eingesetzt werden dürfen. Siehe zum Kommissionsentwurf-KI-VO *Ebert/Spiecker* gen. *Döhmann* NVwZ 2021, 1188 (1190); *Orssich* EuZW 2022, 254 (258); zum Parlamentsentwurf *Becker/Feuerstack* MMR 2024, 22 (25); vgl. *Kühling* ZUM 2023, 566–573.

Die Begriffe „Inverkehrbringen“ und „Inbetriebnahme“ sind in Art. 3 Nr. 9 KI-VO und Art. 3 Nr. 11 KI-VO definiert. Der Begriff „Verwendung“ hingegen nicht. Letzterem soll eine Auffangfunktion zukommen, die jede Form der Nutzung umfassen soll, *Becker* ZfDR 2023, 164 (171).

[214] Näher dazu *Becker/Feuerstack* MMR 2024, 22 (25).

[215] Siehe *Becker* ZfDR 2023, 164 (171).

„Inverkehrbringen" und „Inbetriebnahme" in Art. 3 Nr. 9 KI-VO und Art. 3 Nr. 11 KI-VO definiert sind, ist der Begriff „Verwendung" nicht weiter bestimmt. Letzterem soll eine Auffangfunktion zukommen, die jede Form der Nutzung umfassen soll.[216] Die Entwicklung solcher KI-Systeme wird in Art. 5 KI-VO nicht explizit genannt, so dass sie nicht verboten sein soll.[217]

b) Hohes Risiko (Hochrisiko-KI-Systeme)

KI-Systeme mit hohem Risiko („Hochrisiko-KI-Systeme") stehen im Mittelpunkt der Regulierung der KI-Verordnung und sind in Kapitel III der KI-VO umfassend geregelt. Diese Vorschriften gelten gem. Art. 113 S. 3b) KI-VO grundsätzlich ab dem 2. August 2025. Nachfolgend wird zunächst erläutert, welche KI-Systeme unter den Begriff „Hochrisiko-KI-System" fallen (hierzu unter **aa**)). Im Anschluss werden die Anforderungen, die die KI-Verordnung an solche KI-Systeme stellt (hierzu unter **bb**)) und die wesentlichen Pflichten, die für Anbieter und Betreiber solcher KI-Systeme gelten (hierzu unter **cc**)), erläutert.

aa) Qualifikation als Hochrisiko-KI-System

Gemäß Art. 6 Abs. 1 KI-VO liegt ein Hochrisiko-KI-System vor, wenn die beiden nachfolgenden Bedingungen erfüllt sind: Das KI-System soll als Sicherheitsbauteil eines unter die in Anhang I KI-VO aufgeführten Harmonisierungsrechtsvorschriften der Union fallenden Produkts (z. B. Spielzeug, Medizinprodukte, Aufzüge, Fahrzeuge, Luftfahrt) verwendet werden oder das KI-System ist selbst ein solches Produkt (i); das Produkt, dessen Sicherheitsbauteil gemäß vorstehender Kategorie das KI-System ist, oder das KI-System selbst als Produkt muss einer Konformitätsbewertung durch Dritte im Hinblick auf das Inverkehrbringen oder die Inbetriebnahme dieses Produkts gemäß den in Anhang I KI-VO aufgeführten Harmonisierungsrechtsvorschriften der Union unterzogen

---

[216] So *Becker* ZfDR 2023, 164 (171); *Paal/Hüger* MMR 2024, 540 (542); *Roth-Isigkeit* KIR 2024, 15 (17).

[217] So *Möslein/Omlor* FinTech-HdB/Steinrötter/Stamenov § 12 Rn. 50h; *Ebert/Spiecker* gen. *Döhmann* NVwZ 2021, 1188 (1189).

werden (ii).[218] Vor diesem Hintergrund bietet sich folgende Prüfung an:[219] In einem ersten Schritt ist einzuschätzen, ob das KI-System als Sicherheitsbauteil eines Produktes dient oder das KI System selbst ein solches Produkt ist. In einem zweiten Schritt ist dann eine Konformitätsbewertung durch Dritte im Hinblick auf das Inverkehrbringen oder die Inbetriebnahme des Produktes vorzunehmen.

Ferner zählen gemäß Art. 6 Abs. 2 KI-VO KI-Systeme, die in Anhang III KI-VO explizit aufgelistet sind, zu den Hochrisiko-KI-Systemen. Art. 6 Abs. 2 KI-VO erfasst bestimmte anwendungsbezogene Hochrisiko-KI-Systeme.[220] Dazu gehören KI-Systeme, die ein hohes Risiko für die Gesundheit und Sicherheit oder für die Grundrechte natürlicher Personen darstellen, wie z. B. im Bereich der Justiz[221] und Verwaltung, der Medizin, der Arbeitswelt und der Kreditvergabe.[222] Der Katalog der Hochrisiko-KI-Systeme in Anhang III KI-VO ist nicht abschließend. Gem. Art. 7 Abs. 1 KI-VO kann die Europäische Kommission mittels delegierter Rechtsakte die Liste der Hochrisiko-KI in Anhang III KI-VO erweitern.

bb) Anforderungen an Hochrisiko-KI-System

Hochrisiko-KI-Systeme müssen, um auf dem EU-Markt zugelassen zu werden, zwingend bestimmten Anforderungen genügen.[223] Art. 8–15 KI-VO sehen dazu für Hochrisiko-Systeme besondere Anforderungen vor, wie etwa der Pflicht zum Risikomanagement (Art. 9 KI-VO), der Pflicht zur Daten-Governance (Art. 10 KI-VO), der Pflicht zur technischen Dokumentation (Art. 11 KI-VO) sowie allgemein die Pflicht zur Genauigkeit, Robustheit und

---

[218] Näher zur Konformitätsbewertung *Denga* CR 2023, 277 (280 ff.); *Wiebe* BB 2022, 899 (903); *Krönke* NVwZ 2024, 529 (532); *Gerdemann* NJW 2024, 2209–2215.

[219] So *Woesch/Vogt* BKR 2024, 689 (693).

[220] Siehe *von Welser* GRUR-PRax 2024, 485 (487).

[221] Näher zur Einordnung von Legal Tech-Anwendungen als Hochrisiko-KI-Systeme siehe *Engelmann/Brunotte/Lütkens* RDi 2021, 317 (320).

[222] Hierzu *Hacker/Berz* ZRP 2023, 226 (226); *Waas* RdA 2022, 125 (130); zum Einsatz von KI am Arbeitsplatz *Witteler/Moll* NZA 2023, 327 (328ff.); zum Einsatz von KI im Arbeitsverhältnis *Müller* öAT 2024, 26 (26ff.); *Frank/Heine* NZA 2023, 935 (935ff.); *Kalbfus/Schöberle* ArbRAtuell 2023, 251 (252); *Malorny* JuS 2022, 289 (291ff.); zum Einsatz von KI im Bankensektor *Buck-Heeb* WM 2023, 1625–1636; zum Einsatz von KI im Finanzsektor *Theis* BKR 2024, 414–420; *Woesch/Vogt* BKR 2024, 689–696.

[223] Eingehend dazu *Ebers/Streitbörger* RDi 2024, 393 (397f.).

Cybersicherheit (Art. 15 KI-VO).[224] Ferner bestehen Aufzeichnungspflichten (Art. 12 KI-VO) und Transparenzpflichten (Art. 13 KI-VO). Durch die Transparenzanforderungen soll der Undurchsichtigkeit von Hochrisiko-KI-Systemen entgegengewirkt werden und die Nutzer in die Lage versetzt werden, die Ergebnisse des KI-Systems interpretieren und es angemessen verwenden zu können.[225] Solche KI-Systeme müssen daher mit einer einschlägigen Dokumentation und einer Betriebsanleitung versehen werden, die präzise, vollständige, korrekte und eindeutige Informationen in einer für die Nutzer relevanten, barrierefrei zugänglichen und verständlichen Form enthalten. Die in der Betriebsanleitung zu erfassenden Informationen (z. B. den Namen und die Kontaktangaben des Anbieters sowie ggf. seines Bevollmächtigten, die Merkmale, Fähigkeiten und Leistungsgrenzen des Hochrisiko-KI-Systems, die erwartete Lebensdauer des Hochrisiko-KI-Systems und alle erforderlichen Wartungs- und Pflegemaßnahmen zur Gewährleistung des ordnungsgemäßen Funktionierens dieses KI-Systems und zwar auch in Bezug auf Software-Updates) werden explizit festgelegt. Gem. Art. 14 Abs. 1 KI-VO müssen Hochrisiko-KI-Systeme so konzipiert und entwickelt werden, dass sie während der Dauer der Verwendung von natürlichen Personen wirksam beaufsichtigt werden können. Dabei verbleibt die Letztentscheidungsbefugnis in materieller als auch in formeller Hinsicht zu einem gewissen Grad bei Anbieter und Betreiber.[226]

Darüber hinaus besteht die Pflicht zur menschlichen Aufsicht (Art. 14 KI-VO). Das bedeutet, dass Hochrisiko-KI-Systeme so konzipiert und entwickelt werden müssen, dass sie während der Dauer der Verwendung von natürlichen Personen wirksam beaufsichtigt werden können. Dabei soll die Letztentscheidungsbefugnis in materieller als auch in formeller Hinsicht zu einem gewissen Grad bei dem Anbieter und dem Betreiber verbleiben.[227]

---

224 Ausfl. zur Art. 10 KI-VO *Müller-Peltzer/Tanczik* RDi 2023, 452–458.

225 Vgl. ErwG 72 KI-VO.

226 Zu Art. 22 DS-GVO und dem Recht auf menschliche Entscheidung in Bezug auf die Vorgaben der KI-Verordnung *Paal/Hüger* MMR 2024, 540 (542).

227 Zu Art. 22 DS-GVO und dem Recht auf menschliche Entscheidung in Bezug auf die Vorgaben der KI-Verordnung *Paal/Hüger* MMR 2024, 540 (542).

cc) Pflichten des Anbieters oder Betreibers eines Hochrisiko-KI-Systems

Die Anbieter und Betreiber von Hochrisiko-KI-Systemen haben einen strengen Pflichtenkatalog zu erfüllen, der in den Art. 16 - 27 KI-VO geregelt ist.[228] Anbieter von Hochrisiko-KI-Systemen haben etwa über ein KI-spezifisches Qualitätsmanagement[229], das KI-spezifische Regeln, Verfahren und Anweisungen im Zusammenhang mit dem operativen Einsatz des Hochrisiko-KI-Systems enthalten muss, zu verfügen (Art. 16 c i.V.m. Art. 17 KI-VO).[230] Ferner treffen Anbieter von Hochrisiko-KI-Systemen gem. Art. 16 KI-VO Aufbewahrungspflichten (Buchst. e), Dokumentationspflichten (Buchst. d), Registrierungspflichten (Buchst. i) und Korrekturmaßnahmepflichten (Buchst. j).[231] Die Pflichten der Betreiber von Hochrisiko-KI-Systemen sind in Art. 26 KI-VO geregelt. So sind Betreiber etwa verpflichtet, das KI-System gemäß Betriebsanleitung zu verwenden, Art. 26 Abs. 1 KI-VO, und Protokolle aufzubewahren, Art. 26 Abs. 6 KI-VO.[232] Vorgenannten Pflichten werden als Schutzgesetz i. S. d. § 823 Abs. 2 BGB eingeordnet.[233]

c) Geringes oder minimales Risiko (Herkömmliche und generative KI-Systeme)

KI-Systeme mit geringem oder minimalem Risiko sind in Kapitel II KI-VO geregelt. Diese Vorschriften gelten gem. Art. 113 S. 2 KI-VO ab dem 2. August 2026.

---

[228] Eingehend dazu *Ebers/Streitbörger* RDi 2024, 393 (398f.).

[229] Vgl. Leitfaden des Bundesministeriums für Wirtschaft und Klimaschutz (BMWK) für das Qualitätsmanagement bei der Entwicklung von KI-Produkten und -Services (Stand: Dezember 2022), abgerufen unter: https://www.digitale-technologien.de/DT/Redaktion/DE/Downloads/Publikation/KI-Inno/2022/2022_12_20_Leitfaden_Qualit%C3%A4tsmanagement.pdf?__blob=publicationFile&v=1 (Abrufdatum: 14.262024); allg. zu Compliance-Managementsystemen *Scherer* ZfPC 2024, 15–20.

[230] Für Kreditinstitute gelten gem. Art. 17 Abs. 4 KI-VO begrenzte Ausnahmen in Bezug auf das Qualitätsmanagement und gem. Art. 18 Abs. 3 KI-VO in Bezug auf die Anforderungen an die Erstellung der technischen Dokumentation.

[231] Die Pflichten der Einführer, Händler, Betreiber und Nutzer von KI-Systemen sind in Art. 22–26 KI-VO geregelt.

[232] Ausfl. dazu *Rohrßen* ZfPC 2024, 111 (118), siehe auch *Theis* BKR 2024, 414 (416f.).

[233] Siehe *Theis* BKR 2024, 414 (416); *Roos/Weitz* MMR 2021, 844 (850); *Grützmacher* CR 2021, 433 Rn. 39.

KI-Systeme mit geringem Risiko (gewöhnliche KI-Systeme) sollen nur sehr schwach reguliert werden und sind erlaubt, sofern sie gewisse Transparenzanforderungen einhalten, die in Titel IV KI-VO geregelt sind. Die Vorschriften des Kapitel IV KI-VO gelangen gem. Art. 113 S. 3b) KI-VO nach zwölf Monaten ab Inkrafttreten der KI-Verordnung zur Anwendung. Zu KI-Systemen mit geringem Risiko zählen beispielsweise Chatbots[234] und „Deepfakes“ erzeugende KI-Systeme.[235] Diese KI-Systeme haben gem. Art. 50 Abs. 1 S. 1 KI-VO darüber aufzuklären, dass KI zum Einsatz gelangt. Dies gilt dann nicht, wenn dies „aufgrund der Umstände und des Kontextes der Nutzung offensichtlich“ ist, Art. 50. Abs. 1 S. 1 KI-VO. Wann dies der Fall ist, bleibt offen.[236] Besondere Kennzeichnungspflichten, wie z. B. unsichtbare Wasserzeichen oder kryptographische Identifikatoren, bestehen für solche KI-Systeme nicht.[237]

KI-Systeme mit minimalem oder keinem Risko werden nicht reguliert und sind dem Grunde nach erlaubt. Dazu sollen z. B. Spamfilter, KI-basierte Videospiele und Suchmaschinen zählen.[238] Solche KI-Systeme können ohne zusätzliche rechtliche Verpflichtungen in der Europäischen Union entwickelt und auf dem Markt verbreitet werden. Gem. Art. 95 KI-VO besteht die Möglichkeit, freiwillig einem Verhaltenskodex zur Steigerung des Vertrauens in KI zu befolgen.[239]

d) KI-Modelle mit „allgemeinem Verwendungszweck“ (GPAI)

Neben der Klassifizierung von KI-Systemen anhand der von ihnen ausgehenden Risiken und deren jeweiligen Vorgaben für diese KI-Systeme

---

[234] Eingehend zur rechtlichen Absicherung von KI-Erzeugnissen von Chatbots siehe *Schippel* MMR 2024, 371 (374).

[235] So ausdrücklich im Kommissionsentwurf-KI-VO in Nr. 1.1. genannt. Zu den generativen KI-Systemen gehören z. B. GPT 4 (Generative Pretrained Transformer), LlaMa 2 (Lagre Language Model Meta AI), DALLE, Midjourney oder Stable Diffusion, Palm 2 (Pathways Language Model); vgl. *Welser* GRUR-Prax 2023, 516 (516); siehe auch *Hacker/Berz* ZRP 2023, 226 (228); *Günther/Gerigk/Berger* NZA 2024, 234 (239). Zu den Problemen bei der Durchsetzung des digitalen Persönlichkeitsschutzes bei Deepfakes *Lennartz* NJW 2023, 3543 (3545).

[236] Vgl. *Hero/Ströer* ZVertriebsR 2024, 75 (78).

[237] Siehe dazu *Hacker/Berz* ZRP 2023, 226 (228).

[238] Vgl. *Orssich* EuZW 2022, 254 (255).

[239] Vgl. ErwG 166 KI-VO.

sieht die KI-Verordnung spezifische Vorgaben für KI-Modelle mit „allgemeinem Verwendungszweck“ (GPAI) in Art. 51 ff. KI-VO vor, die erst im Laufe des Gesetzgebungsverfahrens dazu kamen und noch nicht im Kommissionsentwurf enthalten waren. Im Rahmen des Gesetzgebungsverfahrens wurden die GPAI als „Foundation Models“ bezeichnet.

Die KI-Verordnung unterscheidet zwischen GPAI von denen ein systemisches Risiko ausgeht und von denen ein solches Risiko nicht ausgeht. Für Letztere sieht die KI-Verordnung Dokumentations- und Transparenzpflichten (Art. 53 KI-VO) sowie die Verpflichtung vor, eine Strategie zur Einhaltung des Urheberrechts zu ergreifen (Art. 53 Abs. 1c KI-VO).[240] Für Erstere bestehen aufgrund der von diesen Modellen ausgehenden Risiken, die in Erwägungsgrund Nr. 110 KI-VO exemplarisch aufgezählt sind (z. B. negative Auswirkungen im Zusammenhang mit schweren Unfällen, Störungen kritischer Sektoren und schwerwiegende Folgen für die öffentliche Gesundheit und Sicherheit), Selbstüberwachungspflichten, wie etwa die Verpflichtung zur Gewährleistung hinreichender Cybersicherheit und Risikobewertungs- und Risikominderungspflichten (Art. 55 Abs. 1 KI-VO).[241]

Anbieter haben zudem eine hinreichend detaillierte Zusammenfassung der für das Training des KI-Modells mit allgemeinem Verwendungszweck verwendeten Inhalte zu erstellen und zu veröffentlichen (Art. 53 Abs. 1d KI-VO). Hierzu ist eine Vorlage des Europäischen Büros für KI, das durch Kommissionsbeschluss[242] errichtet wurde und das die Aufgabe hat, Fachwissen und Kapazitäten der EU im Bereich KI zu koordinieren und aufzubauen und zur Umsetzung des Unionsrechts im Bereich KI beizutragen,[243] zu verwenden.[244] Die Zusammenfassung soll, um etwaige Geschäftsgeheimnisse

---

240 Ausfl. dazu *Engel* KIR 2024, 21 (23); eingehend zur Einhaltung des EU-Urheberrechts siehe *von Welser* GRUR-Prax 2024, 485 (488); siehe auch *de la Durantaye* AfP 2024, 9 (9 ff.).

241 Näher dazu *Krönke* NVwZ, 2024, 529, 533 f., der von „unkalkulierbaren Verpflichtungen“ spricht.

242 Beschluss C(2024) 390 der Kommission v. 24.1.2024 zur Errichtung des Europäischen Amts für künstliche Intelligenz.

243 Siehe ErwG 148 KI-VO.

244 Siehe ErwG 107 KI-VO.

und vertrauliche Geschäftsinformationen zu schützen, allgemein weitreichend und nicht technisch detailliert sein.[245]

Sofern Anbieter eines GPAI ein eigenes Modell in ihr eigenes KI-System integrieren, das auf dem Markt bereitgestellt oder in Betrieb genommen wird, gilt dieses GPAI als in Verkehr gebracht mit der Folge, dass die GPAI-spezifischen Pflichten der KI-Verordnung zusätzlich zu den Pflichten für KI-Systeme gelten.[246] Ausnahmen bestehen bei reiner interner Verwendung des GPAI und für GPAI, die vor ihrem Inverkehrbringen ausschließlich für Forschungs- und Entwicklungstätigkeiten oder die Konzipierung von Prototypen verwendet wurden.[247]

5. Das Sanktionskonzept

Die KI-Verordnung sieht ein striktes Sanktionskonzept für Verstöße gegen die Vorgaben der KI-Verordnung vor, das in Kapitel XII KI-VO verankert ist.[248] Das Sanktionskonzept zielt darauf ab, durch hohe Strafen eine Abschreckung herbeizuführen und so die Einhaltung der Vorgaben der KI-Verordnung zu gewährleisten.[249] Die Vorschriften für das Sanktionskonzept gelangen gem. Art. 113 S. 2 b) KI-VO bereits nach 12 Monaten nach Inkrafttreten zur Anwendung.

Die Zuständigkeiten zur Verhängung der Sanktion richtet sich nach dem Sanktionsadressaten. Zuständig sind – je nach Sanktionsadressat – nationale Marktüberwachungsbehörden, der Europäische Datenschutzbeauftragte oder die Europäische Kommission, wobei insbesondere die Überwachung und Durchsetzung durch die EU-Mitgliedstaaten praxisrelevant sein

---

[245] Siehe Art. 53 Abs. 7, 78 i.V.m. ErwG 107 KI-VO.

[246] Siehe ErwG 97 KI-VO; dazu *Ebers* LTZ 2024, 1 (1); Chibanguza/Steege NJW 2024, 1769 (1774).

[247] Siehe Art. 2 Abs. 8 i.V.m. ErwG 97 KI-VO.

[248] Siehe *Chibanguza/Steege* NJW 2924, 1769 (1773f.).

[249] Vgl. *Roos/Weitz* MMR 2021, 844 (846); *Orssich* EuZW 2022, 254 (260); *Ebers* RDi, 2021, 588 (591).

dürfte, die nationale Behörden zur Marktüberwachung und eine nationale Aufsichtsbehörde als offizielle Anlaufstelle zu benennen haben.[250]

Grundsätzlich gilt, dass die von den Mitgliedstaaten vorzusehenden Sanktionen stets wirksam, verhältnismäßig und abschreckend sein sollen.[251] Neben Verwarnungen und anderen nichtmonetären Maßnahmen,[252] sieht die KI-Verordnung für Verstöße gegen bestimmte für die Akteure oder notifizierte Stellen geltende Bestimmungen ein striktes dreistufiges Sanktionskonzept mit empfindlichen Geldbußen vor (hierzu unter **a**)). Daneben besteht für Anbieter von KI-Modellen mit allgemeinem Verwendungszweck ein einstufiges monetäres Sanktionskonzept (hierzu unter **b**)).[253]

a) Dreistufiges Sanktionskonzept für Verstöße gegen bestimmte für Akteure oder notifizierte Stellen geltende Bestimmungen

Das Sanktionskonzept für Verstöße gegen bestimmte für Akteure oder notifizierte Stellen geltende Bestimmungen ist in Art. 99 KI-VO verankert und sieht folgende drei Stufen für den Umfang der Haftung vor:

Stufe 1 (schwer): Gem. Art. 99 Abs. 3 KI-VO beträgt der oberste Bußgeldrahmen bis zu 35 Mio. Euro oder – im Falle von Unternehmen – 7 % des gesamten weltweiten Jahresumsatzes des vorangegangenen Geschäftsjahres, je nachdem welcher Betrag höher ist. Dieses Bußgeld droht in dem Fall, dass ein verbotenes KI-System nach Art. 5 KI-VO zum Einsatz kommt.

Stufe 2 (mittel): Gem. Art. 99 Abs. 4 KI-VO beträgt der mittlere Rahmen der Geldbuße bis zu 15 Mio. Euro oder – im Falle von Unternehmen – 3 % des weltweiten Jahresumsatzes des vorangegangenen Geschäftsjahres, je nachdem welcher Betrag höher ist. Dieses Bußgeld droht, wenn gegen Pflichten der Anbieter gem. Art. 16 KI-VO, Pflichten der Bevollmächtigten gem. Art. 22 KI-VO, Pflichten der Einführer gem. Art. 23 KI-VO, Pflichten der

---

[250] Siehe *Wybitul* NJW 2024, 2641 (2642).

[251] Art. 101 Abs. 3 KI-VO; siehe auch *Wybitul* NJW 2024, 2641 (2646).

[252] Näher dazu *Rohrßen* ZfPC 2024, 111 (117).

[253] In Art. 100 KI-VO-E sind zusätzlich die Anforderungen bei der Verhängung von Geldbußen durch den Europäischen Danteschutzbeauftragten gegen Organe, Einrichtungen und sonstigen Stellen der Europäischen Union geregelt. Die Sanktionierung von Verstößen durch Behörden und sonstige öffentliche Stellen steht – wie im Rahmen der DS-GVO - im Ermessen der Mitgliedstaaten, Art. 99 Abs. 1 KI-VO; näher dazu *Roos/Weitz* MMR 2021, 844 (846); *Wybitul* NJW 2024, 2641 (2642).

Händler gem. Art. 24 KI-VO, Pflichten der Betreiber gem. Art. 26 KI-VO oder gegen für notifizierte Stellen geltende Anforderungen und Pflichten gem. Art. 31, 33 Abs. 1, 3 und 4 bzw. Art. 34 KI-VO oder gegen Transparenzpflichten für Anbieter und Betreiber gem. Art. 50 KI-VO verstoßen wird.[254]

Stufe 3 (leicht): Gem. Art. 99 Abs. 5 KI-VO drohen Bußgelder bis zu 7.5 Mio. Euro oder – im Falle von Unternehmen – 1 % des weltweiten Jahresumsatzes des vorangegangenen Geschäftsjahres, je nachdem welcher Betrag höher ist. Das Bußgeld droht, sofern gegenüber zuständigen nationalen Behörden auf deren Auskunftsverlangen hin falsche, unvollständige oder irreführende Angaben gemacht werden.

Die Zuständigkeit liegt bei den Mitgliedstaaten, Art. 99 Abs. 1KI-VO.[255] Für die Bemessung der Höhe der Geldbußen sind im Einzelfall die relevanten Umstände der jeweiligen Situation zu berücksichtigen und zwar insbesondere die Art, die Schwere und die Dauer des Verstoßes und seiner Folgen sowie die Größe des Anbieters.[256] Explizite Ausnahmen gelten gem. Art. 99 Abs. 6 KI-VO für kleinere und mittlere Unternehmen (KMU) und Start-Up-Unternehmen, für die der jeweils niedrigere Betrag aus den in den Absätzen 3, 4 und 5 genannten Prozentsätzen oder Summen gelten soll.

b) Einstufiges Sanktionskonzept für Anbieter von KI-Modellen mit allgemeinem Verwendungszweck

Das Sanktionskonzept für Verstöße von Anbietern von KI-Modellen mit allgemeinem Verwendungszweck ist in Art. 101 KI-VO verankert. Gem. Art. 101 Abs. 1 KI-VO beträgt der oberste Bußgeldrahmen bis zu 15 Mio. Euro oder – im Falle von Unternehmen – 3 % des gesamten weltweiten Jahresumsatzes des vorangegangenen Geschäftsjahres, je nachdem welcher Betrag höher ist. Dieses Bußgeld droht in dem Fall, dass ein Anbieter von KI-Modellen mit allgemeinem Verwendungszweck vorsätzlich oder fahrlässig gegen die einschlägigen Bestimmungen dieser Verordnung verstoßen hat, der Anforderung eines Dokuments oder von Informationen gem. Art. 91 KI-VO nicht nachgekommen ist oder falsche, unvollständige oder irreführende

---

[254] Näher dazu *Wybitul* NJW 2024, 2641 (2643).

[255] Vgl. ErwG 168 S. 2 KI-VO; siehe auch *Splittgerber/Becker* DB 2024, 984 (985).

[256] Siehe ErwG 168 KI-VO; weitere zu berücksichtigende Umstände nennt Art. 99 Abs. 7 KI-VO.

Informationen bereitgestellt hat, einer gem. Art. 93 KI-VO geforderten Maßnahme nicht nachgekommen ist, der Kommission keinen Zugang zu dem KI-Modell mit allgemeinem Verwendungszweck oder dem KI-Modell mit allgemeinem Verwendungszweck mit systemischem Risiko gewährt hat, um eine Bewertung gem. Art. 92 KI-VO durchzuführen.

Die Zuständigkeit liegt bei der Europäischen Kommission bzw. dem dort eingerichteten Büro für KI und nicht bei den nationalen Marktüberwachungsbehörden, Art. 101 Abs. 1 i.V.m. Art. 64 Abs. 1 KI-VO.[257] Bei der Festsetzung der Höhe der Geldbuße ist gem. Art. 101 Abs. 1 KI-VO die Art, die Schwere und die Dauer des Verstoßes sowie die Grundsätze der Verhältnismäßigkeit und der Angemessenheit zu berücksichtigen. Gem. Art. 101 Abs. 2 KI-VO hat die Europäische Kommission dem betroffenen Anbieter Gelegenheit zur Stellungnahme zu ihrer vorläufigen Beurteilung einzuräumen.

6. Zusammenfassung der Ergebnisse

Die EU hat bei der KI-Regulierung eine Vorreiterrolle eingenommen und mit der KI-Verordnung, die am 1. August 2024 in Kraft getreten ist, erstmals Vorgaben für die Entwicklung und Nutzung von KI-Systemen geschaffen. Die KI-Verordnung sorgt präventiv dafür, dass KI-Systeme bestimmten Zulassungskriterien und Kontrollregimen unterliegen und regelt damit die Verantwortung für KI. Die Regelungen der KI-Verordnung sind als Aufsichtsrecht zu qualifizieren. Grundsätzlich befasst sich die KI-Verordnung nicht explizit mit haftungsrechtlichen Fragen. Allerdings erlangt sie haftungsrechtliche Relevanz aufgrund dessen, dass einigen Regelungen Schutzgesetzqualität i. S. d. § 823 Abs. 2 BGB zukommt.

Im Rahmen der KI-Verordnung vertritt die EU bei der KI-Regulierung einen strikten und risikobasierten Ansatz: Je größer das potenzielle Risiko, desto strengere Pflichten gelten für Akteure. Die KI-Verordnung unterscheidet dabei zwischen verbotenen KI-Systemen, Hochrisiko-KI-Systemen, KI-Systemen mit minimalem oder keinem Risiko und KI-Modellen mit „allgemeinem Verwendungszweck" (GPAI). Gänzlich verboten werden KI-Systeme mit unannehmbarem Risiko. An Hochrisiko-Systeme stellt die KI-Verordnung aufgrund ihrer Grundrechtsrelevanz umfangreiche

[257] Siehe dazu *Wybitul* NJW 2024, 2641 (2642).

Anforderungen. Für KI-Systeme mit geringem Risiko, wie etwa Chatbots und „Deepfakes“ erzeugende KI-Systeme, bestehen lediglich Transparenzpflichten. In Bezug auf GPAI unterscheidet die KI-Verordnung grundsätzlich zwischen zwei Kategorien von GPAI, namentlich zwischen einfachen GPAI und GPAI mit „systemischem Risiko“, an die unterschiedliche Anforderungen geknüpft werden.

Die KI-Verordnung sieht vor, dass auch Akteure in Drittländern Verantwortungen treffen. Die KI-Verordnung entfaltet rechtliche Wirkung über die EU-Grenzen hinaus und folgt dem Niederlassungs-, Sitzland- und Marktortprinzip. So betrifft die KI-Verordnung Anbieter und Betreiber von KI-Systemen mit Niederlassung oder Ansässigkeit in einem Drittland, wenn das von dem KI-System hervorgebrachte Ergebnis (Output) in der EU verwendet wird, und zwar unabhängig davon, ob das KI-System in der EU in den Verkehr gebracht oder verwendet wird.

Von großer Relevanz für betroffene Akteure dürfte das Sanktionskonzept sein, das empfindliche Geldbußen im Falle eines Verstoßes gegen die Vorgaben aus der KI-Verordnung vorsieht. So können, abhängig vom jeweiligen Verstoß, variable Geldbußen von bis zu 7 %, 3 % oder 1 % des gesamten weltweiten Umsatzes des vorangegangenen Geschäftsjahres verhängt werden, sofern diese höher sind als der jeweilige Festbetrag von 35, 15 oder 7.5 Mio. Euro. Ausnahmen gelten für MKUs einschließlich Start-up-Unternehmen, für die die KI-Verordnung reduzierte Obergrenzen vorsieht.

II. Vorschlag für eine EU-Richtlinie über KI-Haftung

Im September 2022 hat die Europäische Kommission einen Vorschlag für eine Richtlinie über die außervertragliche zivilrechtliche Haftung für KI (COM(2022) 496 final)[258] vorgestellt. Die KI-Haftungsrichtlinie befasst sich explizit mit der Haftung für KI-Systeme dergestalt, dass sie die Geltendmachung von Schadensersatzansprüchen im Zusammenhang mit dem KI-Einsatz erleichtern will. Die KI-Haftungsrichtlinie ist bislang nicht in

---

[258] Vorschlag der Europäischen Kommission für eine Richtlinie des Europäischen Parlaments und des Rates zur Anpassung der Vorschriften über außervertragliche zivilrechtliche Haftung an künstliche Intelligenz (Richtlinie über KI-Haftung), 28.9.2022, COM(2022) 496 final, abrufbar unter: https://eur-lex.europa.eu/legal-content/DE/TXT/?uri=CELEX%3A52022PC0496 (Abrufdatum: 24.8.2024).

Kraft getreten. Gem. Art. 8 HaftRL-E tritt sie am zwanzigsten Tag nach ihrer Veröffentlichung im Amtsblatt der EU in Kraft. Gem. Art. 7 Abs. 1 HaftRL-E haben die EU-Mitgliedstaaten nach in Kraft treten zwei Jahre Zeit, die KI-Haftungsrichtlinie umzusetzen.

Nachfolgend werden die zentralen Neuregelungen der KI-Haftungsrichtlinie dargestellt und erläutert. Hierzu wird zunächst der Anwendungsbereich der KI-Haftungsrichtlinie erklärt (hierzu unter **1.**). Im Anschluss rücken die Regelungen zur Beweiserleichterung in Gestalt von Offenlegungsverpflichtungen und (widerlegbaren) Tatsachenvermutungen für Hochrisiko-KI-Systeme (hierzu unter **2.**) und (widerlegbare) Vermutungen der haftungsbegründenden Kausalität bei Hochrisiko- und nicht Hochrisiko-KI-Systemen (hierzu unter **3.**) in den Mittelpunkt der Betrachtung. Am Ende dieses Abschnitts werden die wesentlichen Erkenntnisse dieses Abschnitts zusammengefasst, miteinander verglichen und bewertet (hierzu unter **4.**).

1. Anwendungsbereich, Art. 1 HaftRL-E

Die KI-Haftungsrichtlinie bezieht sich gem. Art. 1 Abs. 2 HaftRL-E auf die außervertragliche verschuldensabhängige zivilrechtliche Haftung und damit auf die deliktische Haftung.[259] Eine verschuldensunabhängige Haftung für den Betrieb von KI oder eine allgemeine KI-spezifische Gefährdungshaftung sieht die KI-Haftungsrichtlinie nicht vor.[260] Die Europäische Kommission hat analysiert, dass insbesondere im Anwendungsbereich des Deliktsrechts aufgrund von Informationsunterschieden benachteiligte Personen z.T. vor unüberwindbaren Hindernissen stehen sollen, wenn sie Schadensersatzansprüche im Zusammenhang mit einem durch ein KI-System verursachten Schaden geltend machen.[261] Nicht von dem Anwendungsbereich erfasst ist die strafrechtliche Haftung (Art. 1 Abs. 2 HaftRL-E). Hinsichtlich des

---

[259] Eingehend *Reusch* RDi 2023, 152 (154); *Schreitmüller/Schucht* ARP 2023, 226 (230); *Bombard/Siglmüller* RDi 2022, 506 (507); *Theis*, BKR 2024, 414 (418).

[260] So *Bombard/Siglmüller* RDi 2022, 506 (507); *Schreitmüller/Schucht* ARP 2023, 226 (230); vgl. *Wagner* ZEuP 2021, 545 (557).

[261] Siehe KI-Haftungsrichtlinie, S. 1; kritisch *Reusch* RDi 2023, 152 (154); zur Anwendung der Regelungen aus der KI-Haftungsrichtlinie auf vertragliche Ansprüche und für die Ergänzung eines Beweisverwertungsverbots hinsichtlich vertraglicher Ansprüche siehe *Bombard/Siglmüller* RDi 2022, 506 (507).

persönlichen Anwendungsbereichs verweist die KI-Haftungsrichtlinie in Art. 2 Nr. 3, 4 KI-HaftRL-E auf die Definitionen der KI-Verordnung.[262]

2. Offenlegung von Beweismitteln und widerlegbare Vermutung eines Verstoßes bei Hochrisiko-KI-Systemen, Art. 3 HaftRL-E

Nach Art. 3 HaftRL-E können Anbieter von Hochrisiko-KI-Systemen oder ihnen gleichgestellte Personen, die denselben Anbieterpflichten nach Art. 24 KI-VO (= Produkthersteller) oder Art. 28 Abs. 1 KI-VO-KOM-E (Händler, Einführer, Nutzer oder Dritte) unterliegen, zukünftig gezwungen werden, die in ihrem Besitz befindlichen Beweismittel, die der Kläger oder der potenzielle Kläger zur Begründung der Ansprüche benötigt, herauszugeben.[263] Kommen sie der Pflicht zur Offenlegung nicht nach, besteht die Gefahr des Prozessverlustes, weil dann gewisse Vermutungen greifen.[264]

Gem. Art. 3 Abs. 1 HaftRL-E kann die Offenlegung von „relevanten" Beweismitteln für Hochrisiko-KI-Systeme, die „vermutlich" den Schaden angerichtet haben, verlangt werden.[265] Was konkret zu den „relevanten" Beweismitteln zählt und was unter einer „vermutlichen" Schadensanrichtung zu verstehen ist, lässt die KI-Haftungsrichtlinie offen.

Der Kläger hat die Offenlegung bei dem nationalen Gericht zu beantragen und muss „alle angemessenen Anstrengungen unternommen" haben, „die einschlägigen Beweismittel vom Beklagten zu beschaffen", Art. 3 Abs. 2 HaftRL-E. Was konkret darunter zu verstehen ist, lässt die KI-Haftungsrichtlinie offen. Der potenzielle Kläger muss gem. Art. 3 Abs. 2 HaftRL-E erfolglos die Herausgabe der Informationen verlangt haben und gem. Art. 3 Abs. 1 HaftRL-E Tatsachen und Beweise vorlegen, die die Plausibilität eines Schadensersatzanspruchs belegen

Art. 3 HaftRL-E setzt, da auch auf den potenziellen Kläger abgestellt wird, mithin nicht in jedem Fall ein rechtshängiges Verfahren voraus. Insofern unterscheidet sich diese Offenlegungsregelung von § 142 ZPO

---

[262] Zur Anwendung auf gewerbliche Tätigkeiten *Schreitmüller/Schucht* ARP 2023, 226 (231).

[263] Siehe dazu auch *Reusch* RDi 2023, 152 (154). Eine ähnliche Reglung findet sich in Art. 9 der Novelle der Richtlinie über Produkthaftung (COM(2022) 495 final).

[264] Näher dazu *Schreitmüller/Schucht* ARP 2023, 226 (231).

[265] Siehe *Reusch* a.a.O.

(Anordnung der Urkundenvorlegung), der grundsätzlich ein rechtshängiges Verfahren voraussetzt[266] und der Sachverhaltsaufklärung im Rahmen der materiellen Prozessleitung des Gerichts dient.[267] Art. 3 HaftRL-E soll daher auf die Normierung eines materiellen Anspruchs, namentlich eines speziellen Auskunftsanspruchs zu dem allgemeinen Auskunftsanspruch nach § 242 BGB gerichtet sein und nicht der Prozessleitung des Gerichts nach oder gem. § 139 BGB dienen.[268]

Der Kläger kann gem. Art. 3 Abs. 3 HaftRL-E beantragen, dass das nationale Gericht „spezifische Maßnahmen" zur Sicherung der relevanten Beweismittel anordnet. Art. 3 Abs. 4, Unterabsatz 3 HaftRL-E regelt, dass die nationalen Gerichte zudem von sich aus die zur Wahrung der Vertraulichkeit „erforderlichen spezifischen Maßnahmen" ergreifen können. Offen bleibt, was unter „spezifischen Maßnahmen" konkret zu verstehen ist.[269] In Erwägungsgrund 20 HaftRL-E heißt es nur, dass der „Zugang zu Dokumenten, die Geschäftsgeheimnisse enthalten, sowie der Zugang zu Anhörungen oder Dokumenten sowie Mit- oder Abschriften davon auf eine begrenzte Zahl von Personen beschränkt" werden soll. Weitere Erläuterungen bietet die KI-Haftungsrichtlinie nicht.

Art. 3 Abs. 4, Unterabsatz 4 HaftRL-E befasst sich mit dem Schutz von Geschäftsgeheimnissen und regelt, dass der Person, die von der Anordnung zur Offenlegung oder Sicherung betroffen ist, mit Blick auf die Sicherstellung von Geschäftsgeheimnissen zur Wahrung des Verhältnismäßigkeitsgrundsatzes, Rechtsbehelfe gegen die Offenlegungsanordnung zustehen.[270] Art. 3 Abs. 4, Unterabsatz 1 HaftRL-E betont in diesem Zusammenhang das Prinzip der Verhältnismäßigkeit und sieht vor, dass die nationalen Gerichte die Offenlegung von Beweismitteln und die Maßnahmen zu deren Sicherung auf das Maß, das „erforderlich und verhältnismäßig" ist, beschränken müssen. Dabei haben die nationalen Gerichte gem. Art. 3 Abs. 4, Unterabsatz 2 HaftRL-E im Rahmen der Verhältnismäßigkeitsprüfung die berechtigten Interessen aller Parteien, einschließlich der betroffenen Dritten, insbesondere

---

[266] Siehe *Bombhard/Siglmüller* RDi 2022, 506 (508).

[267] Siehe *Bünnigmann*, in: Anders/Gehle ZPO § 142 Rn. 3.

[268] Näher dazu *Bombhard/Siglmüller* RDi 2022, 506 (508).

[269] So auch *Bombhard/Siglmüller* RDi 2022, 506 (509); vgl. BGH, Urt. V. 8.2.2018, Az. III ZR 65/17 = NJW 2018, 2629 Rn. 26 ff.

[270] Näher dazu *Bombhard/Siglmüller* RDi 2022, 506 (508).

in Bezug auf den Schutz von Geschäftsgeheimnissen sowie von vertraulichen Informationen wie Informationen in Bezug auf die öffentliche oder nationale Sicherheit, zu berücksichtigen.[271] Die Richtlinie räumt insoweit den Gerichten Spielräume ein, da nicht konkret bestimmt wird, was das erforderliche und verhältnismäßige Maß sein soll. Insoweit wird die Regelung kritisiert, da eine große Gefahr für Unternehmen bestehe, Geschäftsgeheimnisse preiszugeben.[272]

Art. 3 Abs. 5 HaftRL-E sieht eine Vermutung für das Vorliegen eines Sorgfaltspflichtverstoßes vor. Der Nachweis einer Sorgfaltspflichtverletzung liegt grundsätzlich beim Anspruchssteller.[273] Dieser Grundsatz (auch Verhandlungsgrundsatz oder Verhandlungsmaxime genannt) besagt, dass es grundsätzlich die Aufgabe der Parteien ist, Tatsachen und Beweismittel in den Prozess einzuführen.[274] Kritisiert wird, dass dies einen Eingriff in die Grundpfeiler des deutschen Zivilprozessrechts, namentlich in den Beibringungsgrundsatz, darstelle.[275]

---

[271] Der Begriff „Geschäftsgeheimisse" wird in Art. 2 Abs. 1 der Richtlinie (EU) 2016/943 des Europäischen Parlaments und des Rates v. 8.6.2016 über den Schutz vertraulichen Know-hows und vertraulicher Geschäftsinformationen (Geschäftsgeheimnisse) vor rechtswidrigem Erwerb sowie rechtswidriger Nutzung und Offenlegung legaldefiniert. Ein Geschäftsgeheimnis ist danach (i) eine geheime Information, die in Geschäftskreisen nicht allgemein bekannt oder ohne weiteres zugänglich ist, (ii) die deshalb von kommerziellem Wert ist und (iii) hinsichtlich derer der rechtmäßige Inhaber angemessene Geheimhaltungsmaßnahmen zur Wahrung dieser Information getroffen hat

[272] Kritisch dazu *Bombard/Siglmüller* RDi 2022, 506 (509); *Theis* BKR 2024, 414 (418).

[273] Siehe MüKoBGB/*Wagner*, 9. Aufl. 2024, BGB § 823 Rn. 89; BGH, Urt. v. 12.2.1963, Az. VI ZR 70/62 = NJW 1963, 953; BGH, Urt. v. 20.6.1990, Az. VIII ZR 182/89 = NJW-RR 1990, 1422 (1423).

[274] Ausf. dazu *Anders*, in: Anders/Gehle ZPO, Vorbemerkung zu den §§ 128–703d Rn. 21; *Musielak*, in: Musielak/Voit ZPO Einleitung, Rn. 37; *Schreiber* Jura 2007, 500; KH-ZPO/*Saenger* Einführung Rn. 43ff; im Gegensatz dazu besteht im Straf- und Verwaltungsverfahren der Untersuchungsgrundsatz (Amtsermittlungsgrundsatz / Legalitätsprinzip), wonach der Staatsanwaltschaft die Pflicht obliegt, das Geschehen von Amts wegen aufzuklären, §§ 152 Abs. 2, 170 Abs. 1 StPO.

[275] So *Bombard/Siglmüller* RDi 2022, 506 (509).

3. (Widerlegbare) Vermutung der haftungsbegründenden Kausalität bei Hochrisiko und gewöhnlichen KI-Systemen, Art. 4 HaftRL-E

Art. 4 HaftRL-E sieht (widerlegbare) Vermutung der haftungsbegründenden Kausalität, also zwischen dem Verschulden des Anspruchsgegners und dem KI-Ergebnis oder dessen Fehlen („KI-Output") bei Hochrisiko und bei gewöhnlichen KI-Systemen vor.[276] Je nach Anspruchsgegner (Anbieter, dem Anbieter gleichgestellte Personen, Nutzer oder beklagte Verbraucher, Art. 4 HaftRL-E) sowie der Klassifizierung des KI-Systems (Hochrisiko-KI-System oder gewöhnliches KI-System) soll die Geltung der Kausalitätsvermutung an bestimmte Bedingungen geknüpft sein.[277]

Bei einem Hochrisiko-KI-System soll gem. Art. 4 Abs. 1 HaftRL-E die (widerlegbare)[278] Kausalitätsvermutung zwischen dem Verschulden des Beklagten und dem von einem Hochrisiko-KI-System hervorgebrachten KI-Output dann gelten, wenn die Klagepartei folgende Voraussetzungen kumuliert nachweist:[279]

(1) Es muss ein Verstoß gegen eine Sorgfaltspflicht aus unionsrechtlichem oder nationalem Recht nachgewiesen werden. Dieser wird bei Hochrisiko-KI-Systemen gem. Art. 3 Abs. 5 HaftRL-E vermutet, wenn einer Anordnung zur Beweisoffenlegung nicht entsprochen wird, Art. 4 Abs. 1a) HaftRL-E.

(2) Es muss auf der Grundlage der Umstände des Falls nach vernünftigem Ermessen als wahrscheinlich angesehen werden können, dass die Nichteinhaltung der konkreten Sorgfaltspflicht den einschlägigen KI-Output beeinflusst hat, Art. 4 Abs. 1b) HaftRL-E.

---

[276] Dazu *Reusch* RDi 2023, 152 (154f.).

[277] Eingehend dazu *Theis* BKR 2024, 414 (418f.); vgl. auch *Theis*, Der Einsatz automatischer und intelligenter Agenten im Finanzdienstleistungsbereich, 2021, S. 337 ff.

[278] Zu den Anforderungen an die Widerleglichkeit der Beweiserleichterungen *Reusch* RDi 2023, 152 (155).

[279] Ausfl. dazu *Bombard/Siglmüller* RDi 2022, 506 (511).

(3) Es muss ein kausaler Zusammenhang zwischen dem KI-Output und dem konkreten Schaden nachgewiesen werden, Art. 4 Abs. 1c) HaftRL-E.

Sofern es sich um ein gewöhnliches KI-System handelt, ist eine weitere Anforderung zu erfüllen:

(4) Feststellung durch das nationale Gericht, dass es für die Klagepartei übermäßig schwierig ist, den Kausalzusammenhang gem. Art. 4 Abs. 1 HaftRL-E nachzuweisen, Art. 4 Abs. 5 HaftRL-E.

Diese Vorschrift räumt durch die offene Formulierung („als übermäßig schwierig") dem nationalen Gesetzgeber und den nationalen Gerichten einen Ermessensspielraum ein. Eine entsprechende Regelung für Hochrisiko-KI-Systeme gibt es nicht, woraus zu schlussfolgern ist, dass bei solchen Schadensersatzansprüchen es nicht besonders schwierig sein muss, die Kausalität nachzuweisen.

Die Kausalitätsvermutung soll ausnahmsweise dann ausgeschlossen werden, wenn der Beklagte nachweisen kann, dass die Klagepartei vernünftigerweise auf Beweismittel und Fachkenntnisse zurückgreifen kann, um die Kausalität zu beweisen, Art. 4 Abs. 4 HaftRL-E.

Die KI-Haftungsrichtlinie stellt unterschiedliche Anforderungen an das Verschulden der Anspruchsgegners in Art. 4 HaftRL-E. Diese Anforderungen hat die Klagepartei im Rahmen des Anwendungsbereichs des Art. 4 Abs. 1a) HaftRL-E nachzuweisen. In diesem Zusammenhang definiert Art. 4 Abs. 2 HaftRL-E die Anforderungen an ein Verschulden durch den Anbieter eines Hochrisiko-KI-Systems. So regelt Art. 4 Abs. 2 HaftRL-E, dass bei einem Schadensersatzanspruch gegen einen Anbieter eines Hochrisiko-KI-Systems die Anforderungen nach Art. 4 Abs. 1a) HaftRL-E grundsätzlich dann erfüllt sein sollen, sofern die Klagepartei folgende fünf Voraussetzungen nachweist:

(1) Bei dem KI-System werden Techniken eingesetzt, bei denen Modelle mit Daten trainiert werden, und das System nicht anhand von Trainingsdatensätzen, Validierungsdatensätzen und Testdatensätzen entwickelt wurde, die den in Art. 10 Abs. 2 - 4 KI-VO-E genannten Qualitätskriterien entsprechen, Art. 4 Abs. 1a) HaftRL-E.

(2) Das KI-System wurde nicht so konzipiert und entwickelt, dass es den in Art. 13 KI-VO-E festgelegten Transparenzanforderungen entspricht, Art. 4 Abs. 1b) HaftRL-E.
(3) Das KI-System wurde nicht so konzipiert und entwickelt, dass es gem. Art. 14 KI-VO-E während der Dauer seiner Verwendung von natürlichen Personen wirksam beaufsichtigt werden kann, Art. 4 Abs. 1c) HaftRL-E.
(4) Das KI-System wurde nicht so konzipiert und entwickelt, dass es gem. Art. 15 und Art. 16a) KI-VO-E im Hinblick auf seine Zweckbestimmung ein angemessenes Maß an Genauigkeit, Robustheit und Cybersicherheit erreicht, Art. 4 Abs. 1d) HaftRL-E.
(5) Es wurden nicht unverzüglich die erforderlichen Korrekturmaßnahmen ergriffen, um das KI-System mit den in Titel III Kapitel 2 KI-VO-E festgelegten Anforderungen in Einklang zu bringen oder das System gegebenenfalls gem. Art. 16g) und Art. 21 KI-VO-E zurückzunehmen oder zurückzurufen, Art. 4 Abs. 1e) HaftRL-E.

Art. 4 Abs. 3 HaftRL-E definiert die Voraussetzungen für das Verschulden des Nutzers eines Hochrisiko-KI-Systems. Es genügt, wenn die Klagepartei einen der folgenden Nachweise erbringt:

(1) Die Klagepartei hat nachzuweisen, dass der Anspruchsgegner seiner Pflicht zur Verwendung oder Überwachung des KI-Systems entsprechend der beigefügten Gebrauchsanweisung oder ggf. zur Aussetzung oder Unterbrechung seiner Verwendung nach Art. 29 KI-VO-E des Gesetzes über künstliche Intelligenz nicht nachgekommen ist, Art. 4 Abs. 3a) HaftRL-E.

Alternativ:

(2) Die Klagepartei hat nachzuweisen, dass der Anspruchsgegner Eingabedaten, die seiner Kontrolle unterliegen, auf das KI-System angewandt hat, die der Zweckbestimmung des Systems nach Art. 29 Abs. 3 KI-VO-E nicht entsprechen, Art. 4 Abs. 3b) HaftRL-E.

Richtet sich der Schadensersatz gegen einen Verbraucher, so soll die (widerlegbare) Kausalitätsvermutung nach Art. 4 Abs. 1 HaftRL-E nur gelten, wenn der beklagte Verbraucher (i) erheblich in die Betriebsparameter des gewöhnlichen KI-Systems eingegriffen hat oder (ii) wenn der beklagte Verbraucher verpflichtet und in der Lage war, die Betriebsbedingungen des gewöhnlichen KI-Systems festzulegen und dies unterlassen hat.

4. Zusammenfassung der Ergebnisse

Die KI-Haftungsrichtlinie, die noch nicht in Kraft getreten ist, befasst sich explizit mit der zivilrechtlichen außervertraglichen Haftung für KI und zielt darauf ab, die Geltendmachung von Schadensersatzansprüchen im Zusammenhang mit dem KI-Einsatz zu erleichtern. Der Anwendungsbereich der KI-Haftungsrichtlinie erfasst gemeinsame Vorschriften über die Offenlegung von Beweismitteln betreffend Hochrisiko-KI-Systeme sowie über KI-spezifische Beweislastregelungen in Bezug auf außervertragliche verschuldensabhängige zivilrechtliche, d.h. deliktische Schadensersatzansprüche.

Art. 3 Abs. 1 HaftRL-E verpflichtet die EU-Mitgliedstaaten sicherzustellen, dass nationale Gerichte befugt sind, auf Antrag eines Klägers oder potenziellen Klägers die Offenlegung von Beweismitteln zu einem Hochrisiko-KI-System anzuordnen, das im Verdacht steht, einen Schaden verursacht zu haben. Dabei soll es sich um einen speziellen materiellen Auskunftsanspruch handeln. Dieser Auskunftsanspruch ist auf die gerichtliche Anordnung der Offenlegung oder Sicherung von Beweismitteln in Bezug auf Hochrisiko-KI-Systeme gerichtet. Anspruchsgegner sind Anbieter und Nutzer von Hochrisiko-KI-Systemen sowie Produkthersteller, Händler oder Einführer. Für den Fall, dass der Anspruchsgegner der Offenlegungspflicht nicht nachkommt, wird gem. Art. 3 Abs. 5 HaftRL-E vermutet, dass der Beklagte gegen seine einschlägige Sorgfaltspflicht verstößt.

Zudem soll der/die Geschädigte bei der Geltendmachung von Schadensersatzansprüchen im Zusammenhang mit Schäden, die durch KI verursacht wurden, von Kausalitätsfragen entlastet werden, indem Art. 4 HaftRL-E Kausalitätsvermutungen vorsieht. Dazu soll es unter bestimmten Voraussetzungen künftig eine (widerlegliche) Vermutung dahingehend geben, dass ein ursächlicher Zusammenhang zwischen einem Verschulden bezüglich der Nichteinhaltung einer Pflicht nach der KI-Verordnung und dem durch das KI-Ergebnis herbeigeführten Schaden besteht. Besteht der Verdacht, dass ein Hochrisiko-KI-System einen Schaden verursacht hat, soll der/die Geschädigte Zugang zu Beweismitteln über dieses KI-System erhalten.

Maßnahmen zum Schutz des Anspruchsgegners sind zwar vorgesehen, aber dürften nicht ausreichend sein und Geschäftsgeheimnisse betroffener Akteure nicht hinreichend schützen.

Die KI-Haftungsrichtlinie weist keine Anhaltspunkte dafür auf, dass der EU-Gesetzgeber eine rechtlich fingierte „E-Person“ als eigenständigen Haftenden einführen will. Darüber hinaus enthält sie auch keine KI-spezifischen Anspruchsgrundlagen. Auch wird nicht geregelt, welche Schäden abgedeckt oder welche Anforderungen an die Gewissheit des Beweises zu stellen sind. Es bestehen darüber hinaus keine Anhaltspunkte dafür, dass der EU-Gesetzgeber aufgrund der besonderen Gefahren, die von KI-Systemen ausgehen können, eine KI-spezifische Gefährdungshaftung oder die Möglichkeit der kollektiven Rechtsdurchsetzung, etwa im Wege einer Sammelklage, einführen will.[280]

III. Neue EU-Produkthaftungsrichtlinie

Im September 2022 hat die Europäische Kommission den Vorschlag für eine Novelle der Richtlinie über Produkthaftung (COM(2022) 495 final)[281] vorgestellt,[282] die die aus dem Jahr 1985 stammende und damit rd. 40 Jahre alte Produkthaftungsrichtlinie (Richtlinie 85/374 EWG)[283] (kurz: „Produkthaftungsrichtlinie 1985“) überarbeiten soll und insbesondere die Risiken der Produktion von modernen digitalen Produkten angemessen zu verteilen und sicherzustellen, dass für Produkte im digitalen Zeitalter verschuldensunabhängig im Rahmen des Anwendungsbereichs gehaftet wird.[284]

---

[280] Vgl. *Oechsler* NJW 2022, 2713–2716 zur Haftungsverantwortung für selbstlernende KI-Systeme.

[281] Vorschlag der Europäischen Kommission für eine Richtlinie des Europäischen Parlaments und des Rates über die Haftung für fehlerhafte Produkte, 28.9.2022, COM(2022) 495 final.

[282] Überblicke zum Kommissionsvorschlag- ProdHaftRL finden sich bei *Wagner* JZ 2023 1; *Mayrhofer* RDi 2023, 20; *Reusch* RDi 2023, 152; *Schreitmüller/Schucht* ARP 2023, 226 (228ff.).

[283] Richtlinie 85/374/EWG des Rates zur Angleichung der Rechts- und Verwaltungsvorschriften der Mitgliedsstaaten über die Haftung für fehlerhafte Produkte (ABl. L 210 v. 7.8.1985, S. 29).

[284] Vgl. ErwG. 2 ProdHaftRL-E; zu den Hintergründen der Reform auf europäischer Ebene *Höll* EuZW 2025, 12 (13).

Rund 16 Monate später, am 18. Januar 2024, wurde der „final compromise text“ der EU-Produkthaftungsrichtlinie veröffentlicht, der den Kommissionsvorschlag-ProdHaftRL relevant abgeändert hat.[285] Weitere drei Monate danach, am 12. März 2024, hat das Europäische Parlament die neue EU-Produkthaftungsrichtlinie in einer weiter überarbeiteten Fassung verabschiedet.[286] Am 18. November 2024 wurde die neue Produkthaftungsrichtlinie (EU 2024/2853) im Amtsblatt der EU veröffentlicht (nachfolgend: „Produkthaftungsrichtlinie“ oder „ProdHaftRL“).[287] Am 9. Dezember 2024 trat sie in Kraft.[288] Bis zum 9. Dezember 2026 haben die EU-Mitgliedsstaaten, die Vorgaben der Produkthaftungsrichtlinie umzusetzen.[289]

Dieser Abschnitt widmet sich den zentralen Neuerungen der Produkthaftungsrichtlinie. Hierzu werden zunächst der sachliche Anwendungsbereich (hierzu unter **1.**) und der persönliche Anwendungsbereich (hierzu unter **2.**) dargestellt, die durch die Produkthaftungsrichtlinie erweitert wurden. Es folgt eine Erläuterung des Schadensbegriffs (hierzu unter **3.**) und der neuen produkthaftungsrechtlichen Updatepflicht (hierzu unter **4.**). Im Anschluss rücken neue Regelungen zur Offenlegung von Beweismitteln (hierzu unter **5.**) und zur Beweislastverteilung (hierzu unter **6.**) in den Mittelpunkt der Betrachtung. Am Ende dieses Abschnitts werden die wesentlichen Erkenntnisse dieses Abschnitts zusammengefasst, miteinander verglichen und bewertet (hierzu unter **7.**).

---

285 Abgerufen unter: https://data.consilium.europa.eu/doc/document/ST-5553-2024-INIT/en/pdf (Abrufdatum: 9.6.2024); eine Gegenüberstellung und eine Synopse der Regelungen der Produkthaftungsrichtlinie 1985 und der Neuregelungen findet sich bei *Rohrßen*, ZfPC 1, (5ff.).

286 Abrufbar unter: https://www.europarl.europa.eu/doceo/document/TA-9-2024-0132_DE.html#title2 (Abrufdatum: 24.8.2024).

287 Richtlinie (EU) 2024/2853 des Europäischen Parlaments und des Rates vom 23.10.2024 über die Haftung für fehlerhafte Produkte und zur Aufhebung der Richtlinie 85/374/EWG des Rates.

288 Die Richtlinie (EU) 2024/2853 ist abrufbar unter: https://eur-lex.europa.eu/legal-content/DE/TXT/PDF/?uri=OJ:L_202402853 (Abrufdatum: 25.01.2025).

289 Art. 22 Abs.1 ProdHaftRL.

1. Sachlicher Anwendungsbereich

Der sachliche Anwendungsbereich der Produkthaftungsrichtlinie erfasst nunmehr auch Software, KI und digitale Dienste.[290] Dies war bislang streitig.[291] Klargestellt wird in Art. 4 Nr. 1 ProdHaftRL explizit, dass Software als Produkt i. S. d. Produkthaftungsrichtlinie gilt. Die in der juristischen Fachliteratur geführte Diskussion, ob Software als ein Produkt i. S. d. Produkthaftungsrichtlinie einzuordnen ist, wird damit hinfällig.[292] Unter den Begriff „Software" fallen neben Betriebssystemen, Firmware und Computerprogramme auch KI-Systeme.[293] Zu den digitalen Diensten zählen etwa Roboter, Drohnen oder Smart-Home-Systeme.[294]

Nicht von dem sachlichen Anwendungsbereich erfasst sind gem. Art. 2 Nr. 2 ProdHaftRL freie und quelloffene Software, die außerhalb einer Geschäftstätigkeit entwickelt oder bereitgestellt wird. Dadurch sollen Innovation und Forschung durch die produkthaftungsrechtlichen Vorgaben nicht behindert werden.[295] Ausgeschlossen aus dem Anwendungsbereich sind auch bloße Informationen.[296] So sollen digitale Dateien wie Mediendateien oder E-Books nicht als Produkt i. S. d. Art. 4 Nr. 1 ProdHaftRL gelten.[297]

---

[290] *Spindler* CR 2022, 689 (690) spricht von einer „längst überfälligen Reform"; eingehend *Wagner* JZ 2023, 1 (4f.); vgl. auch MüKoBGB/*Wagner*, 9. Aufl. 2024, ProdHaftG § 2 Rn. 22; siehe *Zech* NJW 2022, 502 (505) zur Frage der Körperlichkeit von Trainingsdaten, vgl. auch *Etzkorn* MMR 2020, 360 (364).

[291] Siehe dazu *Burchardi*, EuZW 2022, 685 (687f.) m.w.N.; *Wagner* VersR 2020 717 (726); *Reese* DStR 1994, 1121 (1125); *Müller*, Software als „Gegenstand" der Produkthaftung, 2020, S. 176ff.; *Taeger*, Außervertragliche Haftung für fehlerhafte Computerprogramme, 1995; *Reusch*, in: Braegelmann/Kaulartz AI und Machine Learning-HdB, Kap. 4; *Thöne*, Autonome Systeme und deliktische Haftung, 2020; *Lehmann*, Produzenten- und Produkthaftung für Soft- und Hardware, in: Handbuch Lehmann, 2. Aufl., 1993, S. 999ff.; *ders.*, Produkt- und Produzentenhaftung für Software, NJW 1992, 1721 (1723) m.w.N..; *Hackemann*, in: Gorny/Kilian, Computer-Software und Sachmängelhaftung (Berichte des German Chapter of the ACM), Stuttgart 1985, S. 191 ff.; Zech NJW 2022, 502 (505); statt vieler die Produkteigenschaft absprechend MüKoBGB/*Wagner*, 9. Aufl. 2024, ProdHaftG § 2 Rn. 21 ff.; differenzierend *Wende* RDi 2021, 341 (344).

[292] So auch *Brenner* RDi 2024, 345 (346); *Schreitmüller/Schucht* ARP 2023, 226 (228); *Rohrßen* ZfPC, 2024, 1 (4).

[293] Siehe ErwG 12 ProdHaftRL-E; eingehend *Brenner* RDi 2024, 345–345.

[294] Siehe *Philipp* EuZW 2024, 492.

[295] Vgl. ErwG. 14 ProdHaftRL; kritisch *Brenner* RDi 2024, 345 (346f.).

[296] Siehe ErwG 13 ProdHaftRL-E.

[297] Vgl. ErwG 13 ProdHaftRL-E.

Gleiches soll in Bezug auf den Quellcode einer Software gelten, weil es sich insoweit nur um eine bloße Information handeln soll.[298]

In zeitlicher Hinsicht gelten die neuen Vorgaben der Produkthaftungsrichtlinie für Produkte, die nach dem 9. Dezember 2026 in Verkehr gebracht oder in Betrieb genommen werden, Art. 2 Nr. 1 ProdHaftRL. Damit geht einher, dass Schäden, die durch fehlerhafte Produkte verursacht werden, die vor diesem Zeitpunkt in den Verkehr gebracht oder in Betrieb genommen wurden, damit auch künftig bis zum Ablauf der Ausschlussfrist von zehn Jahren nach dem derzeit geltenden Recht behandelt werden, vgl. Art. 21 Abs. 1 ProdHaftRL.

Gemäß Art. 2 Abs. 4b) ProdHaftRL-E bleiben etwaige Ansprüche des/der Geschädigten „gemäß den nationalen Vorschriften über die vertragliche oder außervertragliche Haftung aus anderen Gründen als der Fehlerhaftigkeit des Produkts" unberührt, so dass es bei einem Nebeneinander von dem Produkthaftungsgesetz und deliktischen Ansprüchen nach § 823 Abs. 1 BGB bleibt.[299]

2. Persönlicher Anwendungsbereich

Die Produkthaftungsrichtlinie sieht vor, den Kreis der Haftungsadressaten deutlich zu erweitern. Ziel ist es, dadurch der/den Geschädigten die Rechtsdurchsetzung zu vereinfachen.[300] Neben dem Hersteller eines Produkts, dem sog. Quasi-Hersteller und EWR-Importeuren, sollen zukünftig auch Fulfilment-Dienstleister und Online-Plattformen verschuldensunabhängig auf Schadensersatz für ein fehlerhaftes Produkt haften, Art. 4 Nr. 16 ProdHaftRL. „Fulfilment-Dienstleister" sind in Art. 4 Nr. 13 ProdHaftRL legaldefiniert und meinen Lager-, Verpackungs- und Versanddienstleister. „Online-Plattformen" sind in Art. 4 Nr. 16 ProdHaftRL legaldefiniert und meinen Online-Marktplatzbetreiber.[301] Unternehmen, die ein Produkt außerhalb der Kontrolle des ursprünglichen Herstellers „wesentlich" verändert haben, gelten

---

[298] Vgl. ErwG 13 ProdHaftRL; näher zu den Ausnahmen *Brenner* RDi 2024, 345 (346); *Schreitmüller/Schucht* ARP 2023, 226 (228); *Spindler* CR 2022, 689 (690); kritisch *Reusch*, RDi 2023, 152 (153).

[299] Siehe *Schreitmüller/Schucht* ARP 2023, 226 (229).

[300] Vgl. Begründung ProdHaftRL-E.

[301] Vgl. ErwG 38 ProdHaftRL-E.

als Hersteller und gehören damit ebenfalls zu dem Kreis der Haftenden, Art. 8 Abs. 2 ProdHaftRL.[302]

Neu durch die Produkthaftungsrichtlinie wurde in Art. 8 ProdHaftRL eine Haftungskaskade sowie in Art. 12 Abs. 2b ProdHaftRL die Möglichkeit eines vertraglichen Haftungsausschlusses für kleine Softwarehersteller gegenüber dem Endhersteller eingeführt.[303]

3. Erweiterung des Schadensbegriffs

Die Produkthaftungsrichtlinie erweitert den ersatzfähigen Schaden. Mit Blick auf die Bedeutung von Daten im digitalen Zeitalter sollen Hersteller auch für Schäden, die aus der Vernichtung und Verfälschung von Daten resultieren, haften, Art. 6 Abs. 1c ProdHaftRL. Damit soll der wachsenden Bedeutung und des zunehmenden Werts immaterieller Vermögenswerte Rechnung getragen werden.[304] Erfasst sind materielle und immaterielle Schäden.[305] Nicht erfasst ist gem. Art. 6 Abs. 1c ProdHaftRL die Vernichtung oder Verfälschung von Daten, wenn diese nicht für berufliche Zwecke genutzt werden. Im Umkehrschluss sind Schäden von privat genutzten Daten erfasst.[306] Ausgenommen von dem Anwendungsbereich sind explizit auch Daten, die teilweise beruflich verwendet werden.[307] Die Begrenzung auf private Daten wird damit begründet, dass verhindert werden soll, dass es zu einer

---

302 Vgl. ErwG 47 ProdHaftRL-E.

303 Vgl. ErwG 54 ProdHaftRL-E; siehe auch *Rohrßen* ZfPC, 2024, 1 (4).; näher zur Möglichkeit der Enthaftung von Online-Plattformen *Schreitmüller/Schucht* ARP 2023, 226 (229); siehe auch *Meyer*, RDi 2023, 66; eingehend zur Enthaftung aus regulatorischer Sicht im Zusammenhang mit der Produktsicherheitsverordnung. *Spiegel* ZVertriebsR 2023, 71; *Schucht/Öttinger* BB 2022, 2435.

304 Vgl. ErwG 20 ProdHaftRL-E; ebenso *Brenner* RDi 2024, 345 (349); *Schreitmüller/Schucht* ARP 2023, 226 (229) zur Vorgängerregelung im Kommissionsentwurf-ProdHaftRL.

305 Vgl. ErwG 13 ProdHaftRL-E; *Theis* BKR 2024, 414 (416) stellt in diesem Zusammenhang auf den „physischen Schaden ab.

306 Kritisch zur Einschränkung des Anwendungsbereichs auf private Daten *Brenner* RDi 2024, 345 (349); ebenso *Wagner* JZ 2023, 1 (7); *Wagner/Ruttloff/Römer*, CCZ 2023, 109).

307 Vgl. ErwG 22 ProdHaftRL-E; anders noch *Schreitmüller/Schucht* ARP 2023, 226 (229) nach denen gemischt genutzte Daten in den Anwendungsbereich der Produkthaftungsrichtlinie fallen sollen.

ausufernden Zahl an Rechtsstreitigkeiten über Schadensersatz für Verluste oder Beschädigungen von Daten kommt.[308]

Klargestellt wird in Art. 6 Abs. 2 ProdHaftRL, dass die Ersatzpflicht grundsätzlich alle materiellen Schäden erfasst, wobei immaterielle Schäden nur insoweit ersatzfähig sein sollen, sofern dies das nationale Recht vorsieht.

Nationale Regelungen, die den Schadensersatzanspruch begrenzen oder ausschließen, sollen gem. Art. 15 ProdHaftRL zukünftig ausgeschlossen sein. Das bedeutet, dass zukünftig die bisher geltenden Selbstbehalte i.H.v. EUR 500,00 für Sachschäden im Einzelfall gem. Art. 9b) Produkthaftungsrichtlinie 1985 (in Deutschland gem. § 11 Produkthaftungsgesetz) und Haftungshöchstgrenzen nach § 10 Abs. 1 Produkthaftungsgesetz[309] (in Deutschland i.H.v. EUR 85 Mio.) für alle Personenschäden (für alle Schadensfälle zusammen) ersatzlos entfallen würden.[310]

4. Updatepflicht

Die Produkthaftungsrichtlinie erweitert die Anknüpfungspunkte der Produkthaftung. Das ProdHaftG stellt als Anknüpfungspunkt der Haftung auf das Inverkehrbringen ab und kennt bislang keine Pflichten zur Produktbeobachtung, zu nachträglichen Warnungen und zum Rückruf.[311] Dies soll sich zukünftig ändern. Neben dem Inverkehrbringen soll als weiterer Anknüpfungspunkt der Haftung des Hersteller als relevanter Umstand die unterlassene oder mangelnde Kontrolle hinzukommen, sofern eine Kontrolle möglich ist, z. B. durch Updates oder Upgrades.[312] Nach dem Inverkehrbringen sollte ein Produkt als weiterhin unter der Kontrolle des Herstellers stehend betrachtet werden, sofern der Hersteller nach dem Inverkehrbringen des Produkts in der Lage ist, die Software bereitzustellen oder deren Bereitstellung durch Dritte zu veranlassen, Art. 4 Nr. 5b ProdHaftRL.[313] Klarstellend nennt

308 Vgl. ErwG 22 ProdHaftRL-E; kritisch dazu *Kapoor/Klindt*, BB 2023, 67 (70).

309 Die Produkthaftungsrichtlinie 1985 hat den EU-Mitgliedsstaaten die Möglichkeit gegeben, Höchstgrenzen für die verschuldensunabhängige Haftung im Anwendungsbereich der Richtlinie festzulegen, wovon der deutsche Gesetzgeber Gebrauch gemacht hat.

310 Näher dazu *Rohrßen* ZfPC, 2024, 1 (4); *Schreitmüller/Schucht* ARP 2023, 226 (229).

311 Siehe MüKoBGB/*Wagner*, 9. Aufl. 2024, ProdHaftG § 1 Rn. 63; vgl. *Knauer* MPR 2016, 37.

312 Vgl. ErwG 19 ProdHaftRL-E.

313 Vgl. ErwG 19 ProdHaftRL-E.

die Produkthaftungsrichtlinie in diesem Zusammenhang Beispiele wie den Erwerb eines smarten Fernsehgeräts mit Videoanwendungen, bei denen der Nutzer eine Anwendung nach dem Erwerb des Fernsehgeräts von der Website eines Dritten herunterladen muss.[314] In einer solchen Fallkonstellation soll der Fernsehhersteller neben dem Hersteller der Videoanwendung für Schäden haften, die durch eine etwaige Fehlerhaftigkeit der Videoanwendung verursacht wurden, auch wenn die Fehlerhaftigkeit erst nach dem Inverkehrbringen des Fernsehgeräts entstanden ist.[315] Damit kann sich der Hersteller nicht auf den Einwand eines Entwicklungsfehlers berufen, sofern die Möglichkeit der Kontrolle besteht und der Fehler etwa durch ein Softwareupdate hätte behoben werden können.[316]

Die Produkthaftungsrichtlinie sieht vor, dass der Hersteller für Fehler haftet, die durch ein aufgespieltes Update erst verursacht werden, aber auch für Fehler, die durch das Unterlassen eines entsprechenden Updates entstehen, was Art. 11 Abs. 2 ProdHaftRL zu entnehmen ist.[317] Dies ist gem. Art. 11 Abs. 2 ProdHaftRL dann nicht der Fall, wenn die Fehlerhaftigkeit des Produkts auf gewisse in Art. 11 Abs. 2a) - d) ProdHaftRL genannten Umstände zurückzuführen ist, wie z. B. auf die Software, einschließlich Software-Updates oder Upgrades (Buchst. b) oder das Fehlen eines solchen Updates oder Upgrades, die zur Aufrechterhaltung der Sicherheit erforderlich sind (Buchst. c), zurückgeht.

5. Offenlegung von Beweismitteln

Art. 9 ProdHaftRL sieht einen Offenlegungsanspruch der/des Geschädigten in Bezug auf relevante Beweismittel vor. Kommt der Beklagte der Pflicht zur Offenlegung nicht nach, besteht die Gefahr des Prozessverlustes, weil dann gewisse Vermutungen greifen. Die Verpflichtung zur Offenlegung setzt, anders als noch in der Vorgängervorschrift vorgesehen,[318] keine gerichtliche

---

[314] Vgl. ErwG 50 ProdHaftRL-E.

[315] Vgl. ErwG 50 ProdHaftRL-E.

[316] So *Brenner* RDi 2024, 345 (351) m.w.N.; zur Bedeutung des Entwicklungsrisikos und von Entwicklungslücken nach dem derzeit geltenden Recht *Etzkorn* MMR 202, 360 (362).

[317] Vgl. ErwG 59 ProdHaftRL-E.

[318] Siehe dazu die Synopse bei *Rohrßen* ZfPC 1 (15).

Anordnung voraus. Die Offenlegungspflicht soll ipso iure bestehen.[319] Insofern unterscheidet sich diese Offenlegungsregelung von § 142 ZPO (Anordnung der Urkundenvorlegung), die grundsätzlich eine Anordnung des Gerichts voraussetzt und der Sachverhaltsaufklärung im Rahmen der materiellen Prozessleitung des Gerichts dient.[320] Gem. § 142 ZPO kann das Gericht unabhängig von einem Beweisantrag einer Partei „anordnen, dass eine Partei oder ein Dritter die in ihrem oder seinem Besitz befindlichen Urkunden sowie Unterlagen" wie z. B. Verträge, Korrespondenz, Krankenunterlagen oder Zeichnungen[321], „auf die sich eine Partei bezogen hat, vorlegt". Art. 9 ProdHaftRL soll hingegen einen speziellen materiellen Anspruch, wie beispielsweise § 140c PatG, § 33g GWB, normieren.[322] Diese Regelung ist insoweit ungewöhnlich, als dass eine solche Offenlegung von Beweismitteln in Civil Law-Staaten bislang unüblich ist.[323]

Neu durch die Produkthaftungsrichtlinie wurde in Art. 9 Abs. 2 ProdHaftRL eingeführt, dass der Kläger verpflichtet ist, im Einklang mit dem nationalen Recht in seiner Verfügungsgewalt befindliche relevante Beweismittel offenzulegen. Dies ist dem Umstand geschuldet, dass erkannt wurde, dass der Beklagte möglicherweise Zugang zu Beweismitteln benötigt, die dem Kläger zur Verfügung stehen, um einem Schadensersatzanspruch entgegentreten zu können.[324]

Gem. Art. 9 Abs. 5 ProdHaftRL haben die nationalen Gerichte zum Schutz sensibler Informationen des Beklagten entweder auf hinreichend begründeten Antrag einer Partei oder von sich aus „besondere Maßnahmen" zu ergreifen, die erforderlich sind, um die Vertraulichkeit dieser Informationen zu wahren, wenn sie im Laufe des Gerichtsverfahrens verwendet werden oder auf sie Bezug genommen wird. Insbesondere sollen Geschäftsgeheimnisse geschützt werden.[325] Ergänzt wurde im Laufe des Gesetzgebungsverfahrens,

---

[319] Eingehend *Mayerhofer* EuZW 2024, 241 (241f.).

[320] Siehe *Bünnigmann*, in: Anders/Gehle ZPO § 142 Rn. 3.

[321] Siehe *Stadler*, in: Musielak/Voit ZPO, § 142, Rn. 7a; BeckOK ZPO/*von Selle* ZPO § 142, Rn. 7.

[322] So *Mayerhofer* EuZW 2024, 241 (241); siehe auch *Mayrhofer* RDi 2023, 20 (25) m.w.N.; offen gelassen *Höll* EuZW 2025, 12 (17).

[323] So *Reusch* RDi 2023, 152 (158).

[324] Vgl. ErwG 44 ProdHaftRL-E.

[325] Vgl. ErwG 45 ProdHaftRL-E.

dass die Vertraulichkeit auch nach dem Gerichtsverfahren zu wahren ist.[326] Was unter „besonderen Maßnahmen“ konkret zu verstehen ist, erläutert die Produkthaftungsrichtlinie nicht.

Darüber hinaus wurde im Laufe des Gesetzgebungsverfahrens in Art. 9 Abs. 6 ProdHaftRL eingeführt, dass die Beweismittel in einer „leicht zugänglichen und leicht verständlichen Form“ vorgelegt werden müssen. Eine solche Regelung sah der Kommissionsentwurf-ProdHaftRL nicht vor. Durch die neue Vorgabe zur Art und Weise der Aufarbeitung soll verhindert werden, dass die Anspruchsverfolgung daran scheitert, dass der/die Geschädigte die Information nur mit kostspieliger sachverständiger Hilfe oder überhaupt nicht auswerten kann.[327] Auf der anderen Seite soll die Aufarbeitungspflicht den Offenlegenden nicht unverhältnismäßig belasten, was durch den Grundsatz der Verhältnismäßigkeit, den die Produkthaftungsrichtlinie insoweit vorsieht, berücksichtigt wird.

6. Erweiterung der bekannten Beweiserleichterungen

Art. 10 Abs. 1 ProdHaftRL stellt zunächst klar, dass die EU-Mitgliedstaaten sicherzustellen haben, dass die Klagepartei verpflichtet ist, die Fehlerhaftigkeit des Produkts, den erlittenen Schaden und den ursächlichen Zusammenhang zwischen der Fehlerhaftigkeit und dem Schaden nachzuweisen. Das bedeutet, dass die Produkthaftungsrichtlinie keine Änderungen an der grundsätzlichen Beweislastverteilung vorsieht.[328]

Die Produkthaftungsrichtlinie soll die bisher bekannten Beweiserleichterungen für Geschädigte erweitern.[329] In gewissen Fallkonstellationen hat das Gesetz und die Rechtsprechung Beweiserleichterungen aufgrund von

---

326 Dieser Zusatz (“[…] wenn sie im Laufe des Gerichtsverfahrens und danach verwendet werden oder auf sie Bezug genommen wird.“) war im Kommissionsvorschlag-ProdHaftRL nicht enthalten.

327 *Mayerhofer* EuZW 2024, 241 (242) spricht von einer Pflicht zur „laienhaften Aufarbeitung“.

328 Siehe dazu *Mayrhofer* EuZW 2024, 241 (242).

329 Gewisse Regelungen im Deliktsrecht enthalten bereits Verschuldensvermutungen, wie z. B. die §§ 831–838 BGB, wobei abweichend nur § 833 S. 1 BGB eine Gefährdungshaftung vorsieht. Im ersteren Fall muss der Anspruchssteller nachweisen, dass der Schädiger tatsächlich schuldhaft gehandelt hat. Im letzteren Fall muss sich der Schädiger hingegen selbst entlasten, um sich erfolgreich gegen den geltend gemachten Anspruch zur Wehr zu setzen; siehe BeckOK/Förster BGB § 823 Rn. 42.

Beweisschwierigkeiten bereits entsprechend der Gefahrentheorie gewährt.[330] Besteht ein Informationsdefizit und ist eine Partei besser in der Lage, Aufklärung zu leisten, soll diese Partei die Beweislast treffen.[331] Beispielsweise besteht im Rahmen der Produkthaftung eine Beweislastumkehr dergestalt, dass dem Hersteller die Beweislast trifft, dass er darzulegen und zu beweisen hat, dass ihm hinsichtlich eines Produktfehlers kein Pflichtverstoß oder kein Verschulden zur Last fällt.[332]

Art. 10 ProdHaftRL sieht nunmehr drei Beweiserleichterungen in Gestalt von drei (widerlegbaren) Vermutungen vor, und zwar für die Fehlerhaftigkeit des Produkts, den Kausalzusammenhang zwischen Produktfehler und Schaden und dem Produktfehler und/oder dem Ursachenzusammenhang.[333]

Die Fehlerhaftigkeit des Produkts wird gem. Art. 10 Abs. 2 ProdHaftRL (widerleglich) vermutet, wenn die Klagepartei folgende Nachweise erbringt:

(1) Die Klagepartei weist nach, dass der Beklagte seiner Verpflichtung zur Offenlegung von relevanten Beweismitteln nach Art. 9 Abs. 1 ProdHaftRL nicht nachgekommen ist (Buchst. a).

Alternativ:

(2) Die Klagepartei weist nach, dass das Produkt verbindliche Sicherheitsanforderungen des Unionsrechts oder des nationalen Rechts, die einen Schutz gegen das Risiko des eingetretenen Schadens bieten sollen, nicht erfüllt (Buchst. b).

---

330 BGH, Urteil v. 10.11.2004, Az. XII ZR 71/01 (Schimmelbildung in der Wohnung); allg. zur Gefahrentheorie *Musielak* AcP 176 (1976), 465; *Stoll* AcP 176, 169.

331 Siehe *Kersting*, Der Schutz des Wirtschaftsgeheimnisses im Zivilprozess, S. 108.

332 BGH, Urteil v. 26.11.1098, Az. VI ZR 212/66 = NJW 1969, 260 („Hühnerpest"-Entscheidung); BGH, Urteil v. 2.2.1999, Az. VI ZR 392-97 = NJW 1999, 1028 (1029) („Tropfsubrat"-Entscheidung); BGH, Urteil v. 25.10.1988, Az. VI ZR 344/87 = NJW 1989, 707 (708) („Fischfutter"-Entscheidung).

333 Näher dazu *Höll* EuZW 2025, 12 (18 f.)

Alternativ:

(3) Die Klagepartei weist nach, dass der Schaden durch eine offensichtliche Funktionsstörung des Produkts bei normaler Verwendung oder unter normalen Umständen verursacht wurde (Buchst. c).

Der ursächliche Zusammenhang wird gem. Art. 10 Abs. 3 ProdHaftRL vermutet, wenn die Fehlerhaftigkeit des Produkts festgestellt wurde und der entstandene Schaden „typisch" ist. Wann dies der Fall sein soll, wird nicht konkretisiert. Diese Vorschrift räumt durch die offene Formulierung dem nationalen Gesetzgeber und den nationalen Gerichten einen Ermessensspielraum ein.[334]

Darüber hinaus kann ein Gericht (widerleglich) die Fehlerhaftigkeit des Produkts und/oder den ursächlichen Zusammenhang zwischen Fehlerhaftigkeit und Schaden gem. Art. 10 Abs. 4 ProdHaftRL vermuten, (i) wenn der Beweis aufgrund der „technischen oder wissenschaftlichen Komplexität übermäßig schwierig" ist, (ii) wenn die Klagepartei darlegt, dass das Produkt zum Schaden beigetragen hat (Buchst. a) und (iii) wahrscheinlich fehlerhaft war und/oder seine Fehlerhaftigkeit den Schaden „wahrscheinlich" verursacht hat (Buchst. b). Auch diese Anforderungen werden nicht weiter konkretisiert.[335]

7. Zusammenfassung der Ergebnisse

Die Produkthaftungsrichtlinie verschärft die verschuldensunabhängige Produkthaftung auf mehreren Ebenen relevant. So weitet die Produkthaftungsrichtlinie den Kreis der Haftenden erheblich aus, was zur Folge hat, dass sich auch solche Akteure auf potenzielle Schadensersatzansprüche einstellen müssen, die bislang nicht zu den typischen Haftungsschuldnern gezählt haben. Durch die Klarstellung, dass Software und KI als Produkt i. S. d. Produkthaftungsrichtlinie gelten, ist der Streit, ob Software unter

---

[334] So auch *Mayrhofer* EuZW 2024, 241 (242).

[335] *Mayrhofer* EuZW 2024, 241 (242) verlangt eine „überwiegende Wahrscheinlichkeit" als Gewissheitsgrad.

den Produktbegriff des Art. 2 der Produkthaftungsrichtlinie 1985 fällt, endgültig geklärt.

Die Produkthaftungsrichtlinie erweitert zudem die Anknüpfungspunkte der Produkthaftung dergestalt, dass neben dem Inverkehrbringen als weiterer Anknüpfungspunkt der Haftung des Herstellers als relevanter Umstand die unterlassene oder mangelnde Kontrolle hinzukommen, sofern eine Kontrolle möglich ist, z. B. durch Updates oder Upgrades.

Darüber hinaus zählt der Verlust und die Beschädigung von Daten zu einem nach Produkthaftungsrecht ersatzfähigen Schaden, wobei nur solche Daten von dem Anwendungsbereich der Produkthaftungsrichtlinie erfasst sind, die nicht für berufliche Zwecke genutzt werden. Im Umkehrschluss soll zum produkthaftungsrechtlichen ersatzfähigen Schaden nur der Schaden zählen, der bei privat genutzten Daten entstanden ist. Darüber hinaus sieht die Produkthaftungsrichtlinie einen größeren Schadensumfang vor. Der bisherige Selbstbehalt von 500 EUR sowie die bislang möglichen Haftungshöchstgrenzen entfallen.

Neue Vorgaben zur Offenlegung von Beweismitteln und Beweislastverteilung, die für sämtliche Produkte im Anwendungsbereich der Produkthaftungsrichtlinie gelten, sollen insbesondere der Beweisnot der/des Geschädigten in Bezug auf Software und KI entgegenwirken. Bemerkenswert ist dabei die in Art. 9 ProdHaftRL geregelte Offenlegungspflicht von „relevanten“ Beweismitteln. Dabei handelt es sich um einen speziellen materiellen Auskunftsanspruch, der es Geschädigten erleichtern soll, Schadensersatzansprüche im Zusammenhang mit softwaregestützten Produkten durchzusetzen.

E. Regulierung von KI in den USA

Dieser Abschnitt befasst sich mit Regulierung von KI in den USA. Hierzu werden zunächst die zentralen KI-spezifischen Gesetzgebungsakte- und initiativen, Resolutionen, Leitlinien und Programme auf Bundesebene vorgestellt (hierzu unter **I.**). Im Anschluss werden bedeutende Gerichtsentscheidungen, die ein wichtiger Bestandteil des US-amerikanischen Rechtssystems sind, dargestellt und bewertet (hierzu unter **II.**).

I. KI-Regulierung

In den USA existieren auf Bundesebene bislang keine verbindlichen Vorgaben zur KI-Regulierung. Auf Bundesstaatenebene gleicht die KI-Gesetzgebung einem Flickenteppich unterschiedlicher Gesetze und Regelungen, die sich in unterschiedlichen Stadien des jeweiligen Gesetzgebungsverfahrens befinden. In einigen US-Bundesstaaten sind bereits KI-spezifische Gesetze in Kraft, wie

z. B. in Colorado[336] und Utah.[337] Mehr als ein Viertel der US-Bundesstaaten erwägen Gesetzesentwürfe, die den Einsatz von KI in der Privatwirtschaft regeln sollen, zu erlassen.[338]

Eine wichtige Rolle zur Regulierung von KI spielte die im Oktober 2023 von dem vormaligen US-Präsidenten *Joe Biden* erlassene Executive Order 14110, namentlich die „Executive Order on Safe, Secure, and Trustworthy Artificial Intelligence“ (kurz: “Executive Order 14110”), die die Basis für eine einheitliche KI-Regulatorik in den USA schaffen sollte. Mit Amtseinführung hat der neugewählte US-Präsident *Donald Trump* diese mit der Executive Order namens „Removing Barriers to American Leadership in Artificial Intelligence” (kurz: „Removing Barriers“) nicht einmal ein Jahr und drei Monate nach deren Erlass abgeschafft.[339] Vorangegangen sind der Executive Order 14110 KI-spezifische Leitlinien und Konzepte, auf die die Executive Order 14110 aufbaut und Bezug nimmt. Dazu zählen der von dem Office of Science and Technology Policy (kurz: „OSTP“) im Jahr 2022 veröffentlichte Entwurf einer KI-Grundrechtecharta, namentlich der „Blueprint

---

[336] Colorado war der erste US-Bundesstaat, der ein umfassendes KI-Gesetz , namentlich den Colorado Artificial Intelligence Act (SB 24–205) (CAIA), verabschiedet hat. Das am 8.5.2024 verabschiedete Gesetz tritt am 1.2.2026 in Kraft. Der CAIA ist abrufbar unter: https://leg.colorado.gov/sites/default/files/documents/2024A/bills/2024a_205_rer.pdf (Abrufdatum: 3.8.2024); siehe dazu *Mithal/Olsen/Okoro*, „Colorado Passes First-in-Nation Artificial Intelligence”, Artikle v. 21.5.2024, in: Wilson Sonsini, abgerufen unter: https://www.wsgr.com/en/insights/colorado-passes-first-in-nation-artificial-intelligence-act.html (Abrufdatum: 3.8.2024); vgl. *Grande*, “Colo. Gov. Voices ‘Reservations’ In Signing AI Bias Bill”, Artikel v. 20.5.2024, in: Law360, abgerufen unter: https://www.law360.com/articles/1839076/colo-gov-voices-reservations-in-signing-ai-bias-bill (Abrufdatum: 3.8.2024), *ders.* “Colo. AI Bias Law Lays ‘Foundation’ For New State Patchwork”, Artikel v. 31.5.2024, in: Law360, abgerufen unter: https://www.law360.com/articles/1842194/colo-ai-bias-law-lays-foundation-for-new-state-patchwork (Abrufdatum: 3.8.2024).

[337] In Utah trat ein KI-Gesetz am 1.5.2024 in Kraft. Das KI-Gesetz ist abrufbar unter: https://le.utah.gov/%7E2024/bills/static/SB0149.html (Abrufdatum: 3.8.2024).

[338] Stand: Februar 2024, näher dazu *Stauss/Davis*, „A look at proposed US state private sector AI legislation”, Artikel v. 28.2.2024, in: IAPP, abgerufen unter: https://iapp.org/news/a/a-look-at-proposed-u-s-state-private-sector-ai-legislation (Abrufdatum: 3.4.2024).

[339] Die Executive Order „Removing Barriers“ ist abrufbar unter: https://www.whitehouse.gov/presidential-actions/2025/01/removing-barriers-to-american-leadership-in-artificial-intelligence/ (Abrufdatum: 25.01.2025).

for an AI Bill of Rights“ (hierzu unter **1.**), das im Jahr 2023 erlassene KI-Risikomanagementkonzept zur Schaffung von KI-Standards des National Institute of Standards and Technology (kurz: „NIST“), namentlich das „AI Risk Management Framework“ (hierzu unter **2.**) und die in den Jahren 2020 bis 2023 erlassenen drei Leitlinien der US-Wettbewerbsbehörde Federal Trade Commission, namentlich die „FTC Guidelines“ (hierzu unter **3.**). Nach einer kursorischen Darstellung der vorgenannten Maßnahmen, widmet sich das Dissertationsvorhaben eingehend der Ende des Jahre 2023 veröffentlichten Executive Order 14110, die erstmals Vorgaben zur KI-Regulierung in den USA schaffen sollte (hierzu unter **4.**) und deren Nachfolger, der Executive Order „Removing Barriers“ (hierzu unter **5.**). Am Ende dieses Abschnitts werden die wesentlichen Erkenntnisse dieses Abschnitts zusammengefasst (hierzu unter **6.**).

1. KI-Grundrechtecharta: “Blueprint for an AI Bill of Rights”

Am 4. Oktober 2022 hat das OSTP den 73 Seiten umfassenden Entwurf für eine US-Grundrechtecharta für KI, namentlich den „Blueprint for an AI Bill of Rights: Making Automated Systems Work for the American People“ (kurz: „US-Grundrechtecharta“), veröffentlicht.[340] Dabei handelt es sich um ein unverbindliches Weißbuch, das Leitlinien für den verantwortungsvollen Einsatz von KI enthält.[341] Die Befolgung der Leitlinien ist freiwillig, was direkt auf den ersten Seiten der KI-Grundrechtecharta hervorgehoben wird. Es sind keine Durchsetzungs- oder Sanktionsmaßnahmen vorgesehen.

Eine KI-Definition enthält die KI-Grundrechtecharta nicht.[342] Erwähnenswert ist die Definition von automatisierten Systemen („automated systems“), die die Nutzung von KI-Systemen definiert und zwar als „jedes System, jede Software oder jeder Prozess, der Berechnungen als Ganzes oder Teil eines Systems verwendet, um Ergebnisse zu ermitteln, Entscheidungen zu treffen

---

[340] Die US-Grundrechtecharta ist abrufbar unter: https://www.whitehouse.gov/ostp/ai-bill-of-rights/ (Abrufdatum: 30.10.2024).

[341] Ausführlich zur KI-Grundrechtecharta *Hine/Floridi* Minds & Machines 2023, 285; zu den Hintergründen der Entstehung *Kohne./Reed/Rickhoff /Gallant*, „White House Reveals Long-Anticipated ‘AI Bill of Rights’“, Artikel v. 21.10.2022, in: Akin, abgerufen unter: https://www.lexology.com/library/detail.aspx?g=ff2acbae-e649-4972-944e-b27c2d8a9031 (Abrufdatum: 27.7.2024).

[342] Kritisch dazu *Hine/Floridi* Minds & Machines 2023, 286.

oder zu unterstützen, über die Umsetzung von Maßnahmen zu informieren, Daten oder Beobachtungen zu sammeln oder anderweitig mit Einzelpersonen und/oder Gemeinschaften interagiert" („any system, software, or process that uses computation as whole or part of a system to determine outcomes, make or aid decisions, inform policy implementation, collect data or observations, or otherwise interact with individuals and/or communities").[343] Kritisiert wird, dass diese Definition zu weit gehe und nahezu jedes System erfasst, das mit einem Nutzer interagiert.[344]

Die US-Grundrechtecharta enthält fünf Prinzipien, die die Entwicklung und Implementierung von KI-Systemen leiten und steuern sollen, um die US-Bürger zu schützen. Diese lauten wie folgt:[345]

- Schutz vor unsicheren und ineffektiven Systemen („You should be protected from unsafe or ineffective systems.").
- Schutz vor Diskriminierung durch Algorithmen („You should not face discrimination by algorithms and systems should be used and designed in an equitable way.").
- Datenschutz und selbstbestimmter Umgang mit Daten („You should be protected from abusive data practices via built-in protections and you should have agency over how data about you is used.").

---

[343] Siehe White House Office of Science and Technology Policy, Blueprint for an AI Bill of Rights: Making Automated Systems Work for the American People, abgerufen unter: https://www.whitehouse.gov/ostp/ai-bill-of-rights/ (Abrufdatum: 27.7.2024).

[344] So *Hine/Floridi* Minds & Machines 2023, 286; vgl. *Bertuzzi*, "AI Act: Czech Presidency puts forward narrower classification of high-risk systems", Artikel v. 16.9.2022, in: Euractiv, abgerufen unter: https://www.euractiv.com/section/digital/news/ ai-act-czech-presidency-puts-forward-narrower-classification-of-high-risk-systems/ (Abrufdatum: 27.7.2024).

[345] Ausfl. dazu *Kohne./Reed/Rickhoff/Gallant*, a.a.O.; *Schildkraut/Marotta/Walters*, "Blueprint for an AI Bill of Rights", in: Arnold&Partner, Artikel v. 27.10.2022, abgerufen unter https://www.arnoldporter.com/en/perspectives/advisories/2022/10/the-blueprint-for-an-ai-bill-of-rights (Abrufdatum: 21.07.2024); *Betts/Ochs/Zagger*, "White House Unveils Blueprint to Guide Use of AI, Automated Systems Technology", Artikel v. 10.10.2022, in: Ogletree Deakins, abgerufen unter: https://ogletree.com/insights-resources/blog-posts/white-house-unveils-blueprint-to-guide-use-of-ai-automated-systems-technology/ (Abrufdatum: 27.7.2024).

- Hinweise und Erklärung („You should know that an automated system is being used and understand how and why it contributes to outcomes that impact you.").
- Menschliche Alternativen zur Korrektur von Entscheidungen, Überlegungen und Ausweichmöglichkeiten („You should be able to opt out, where appropriate, and have access to a person who can quickly consider and remedy problems you encounter.").

Jedes dieser Prinzipien ist wiederum in drei Abschnitte unterteilt. Darin wird (i) die Bedeutung des jeweiligen Prinzips erläutert, (ii) die Erwartungen an ein KI-System dargestellt und (iii) eine technische Anleitung zur Umsetzung des Prinzips gegeben.[346]

Die KI-Grundrechtecharta wird stark kritisiert. Insbesondere wird Kritik daran geübt, dass sie rechtlich nicht verbindlich ist und, dass sie keine Sanktionen für Verstöße vorsieht, so dass sie ein „zahnloser Tiger" sei.[347] Inhaltlich wird u.a. kritisiert dass der Schutz personenbezogener Daten nicht hinreichend gewährt werde.[348]

---

346 Siehe dazu *Hug* ZfDR 2024, 213 (217); *Schildkraut/Marotta/Walters*, a.a.O.; zur Umsetzung der Leitlinien *Turner Lee/Malamud*, "Opportunities and blind spots in the White House'sblueprint for an AI Bill of Rights", in: Brookings, Artikel v. 19.12.2022, S. 2, abgerufen unter: https://www.brookings.edu/articles/opportunities-and-blind-spots-in-the-white-houses-blueprint-for-an-ai-bill-of-rights/, (Abrufdatum: 27.7.2024).

347 Siehe *Hine/Floridi* Minds & Machines 2023, 285 (285f.); *Turner Lee/Malamud*, "Opportunities and blind spots in the White House's blueprint for an AI Bill of Rights", in: Brookings, Artikel v. 19.12.2022, S. 1, 6, abgerufen unter: https://www.brookings.edu/articles/opportunities-and-blind-spots-in-the-white-houses-blueprint-for-an-ai-bill-of-rights/, (Abrufdatum: 27.7.2024);*Johnson, Khari*, Artikel v. 4.10.2022, in: "Biden's AI Bill of Rights Is Toothless Against Big Tech", abgerufen unter: https:// www.wired.com/story/bidens-ai-bill-of-rights-is-toothless-against-big-tech/ (Abrufdatum: 27.7.2024).

348 Siehe dazu *Loten*, "White House Issues 'Blueprint for an AI Bill of Rights", Artikel v. 4.10.2024, in: The Wall Street Journal, abgerufen unter; https://www.wsj.com/articles/white-house-issues-blueprint-for-an-ai-bill-of-rights-11664921544 (Abrufdatum: 27.7.2024). Im Juni des Jahres 2022 wurde der Entwurf eines US-Datenschutzgesetzes („American Data Protection and Privacy Act, kurz: „ADPPA"), abgerufen unter https://www.whitehouse.gov/ostp/ai-bill-of-rights/, und im April des Jahres 2024 ein Entwurf zum Schutz der Privatsphäre auf Bundesebene („American Privacy Rights Act", kurz: „APRA"), abgerufen unter: https://energycommerce.house.gov/posts/committee-chairs-rodgers-cantwell-unveil-historic-draft-comprehensive-data-privacy-legislation, vorgeschlagen, die sich u.a. mit KI befassen (Abrufdatum jeweils: 13.7.2024). Die Gesetze wurden noch nicht verabschiedet.

2. KI-Risikomanagementkonzepte: „NIST AI Risk Management Framework“

Im Auftrag der US-Regierung hat das NIST, eine nationale US-Standardisierungsbehörde, am 26. Januar 2023 den 42 Seiten umfassenden dritten Entwurf eines Risikomanagementrahmenwerks für KI namens „AI Risk Management Framework“[349] (kurz: „AI RMF“) veröffentlicht, der die KI-Grundrechtecharta ergänzen soll.[350] Zusätzlich hat das NIST ein begleitendes „NIST AI RMF Playbook“[351] und eine „AI RMF Roadmap“[352], ein „AI RMF Crosswalk“[353] und ein erklärendes Video über die AI RMF[354] zur Verfügung gestellt.[355] Adressaten des AI RMF sind Individuen, Unternehmen und Behörden.

Die KI-Definition in § 3(b) Executive Order 14110 übernimmt inhaltsgleich die aus dem National Artificial Intelligence Initiative Act von 2020 (H.R. 6216) stammende Definition von KI,[356] die in 15 USC § 9401(3) Code

---

[349] Artificial Intelligence Risk Management Framework (NIST AI 100–1 v. 26.1.2023), abgerufen unter: https://nvlpubs.nist.gov/nistpubs/ai/NIST.AI.100-1.pdf (Abrufdatum: 27.7.2024); siehe zu den Hintergründen der Entstehung *Levi/Ridgway/Jimenez*, „AI Risk: Evaluating and Managing - It Using the NIST Framework”, Artikel v. 18.5.2023, in: AInsights, abgerufen unter: https://www.skadden.com//media/files/publications/2023/05/ai_risk_evaluating_and_managing_it_using_the_nist_framework.pdf?rev=5b07702268114ba8b29de1531cdb60c9 (Abrufdatum: 27.7.2024).

[350] Siehe *Hug* ZfDR 2024, 213 (217).

[351] Das NIST AI RMF Playbook ist abrufbar unter: https://airc.nist.gov/AI_RMF_Knowledge_Base/Playbook (Abrufdatum: 27.7.2024).

[352] Die AI RMF Roadmap ist abrufbar unter: https://www.nist.gov/itl/ai-risk-management-framework/roadmap-nist-artificial-intelligence-risk-management-framework-ai (Abrufdatum: 27.7.2024).

[353] Der AI RMF Crosswalk ist abrufbar unter: https://www.nist.gov/itl/ai-risk-management-framework/crosswalks-nist-artificial-intelligence-risk-management-framework (Abrufdatum: 27.7.2024).

[354] Das Erklärvideo ist abrufbar unter: https://www.nist.gov/video/introduction-nist-ai-risk-management-framework-ai-rmf-10-explainer-video (Abrufdatum: 27.7.2024).

[355] Darüber hinaus hat das NIST eine Public Working Group für KI eingeführt, näher dazu *Shelkey/Roxon*, „Exploring the NIST AI Risk Management Framework and Working Group“, Artikel v. 13.10.2023, in: Morgan Lewis, abgerufen unter: https://www.morganlewis.com/blogs/sourcingatmorganlewis/2023/10/exploring-the-nist-ai-risk-management-framework-and-working-group (Abrufdatum: 27.7.2024).

[356] Abrufbar unter: https://www.congress.gov/bill/116th-congress/house-bill/6216/text (Abrufdatum: 17.8.2024).

of Laws of the United States of America (kurz: „U.S.Code") kodifiziert ist. Das AI RMF enthält eine KI-Definition, die sich an der KI-Definition der OECD aus dem Jahr 2019 orientiert.[357]

Ziel der Risikomanagementrahmenwerke ist es, die Entwicklung und die Unterhaltung von vertrauenswürdigen und rechtskonformen KI-Systemen zu begleiten und Risiken zu minimieren.[358] Dazu sieht das AI RMF die drei folgenden Leitlinien vor:

- Risikobewertung: Unterstützung von Organisationen bei der Bewertung von KI-bezogenen Risiken und deren möglichen Auswirkungen.
- Dokumentation: Förderung einer detaillierten Dokumentation von KI-Systemen, ihren Komponenten und Datenquellen.
- Kontinuierliche Überwachung: Förderung der laufenden Überwachung und Anpassung an die sich weiterentwickelnden KI-spezifischen Risiken.

Bei den AI RMF handelt es sich um unverbindliche, rechtlich nicht bindende Risikomanagementkonzepte. Das Einhalten der Vorgaben geschieht mithin auf freiwilliger Basis. Es sind keine Durchsetzungs- oder Sanktionsmaßnahmen vorgesehen.

3. Leitlinien der US-Wettbewerbsbehörde: „FTC Guidelines"

Die US-Wettbewerbsbehörde FTC hat in den letzten drei Jahren drei Leitlinien für Unternehmen im Zusammenhang mit dem Einsatz von KI-Systemen zur Gleichbehandlung, Fairness, Transparenz und Wahrheit von Werbeaussagen veröffentlicht.[359] So hat die FTC im Jahr 2020 die erste Leitlinie mit dem Titel „Einsatz von künstlicher Intelligenz und Algorithmen" („Using Artificial

---

[357] Siehe *Vasel/Müller* MMR 2024, 291 (293); siehe oben Abschnitt C. II.

[358] Vgl. Executive Summary, AI RMF, S. 2; ausfl. zu den vier wesentlichen Regelungsbereichen des AI RMF *Newmann*, "Five Takeaways from the NIST AI Risk Management Framework", Artikel v. 26.1.2023, in: Tech Policy, abgerufen unter: https://www.techpolicy.press/five-takeaways-from-the-nist-ai-risk-management-framework/ (Abrufdatum: 27.7.2024).

[359] Die FTC hat insoweit weitreichende Befugnisse gem. Abschnitt 5 des FTC-Gesetzes, die ihr die Regulierung „unlauterer und irreführender Praktiken" gestatten; siehe *Spiro* SJTEIL 2020, 12 (28f.).

Intelligence and Algorithms")[360] veröffentlicht, die sich in erster Linie damit befasst, den Einsatz von KI auf das Notwendigste zu reduzieren. Im Jahr 2021 hat die FTC ihre zweite Leitlinie mit dem Titel „Streben nach Wahrheit, Fairness und Gerechtigkeit bei der Nutzung von KI in Ihrem Unternehmen" („Aiming for truth, fairness, and equity in your company's use of AI")[361] veröffentlicht, die sich der Transparenz von KI und der Diskriminierung durch KI-Systeme widmet. Im Februar 2023 hat die FTC ihre dritte Leitlinie mit dem Titel „Behalten Sie Ihre KI-Behauptungen im Auge" („Keep your AI claim in check")[362] herausgegeben, die sich mit der Wahrheit von Werbeaussagen beschäftigt.

Die Leitlinien sind rechtlich nicht verbindlich. Sie sollen Unternehmen als Richtschnur dienen, um sie bei der Einhaltung von Verbraucherschutzgesetzen und bewährten Praktiken zu unterstützen. Die FTC hat allerdings nach dem Federal Trade Commission Act[363] (FTC-Gesetz) die Befugnis, gegen Unternehmen vorzugehen, die Verbraucherschutzgesetze verletzen. Die FTC hat insoweit weitreichende Befugnisse gemäß Abschnitt 5 FTC-Gesetz i.V.m. dem United States Code (U.S.C.), die ihr die Regulierung „unlauterer und irreführender Praktiken" gestatten.[364] Verstößt ein Unternehmen gegen die FTC-Leitlinien, die für die Auslegung und Durchsetzung von Verbraucherschutzgesetzen die Grundlage bilden, kann die FTC zivilrechtliche Sanktionen in Form von Unterlassungsanordnungen und empfindlichen Bußgeldern (aktuell bis zu $ 50.120 pro Verstoß)[365] gem. Abschnitt 5(m)(1)(B) FTC-Gesetz i.V.m. 15 U.S.C. § 45(m)(1)(B) verhängen.

---

[360] FTC, Business Guidance, 8.4.2020, abgerufen unter: https://www.ftc.gov/business-guidance/blog/2020/04/using-artificial-intelligence-and-algorithms (Abrufdatum: 19.6.2023).

[361] FTC, Business Guidance, 19.4.2021, abgerufen unter: https://www.ftc.gov/business-guidance/blog/2021/04/aiming-truth-fairness-equity-your-companys-use-ai (Abrufdatum: 19.6.2023).

[362] FTC, Business Guidance, 27.2.2023, abgerufen unter: https://www.ftc.gov/business-guidance/blog/2023/02/keep-your-ai-claims-check (Abrufdatum: 19.6.2023).

[363] Abgerufen unter: https://www.ftc.gov/legal-library/browse/statutes/federal-trade-commission-act (Abrufdatum: 5.11.2023).

[364] Siehe *Spiro* SJTEIL 2020, 12 (28f.).

[365] Die Maximalstrafen sind in Commission Rule 1.98(d), 16 C.F.R. Sec. 1.98(d) geregelt; die FTC passt die Höchstbeträge für zivilrechtliche Strafen jährlich an die Inflation an.

4. Executive Order 14110: „Executive Order on Safe, Secure, and Trustworthy Artificial Intelligence“

Am 30. Oktober 2023 hat der vormalige US-Präsident *Joe Biden* die in der amtlichen Sammlung 36 Seiten umfassende Executive Order 14110 zur KI-Regulierung, die „Executive Order on Safe, Secure, and Trustworthy Artificial Intelligence“ (EO), erlassen.[366] Die Executive Order 14110 folgt dem im Oktober 2022 von der US-Regierung veröffentlichten Entwurf für eine US-Grundrechtecharta für KI, den „Blueprint for an AI Bill of Rights“[367] und den beiden von dem vorangegangenem US-Präsidenten *Donald Trump* erlassenen - als oberflächlich geltenden[368] - KI-spezifischen Executive Order 13859[369] und Executive Order 13960.[370] Am 20. Januar 2025 hat der neugewählte US-Präsident *Donald Trump* die Executive Order 14110 unmittelbar nach Amtseintritt mit der Executive Order 14145 aufgehoben.[371] Gleichwohl kommt der Executive Order 14110 eine große gesellschaftsrechtliche und rechtliche Relevanz zu. Ihre Bedeutung liegt nicht in ihrer Dauerhaftigkeit, sondern in den Auswirkungen, die sie auf die Gesellschaft und den politischen Diskurs hat. So kann die Executive Order 14110 wichtige Impulse für

---

366 Die Executive Order 14110 ist abrufbar unter: https://www.whitehouse.gov/briefing-room/presidential-actions/2023/10/30/executive-order-on-the-safe-secure-and-trustworthy- development-and-use-of-artificial-intelligence/ (Abrufdatum: 13.7.2024); siehe dazu auch die Veröffentlichung des Weißen Hauses (Washington) v. 30.10.2023, abgerufen unter: https://www.whitehouse.gov/briefing-room/statements-releases/2023/10/30/fact-sheet-president-biden-issues-executive-order-on-safe-secure-and-trustworthy-artificial-intelligence/ (Abrufdatum: 13.7.2024).

367 Die US-Grundrechtecharta ist abrufbar unter: https://www.whitehouse.gov/ostp/ai-bill-of-rights/ (Abrufdatum: 20.7.2024); näher dazu Teil 2, § 2 A II.

368 So *Vasel/Müller* MMR 2024, 291 (291).

369 Executive Order 13859 Maintaining American Leadership in Artificial Intelligence v. 11.2.2019, 84 FR 3967; abrufbar unter: https://www.govinfo.gov/content/pkg/FR-2019-02-14/pdf/2019-02544.pdf (Abrufdatum: 27.7.2024).

370 Executive Order 13960 Promoting the Use of Trustworthy Artificial Intelligence in the Federal Government v. 3.12.2020, 85 FR 78939, abrufbar unter: https://www.federalregister.gov/documents/2020/12/08/2020-27065/promoting-the-use-of-trustworthy-artificial-intelligence-in-the-federal-government (Abrufdatum: 27.7.2024).

371 Die Executive Order 14145 ist abrufbar unter: https://www.whitehouse.gov/presidential-actions/2025/01/initial-rescissions-of-harmful-executive-orders-and-actions/ (Abrufdatum: 25.01.2025).

zukünftige Vorgaben für KI geben, Schwächen in der Regulatorik aufzeigen und so den Weg für nachhaltige Verbesserungen ebnen.

Vor diesem Hintergrund wird nachfolgend die Executive Order 14110 eingehend betrachtet, wozu zunächst das Wesen der Executive Order 14110 (hierzu unter **a)**) erläutert wird. Sodann wird der sachliche Anwendungsbereich (hierzu unter **b)**) und darauffolgend der persönliche Anwendungsbereich (hierzu unter **c)**) der Executive Order 14110 dargestellt. Daran anschließend werden das prinzipiengeleitete Konzept der Executive Order 14110 (hierzu unter **d)**) und deren wesentlichen Inhalte (hierzu unter **e)**) vorgestellt und erläutert.

a) Wesen der Executive Order 14110

Eine Executive Order ist eine interne Dienstanweisung des US-Präsidenten und steht in der Normenhierarchie unterhalb förmlicher Gesetze.[372] Gleichwohl kann ihr eine gesetzesähnliche Wirkung zukommen.[373] Der Supreme Court (Oberster Gerichtshof) hat bereits entschieden, dass Executive Orders Gesetzen gleichgestellt sein können, wenn sie ordnungsgemäß erlassen wurden.[374]

b) Sachlicher Anwendungsbereich

Der sachliche Anwendungsbereich der Executive Order 14110 erfasst große KI-Systeme, die über eine bestimmte Anzahl von Rechenoperationen trainiert wurden (10^{26} Rechenoperationen), § 4 Ziff. 4.2 Executive Order 14110. Dieser spezifische Wert wurde gewählt, um auf die Technologie der nächsten Generation abzuzielen, ohne die derzeitigen KI-Systeme, die diese Rechenleistung nicht erreichen, zu beeinträchtigen.[375]

---

[372] Ausfl. dazu Mayer, With a Stroke of a Pen, 2002, S. 35; vgl. Rudalevige, By Executive Order, 2021, S. 25ff.

[373] Siehe *Mayer*, With a Stroke of a Pen, 2002, a.a.O.

[374] Jenkins v. Collard, 145 U.S. 557, 560–561 (1891).

[375] Siehe *Odelberg*, Reserach Report 2024, S. 3.

c) Persönlicher Anwendungsbereich

Die Executive Order 14110 richtet sich an über 50 US-Bundesbehörden und US-Ministerien[376], die innerhalb vorgegebener Zeiträume, die zwischen 45 und 540 Tagen variieren,[377] KI-spezifische Vorgaben, Leitlinien, Systeme und Standards formulieren, entwickeln, kommunizieren und implementieren sollen.[378] In Bezug auf US-Behörden, die unabhängig sind und nicht der Weisungsmacht des US-Präsidenten unterfallen, formuliert die Executive Order 14110 Empfehlungen.[379]

d) Die Executive Order 14110–Prinzipien

In § 2 Executive Order 14110 sind zunächst allgemeingültige Prinzipien niedergelegt, die die Adressaten der Executive Order 14110, namentlich die US-Ministerien und US-Behörden im Anwendungsbereich der Executive Order 14110, beachten sollen.[380] Hervorgehoben wird insbesondere die

---

[376] Die einzelnen Adressaten sind in § 12 Executive Order 14110 aufgelistet. Dabei handelt es sich um die Folgenden: Secretary of State, Secretary of the Treasury, Secretary of Defense, Attorney General, Secretary of Agriculture, Secretary of Commerce, Secretary of Labor, Secretary of HHS, Secretary of Housing and Urban Development, Secretary of Transportation, Secretary of Energy, Secretary of Education, Secretary of Veterans Affairs, Secretary of Homeland Security, Administrator of the Small Business Administration, Administrator of the United States Agency for International Development, Director of National Intelligence, Director of NSF, Director of OMB, Director of OSTP, Assistant to the President for National Security Affairs, Assistant to the President for Economic Policy, Assistant to the President and Domestic Policy Advisor, Assistant to the President and Chief of Staff to the Vice President, Chairman of the Council of Economic Advisers, National Cyber Director, Chairman of the Joint Chiefs of Staff.

[377] Eine Übersicht zu den umzusetzenden Maßnahmen unter Nennung der Einrichtung, einer Darstellung der Maßnahme und der Umsetzungsfrist findet sich bei *Convington Alert*, "Biden Administration Releases Artificial Intelligence Executive Order", Artikel v. 2.11.2023, abgerufen unter: https://www.cov.com/en/news-and-insights/insights/2023/11/biden-administration-releases-artificial-intelligence-executive-order#layout=card&numberOfResults=12 (Abrufdatum: 3.8.2024).

[378] Kritisch dazu *Whitman* und *Campbell*, "Experts react: What does Biden's new executive order mean for the future of AI?", in: Atlantic Council, Artikel v. 30.10.2023, abrufbar unter: https://www.atlanticcouncil.org/blogs/new-atlanticist/experts-react/experts-react-what-does-bidens-new-executive-order-mean-for-the-future-of-ai/ (Abrufdatum: 13.7.2024).

[379] So auch *Vasel/Müller* MMR 2024, 291 (291).

[380] Näher dazu *Vassel/Müller* MMR 2024, 291 (292).

Notwendigkeit der Sicherheit von KI und die Notwendigkeit eines verantwortungsvollen Einsatzes von KI. Gleichzeitig betont § 2 Executive Order 14110, dass KI außergewöhnliche Potenziale hat und die USA diese Potenziale nutzen will und insoweit den Einsatz von KI und Innovationen fördern will. Ferner soll die Executive Order 14110 der Diskriminierung durch KI in Fortführung der KI-Grundrechtecharta und den KI-Risikomanagementkonzepten entgegenwirken.[381] Zentral ist die Aussage, dass die US-Regierung darauf abzielt, eine Vorreiterrolle für den weltweiten gesellschaftlichen, wirtschaftlichen und technologischen Fortschritt übernehmen zu wollen und Pionierarbeit bei den KI-Systemen und Sicherheitsvorkehrungen leisten will, die für einen verantwortungsvollen Einsatz der KI-Technologie erforderlich sei, um diese Erkenntnisse international zu teilen und zu fördern. Dazu soll die internationale Zusammenarbeit gestärkt und ausgebaut werden.

e) Der Acht-Punkte-Plan der Executive Order 14110

Die Executive Order 14110 sieht einen Acht-Punkte-Plan mit einer Vielzahl von Regelungen in folgenden Bereichen vor:[382]

- Vorgaben für die Entwicklung von Richtlinien, Standards und Best-Practice-Vorgaben für KI-Sicherheit und zur Gefahrenabwehr;
- Vorgaben zur Förderung von Innovationen und von Wettbewerb;
- Vorgaben zur Unterstützung von Arbeitnehmern;
- Vorgaben zur Förderung von Gerechtigkeit und Menschenrechten;
- Vorgaben zum Schutz für bestimmte Personengruppen (Verbraucher, Patienten, Passagiere und Studenten);
- Vorgaben zum Schutz der Privatsphäre der US-Bürger;
- Vorgaben für die Sicherstellung der verantwortungsvollen Nutzung von KI durch die US-Regierung und
- Vorgaben zur Stärkung der amerikanischen Führungsqualitäten im Ausland.

---

[381] Zur deutschen Diskussion siehe *Lauscher/Legner* ZfDR 2022, 367–390.

[382] Siehe Fact Sheet zur Executive Order 14110 v. 30.10.2023, abrufbar unter: https://www.whitehouse.gov/briefing-room/statements-releases/2023/10/30/fact-sheet-president-biden-issues-executive-order-on-safe-secure-and-trustworthy-artificial-intelligence/ (Abrufdatum: 12.10.2024).

Nachfolgend werden die aus europäischer Sicht zentralen Vorgaben des vorgenannten Plans in Bezug auf die KI-Regulatorik vorgestellt (hierzu unter **aa)**-**hh)**).

aa) Entwicklung von Richtlinien, Standards und Best-Practice-Vorgaben für KI-Sicherheit und zur Gefahrenabwehr

Die Executive Order 14110 verpflichtet in § 4 Executive Order 14110 US-Ministerien und US-Bundesbehörden dazu, Standards, Richtlinien, Best-Practice-Vorgaben und Anforderungen für Sicherheitstests zu schaffen (hierzu unter (**1**)). Darüber hinaus sieht die Executive Order 14110 in § 4 Executive Order 14110 Berichts- und Meldepflichten für bestimmte KI-Systeme (hierzu unter (**2**)) und Vorgaben zum Schutz vor KI-spezifischen Cybersecurity-Risiken (hierzu unter (**3**)) sowie zur Kennzeichnung von KI (hierzu unter (**4**)) vor.

(1) Standards, Richtlinien und Best-Practice-Vorgaben

Die Executive Order 14110 verpflichtet das NIST und den Secretary of Commerce (US-Handelsminister) zur Entwicklung von Standards, Richtlinien und Best Practice-Vorgaben, die eine sichere und vertrauenswürdige KI fördern. Insoweit sieht die Executive Order 14110 vor, dass das NIST innerhalb von 270 Tagen Folgendes veröffentlicht:

- Richtlinien und Best Practice-Vorgaben zur Schaffung von Industriestandards für die Entwicklung und den Einsatz von sicherer KI und
- Leitlinien für die Durchführung von Red-Teaming-Tests[383] zur Bewertung um die Sicherheit und Vertrauenswürdigkeit von KI-Systemen.

Darüber hinaus soll der Secretary of Energy (US-Energieminister) in Abstimmung mit anderen Einrichtungen innerhalb von 270 Tagen einen

[383] Die Executive Order 14110 definiert "Red-Teaming" als "strukturierte Tests zum Auffinden von Schwachstellen und Sicherheitslücken in einem KI-System".

Plan für die Entwicklung von KI-Modellevaluierungswerkzeugen und KI-Testumgebungen entwickeln und implementieren.

(2) Berichtspflichten für „Dual-Use Foundation Models" und „Red Teaming-Tests"

Gem. § 4 Executive Order 14110 soll der Secretary of Commerce (US-Handelsminister) innerhalb von 270 Tagen nach Inkrafttreten der Executive Order 14110 Richtlinien für „dual-use foundation models" entwickeln, die beinhalten, dass der US-Regierung bestimmte Informationen übermittelt werden. „Dual-use foundation models" sind KI-Systeme mit allgemeinem Verwendungszweck („General-Purpose AI Models", kurz: „GPAI"), wie z. B. generative KI-Systeme (z. B. ChatGPT von OpenAI).[384] Dazu statuiert § 4 Ziff. 4.2 Executive Order 14110 i.V.m. dem Defense Protection Act[385] Berichtspflichten dergestalt, dass die betroffenen Unternehmen die Ergebnisse der „Red-Teaming-Tests", d.h. besonderer Sicherheitstests, und andere wichtige Informationen im Zusammenhang mit der Entwicklung und Herstellung der KI (z. B. Informationen über die laufenden oder geplanten Tätigkeiten) offenlegen sollen.[386] Damit reguliert die Executive Order 14110 mittelbar die Privatwirtschaft.[387]

Darüber hinaus soll der US-Handelsminister innerhalb der vorgenannten 90-Tage-Frist dafür sorgen, dass Personen und Einrichtungen, die große Rechenzentren oder -cluster erwerben, besitzen oder entwickeln, dies unter Angabe der Gesamtmenge der Rechenleistungen gegenüber der US-Regierung anzeigen. Anzeigepflichtige Cluster werden in der Executive

---

[384] Die „dual-use foundation models" werden in § 3(k) Executive Order 14110 definiert; dazu *Logan/Zoltick* Law360, 1 (4) mit Nennung weiterer Beispiele; vgl. auch *von Welser* GRUR-Prax 2024, 485 (485).

[385] Näher dazu *Vasel/Müller* MMR 2024, 291 (294).

[386] Kritisiert wird, dass die Executive Order 14110 insoweit keine Vorkehrungen zum Schutz der Geschäftsgeheimnisse der Unternehmen vorsieht; vgl. *Logan/Zoltick* Law360, 1 (4).

[387] Dazu *Vasel/Müller* MMR 2024, 291 (294).

Order 14110 definiert, wobei vorgesehen ist, dass der Secretary of Commerce (US-Handelsminister) die Definition abändern kann.[388]

Ferner hat der US-Handelsminister Vorgaben in Bezug auf US-IaaS-Anbieter vorzuschlagen. Namentlich sieht die Executive Order 14110 insoweit vor, dass der US-Handelsminister Berichtspflichten für bestimmte US-IaaS-Anbieter erarbeitet, die KI-Systeme mit großen Rechenleistungen und potenziellen Missbrauchsmöglichkeiten trainieren.[389] Für möglich gehalten wird, dass solche Anbieter zukünftig ein „Know-Your-Customer"-Programm für Cloud-Dienste aufgrund des Risikos von Cyberangriffen einführen müssen.[390]

(3) Schutz vor KI-spezifischen Cybersecurity-Risiken

Die Executive Order 14110 zielt zudem darauf ab, Cybersicherheitsrisiken zu reduzieren. Hierfür sieht die Executive Order 14110 insbesondere Maßnahmen im Zusammenhang mit der kritischen Infrastruktur im Finanzdienstleistungssektor und im Verteidigungsbereich vor.

Namentlich verpflichtet die Executive Order 14110 jede Bundesbehörde, innerhalb von 90 Tagen eine Bewertung der potenziellen Risiken im Zusammenhang mit dem Einsatz von KI in kritischen Infrastrukturen vorzunehmen und dem Secretary of Homeland Security (US-Minister für innere Sicherheit) vorzulegen.[391] Darüber hinaus soll der US-Minister für innere Sicherheit in Abstimmung mit dem US-Handelsminister und anderen Einrichtungen das NIST AI Risk Management Framework und andere

---

388 Näher zu den erfassten Rechenleistungen der KI-Systeme *Vasel/Müller* MMR 2024, 291 (294).

389 Kritisch dazu, ob die Executive Order 14110 einen geeigneten Maßstab für die Feststellung eines Missbrauchspotenzials festlegt, *Vasel/Müller* MMR 2024, 291 (294) m.w.N.

390 Siehe *Convington Alert*, "Biden Administration Releases Artificial Intelligence Executive Order", a.a.O.

391 Der USA Patriot Act definiert kritische Infrastrukturen in den folgenden Bereichen: Landwirtschaft, Lebensmittel, Wasser, öffentliche Gesundheit, Notdienste, Regierung, Verteidigungsindustrie, Information und Telekommunikation, Energie, Transport, Banken und Finanzen, Chemie Chemieindustrie sowie Post und Versand.

Sicherheitsrichtlinien für kritische Infrastrukturen innerhalb von 180 Tagen implementieren.

Ferner soll der US-Minister für innere Sicherheit ein „AI Safety and Security Board" als ein beratendes Gremium einrichten, das sich aus hochrangigen KI-Experten aus der Privatwirtschaft, der Wissenschaft und der US-Regierung zusammensetzen und ihm sowie der US-Regierung beratend zur Seite stehen soll.[392] Das Gremium soll insbesondere Ratschläge, Informationen und Empfehlungen zur Verbesserung der Sicherheit und der Widerstandsfähigkeit von KI sowie in Bezug auf Vorfälle im Zusammenhang mit der KI-Nutzung im Bereich der kritischen Infrastruktur geben.[393]

Darüber hinaus sieht die Executive Order 14110 vor, dass der Secretary of Treasury (US-Finanzminister) innerhalb von 150 Tagen einen Bericht über bewährte Praktiken für Finanzinstitute zum Umgang mit KI-spezifischen Cybersicherheitsrisiken veröffentlicht. Der Secretary of Defense (US-Verteidigungsminister) und der US-Heimatschutzminister haben für alle nationalen Sicherheitssysteme Pläne für ein Pilotprojekt zu entwickeln und durchzuführen, um KI-Fähigkeiten zu identifizieren, zu entwickeln, zu testen, zu bewerten und einzusetzen und etwaige Schwachstellen zu identifizieren.

(4) Kennzeichnung

Das United States Department of Commerce (US-Handelsministerium) soll Leitlinien für die Authentifizierung von Inhalten und die Kennzeichnung mit Wasserzeichen entwickeln, um KI-generierte Inhalte eindeutig zu kennzeichnen und so die Transparenz von KI-Einsatz zu steigern und dem Missbrauch entgegenzuwirken.[394] Ferner hat der White House Chief of Staff (Stabschef des Weißen Hauses) gemeinsam mit dem United States National Security Council (Nationalen Sicherheitsrat der Vereinigten Staaten) ein

---

[392] Vgl. § 4 Ziff. 4.3(v) Executive Order 14110.

[393] Siehe dazu *Logan/Zoltick* Law360, 1 (3).

[394] Auch auf internationaler Ebene in die Schaffung von Transparenz ebenfalls durch Wasserzeichen bei KI-generierten Inhalten ein wichtiges Thema; vgl. *Europäische Kommission*, Internationaler Entwurf von Leitprinzipien für Organisationen, die fortgeschrittene KI-Systeme entwickeln, abgerufen unter: https://digital-strategy.ec.europa.eu/de/library/international-draft-guiding-principles-organizations-developing-advanced-ai-systems (Abrufdatum: 3.8.2024).

Memorandum, namentlich ein „National Security Memorandum on AI“, auszuarbeiten, das weitere Maßnahmen zur KI und Sicherheit regeln soll.[395]

bb) Förderung von Innovationen und von Wettbewerb

Zur Förderung von Innovationen und Wettbewerb sowie zur Klärung von Fragen im Zusammenhang mit dem Patentschutz sieht § 5 Executive Order 14110 vor, dass die KI-Forschung in den USA durch KI-spezifische Forschungsprojekte gefördert und bezuschusst werden soll.[396] Des Weiteren sollen ausgewählte Entwickler und Unternehmen unterstützt und die Fachkräftegewinnung aus dem Ausland gefördert werden, z. B. durch ein erleichtertes Visa-Verfahren. Ferner soll der Under Secretary of Commerce for Intellectual Property und der Director of the United States Patent and Trademark Office (Handelsstaatssekretär für geistiges Eigentum und Direktor des USPTO)[397] einen Leitfaden für USPTO-Patentprüfer und USPTO-Anmelder veröffentlichen, der sich mit der Erfindereigenschaft und dem Einsatz von KI, einschließlich generativer KI, befassen soll.[398]

cc) Vorgaben zur Unterstützung von Arbeitnehmern

Zum Schutz von Arbeitnehmern sieht § 6 Executive Order 14110 Best Practice-Vorgaben zur Minderung der Schäden durch KI und Maximierung des Nutzens der KI für Arbeitnehmer vor.[399] Hierzu sollen u.a. Chairman of the Council of Economic Advisers (Vorsitzender des Wirtschaftsberatungsausschusses) und der Secretary of Labor (Arbeitsminister) Berichte über die potenziellen

---

395 Vgl. § 4 Abs. 8 Executive Order 14110.

396 Siehe zur deutschen Diskussion um den Einfluss vermehrten KI-Einsatzes auf das Verständnis der erfinderischen Tätigkeit *Engel* GRUR 2022, 864–869.

397 United States Patent and Trademark Office, siehe https://www.uspto.gov/ (Abrufdatum: 13.7.2024).

398 Siehe zur deutschen Diskussion um den Einfluss vermehrten KI-Einsatzes auf das Verständnis der erfinderischen Tätigkeit *Engel* GRUR 2022, 864–869; siehe zu urheberrechtlichen Fragen in Bezug auf KI auf europäischer Ebene *Schack* NJW 2024, 113; *de la Durantaye* ZUM 2023, 645; siehe zur deutschen Diskussion um urheberrechtliche Implikationen von KI *Mantz* NJW 2024, 480 (482) m.w.N.; zur deutschen Diskussion in Bezug auf den KI-Einsatz und das Äußerungsrecht *Kastl-Riemann* ZUM 2023, 578–585.

399 Siehe zur europarechtlichen Regulierung von KI im arbeitsrechtlichen Kontext *Günther/Gerigk/Berger* NZA 2024, 234–240, vgl. *Müller* öAT 2024, 26–29.

Auswirkungen von KI im Arbeitsmarkt und zur Evaluierung der Möglichkeiten staatlicher Unterstützung von Arbeitnehmern erstellen.[400]

dd) Förderung von Gerechtigkeit und Menschenrechten

Zur Verhinderung von Diskriminierung durch KI in den Bereichen Justiz, Gesundheitswesen und Wohnungswesen nimmt die Executive Order 14110 in § 7 Bezug auf die US-Grundrechtecharta und sieht weitergehende Maßnahmen vor, um Diskriminierung durch Algorithmen zu verhindern. Ferner sollen Schulungen und Abstimmungen zwischen dem Justizministerium und den Bundesbehörden der Diskriminierung durch Algorithmen entgegenwirken und Vorgaben im Bereich des Strafsystems für den Einsatz von KI bei der Strafzumessung, Bewährungsmaßnahmen, Entlassungen aus der Untersuchungshaft, Risikobewertung, Überwachung, Verbrechensprognose und vorausschauender Polizeiarbeit sowie forensischer Analyse, entwickelt werden.

ee) Schutz für Verbraucher, Patienten, Studenten und Passagiere

§ 8 Executive Order 14110 sieht Maßnahmen zum Schutz bestimmter Personengruppen, namentlich von Verbrauchern, Patienten, Studenten und Passagieren vor. Dazu sieht die Executive Order 14110 Vorgaben vor, die darauf abzielen, den verantwortungsvollen und sicheren Einsatz und die Nutzung von KI im Gesundheitswesen und in der Life-Science-Branche voranzutreiben. Darüber hinaus enthält die Executive Order 14110 Vorgaben für Bundesbehörden in Bezug auf die Auswirkungen von KI auf Arbeitnehmer, Verbraucher, Passagiere und Studenten.[401]

ff) Schutz der Privatsphäre der US-Bürger

§ 9 Executive Order 14110 schützt die Privatsphäre von US-Bürgern und sieht u.a. dazu vor, dass Maßnahmen, die auf Bundesebene bestehen oder entwickelt werden, wie z. B. Forschungsprojekte, durch die National Science Foundation (Behörde zur Forschung und Bildung, kurz: „NSF“) gefördert werden. Darüber hinaus sollen die Datenschutzvorschriften gestärkt und Vorschriften für Bundesbehörden zur Bewertung der Maßnahmen zum

---

[400] Kritisch zu den Vorgaben *Vasel/Müller* MMR frank2024, 291 (295).

[401] Näher dazu *Vasel/Müller*, a.a.O.

Schutz der Privatsphäre der US-Bürger durch die Bundesbehörden geschaffen werden.[402] Dies ist darin begründet, dass die Executive Order 14110 private Unternehmen nicht unmittelbar zur Einführung von Technologien zum Schutz der Privatsphäre verpflichten kann.[403]

gg) Förderung der US-amerikanischen Führungsqualitäten im Ausland

Gem. § 10 Executive Order 14110 soll der Außenminister internationale Rahmenvereinbarungen für den Umgang mit den Risiken und Vorteilen der KI sowie einen Plan für ein globales Engagement zur Förderung und Entwicklung von KI-Standards entwickeln. Dazu soll das US-Außenministerium in Zusammenarbeit mit dem US-Handelsministerium dafür Sorge tragen, dass auf internationaler Ebene Vorschriften geschaffen werden, um die Vorteile von KI zu nutzen, die Risiken zu beherrschen und die Sicherheit zu gewährleisten.

hh) Sicherstellung der verantwortungsvollen Nutzung von KI durch die Regierung

Zur Gewährleistung eines verantwortungsvollen KI-Einsatzes in der Regierung und zur Modernisierung der KI-Infrastruktur auf Bundesebene sieht § 11 Executive Order 14110 u.a. vor, dass Leitlinien für den Einsatz von KI in den Behörden, einschließlich klarer Standards zur Verbesserung des KI-Einsatzes, geschaffen werden.[404] Ferner sollen Behörden bei der Beschaffung bestimmter

---

[402] Das im Juni 2022 als Entwurf veröffentlichte US-Datenschutzgesetz (American Data Protection and Privacy Act, kurz: „ADPPA"), das einheitliche nationale Standards für KI im Zusammenhang mit personenbezogenen Daten und Schutzmaßnahmen, die auf potenziell diskriminierende Auswirkungen von Algorithmen abzielen, festlegen soll, wurde noch nicht verabschiedet. Einen Überblick über das ADPPA gibt der Congressional Research Service, abgerufen unter: https://crsreports.congress.gov/product/pdf/LSB/LSB10776 (Abrufdatum: 3.8.2024); siehe zur deutschen Diskussion im Zusammenhang mit dem Datenschutz beim Einsatz von KI *Schürmann* ZD 2022, 316–321; *Geminn* ZD 2021, 355–359; siehe *Witteler/Moll* NZA 2023, 327–333 zur deutschen Diskussion in Bezug auf den Einsatz von KI am Arbeitsplatz.

[403] Gleichwohl sollen die Privatunternehmen haftbar sein, näher dazu *Logan/Zoltick* Law360, 1 (3).

[404] Zum Einsatz von KI im öffentlichen Sektor in Deutschland *Heine/Dhungel/Schrills/Wessel*, Künstliche Intelligenz in der öffentlichen Verwaltung, 2023.

KI-Produkte und KI-Dienstleistungen durch eine schnellere und effizientere Auftragsvergabe unterstützt und die Einstellung von KI-Fachleuten als Teil einer regierungsweiten KI-Talentoffensive gefördert werden.

5. Executive Order „Removing Barriers to American Leadership in Artificial Intelligence“

Am 23. Januar 2025 hat der neugewählte US-Präsident *Donald Trump* die knapp drei Seiten umfassende Executive Order „Removing Barriers“ erlassen.[405] Diese ersetzt die Executive Order 14110 und hebt die KI-Regulierung seines Vorgängers *Joe Biden* auf. Die Executive Order „Removing Barriers“ zielt zum einen darauf ab, die Führungsrolle der USA in der KI-Technologie aufrechtzuerhalten, die wirtschaftliche Wettbewerbsfähigkeit zu fördern und die nationale Sicherheit in den USA zu stärken, vgl. § 2 i.V.m. § 4 Executive Order „Removing Barriers“. Hierzu soll innerhalb von 180 Tagen nach Erlass der Executive Order „Removing Barriers“ ein „AI Action Plan“ entwickelt werden, § 4 Executive Order „Removing Barriers“. Konkrete inhaltliche Vorgaben in Bezug auf den zu erarbeitenden „AI Action Plan“ gibt die Executive Order „Removing Barriers“ nicht. Die Executive Order „Removing Barriers“ weist zudem die US-Behörden explizit an, die bereits im Zusammenhang mit der vorangegangenen Executive Order 14110 getroffenen Maßnahmen aufzuheben, vgl. § 5 Executive Order „Removing Barriers“.

6. Zusammenfassung der Ergebnisse

In den USA existieren auf Bundesstaatenebene bislang keine KI-spezifischen Gesetze und auch keine besonderen KI-spezifischen Vorgaben in Bezug auf die Haftung und Verantwortung für KI-Systeme. Bis vor Kurzem vertrat die US-Regierung bei der KI-Regulatorik einen freiwilligen Ansatz, indem sie rechtlich unverbindliche Leitlinien und Konzepte vorgibt. Zu erwähnen sind in diesem Zusammenhang der im Jahr 2022 veröffentlichte Entwurf einer KI-Grundrechtecharta, die im Jahr 2023 erlassenen NIST KI-Risikomanagementkonzepte und die in den Jahren 2020 bis 2023 erlassenen drei Leitlinien der US-Wettbewerbsbehörde. Diese Leitlinien

---

[405] Die Executive Order „Removing Barriers“ ist abrufbar unter: https://www.whitehouse.gov/presidential-actions/2025/01/removing-barriers-to-american-leadership-in-artificial-intelligence/ (Abrufdatum: 25.01.2025).

und Konzepte befassen sich allerdings nicht explizit mit der Haftung und Verantwortung für KI.

Die Executive Order 14110 und die Executive Order „Removing Barriers“ haben, wie die vorherigen Maßnahmen, keinen Gesetzesrang und stellen interne Dienstanweisungen an die US-Behörden und US-Ministerien dar. Die am 10. Oktober 2023 erlassene und am 23. Januar 2025 aufgehobene Executive Order 14110 formulierte allerdings erstmals einheitliche Vorgaben für die staatlichen Einrichtungen und legte damit den Grundstein für eine umfassende KI-Regulierung in den USA. Hierzu legte die Executive Order 14110 zunächst acht allgemeingültige Prinzipien, die die staatlichen Einrichtungen bei der Umsetzung der in der Executive Order 14110 niedergelegten Maßnahmen zu beachten haben, zu Grunde. Dabei kamen den Prinzipien „KI-Sicherheit“ und „verantwortungsvoller KI-Einsatz“ eine hervorgehobene Stellung zu. Darüber hinaus enthielt die Executive Order 14110 detaillierte Vorgaben, Anleitungen und Empfehlungen an staatliche Einrichtungen für eine umfassende KI-Regulierung in Bezug auf die Entwicklung von Richtlinien, Standards und Best-Practice Vorgaben, die Förderung von Innovationen und Wettbewerb, den Schutz bestimmter schützenswerter Gruppen, den Schutz der Privatsphäre der US-Bürger und die Sicherstellung der verantwortungsvollen Nutzung von KI. Auffallend ist, dass die Executive Order 14110 die Vorteile und Potenziale von KI hervorgehoben und zudem betont hat, dass die Vorteile der KI verantwortungsbewusst unter gleichzeitiger Risikoreduzierung genutzt und gefördert werden sollen.

Die Executive Order „Removing Barriers“ zielt durch die Aufhebung der Executive Order 14110 und die in Bezug auf deren Vorgaben getroffenen Maßnahmen darauf ab, die staatliche Kontrolle über KI stark zu reduzieren.

Es bestehen keine Anhaltspunkte dafür, dass aufgrund der besonderen Gefahren, die von KI-Systemen ausgehen können, eine KI-spezifische Gefährdungshaftung, KI-spezifische Anspruchsgrundlagen oder eine KI-spezifische kollektive Rechtsdurchsetzung eingeführt werden sollen. Es sind zudem keine Anhaltspunkte dafür erkennbar, dass eine E-Person eingeführt werden soll.

Die Auswirkungen der Executive Order 14110 auf Unternehmen, die KI-Systeme entwickeln oder einsetzen oder KI-Lösungen von Drittanbietern nutzen, dürften zunächst begrenzt gewesen sein, da die Executive Order 14110 insofern keine unmittelbaren Pflichten vorsieht, weil sie in der

Normhierarchie unterhalb von Gesetzen steht. Die Executive Order 14110 dürfte gleichwohl diese Unternehmen ermutigt haben, Kapazitäten für das KI-Risikomanagement aufzubauen, um für die Zukunft gewappnet zu sein. Damit dürfte die Executive Order 14110 jedenfalls mittelbare Auswirkungen auf die Privatwirtschaft entfaltet haben.

II. Ausgewählte Gerichtsentscheidungen im Zusammenhang mit der Haftung für KI

In den USA ergehen Gerichtsentscheidungen auf Basis von Gesetzen und auf Basis vergleichbarer Präzedenzfälle, die ein Gewohnheitsrecht, sog. „Common Law", schaffen.[406] Dabei übertragen die US-Gerichte mittels richterlicher Auslegung die bereits entschiedenen Präzedenzfälle auf ähnliche Fälle und entwickeln so die Rechtsprechung weiter („Richterrecht").[407] Vor diesem Hintergrund widmet sich dieser Abschnitt zentralen US-amerikanischen zivilgerichtlichen Entscheidungen, die im Zusammenhang mit der Haftung und Verantwortung für KI ergangen sind. Ihnen kommt neben den im vorangegangenen Abschnitt dargestellten Maßnahmen eine entscheidende Bedeutung zu. Mit Blick auf die speziellen Eigenschaften von KI[408] stellt sich die Frage, ob es dem Zivilrecht gelingt, die sich schnell verändernde KI-Technologie angemessen in den Griff zu bekommen. Dies kann zudem für die Umsetzung der Vorgaben aus der Executive Order 14110 relevant sein.

Exemplarisch werden dazu nachfolgend sieben ausgewählte Gerichtsentscheidungen sowie ein derzeit noch rechtshängiger Rechtsstreit, dessen Urteil mit Spannung erwartet wird, analysiert. Namentlich werden zwei Gerichtsentscheidungen im Zusammenhang mit der KI-Autonomie im Urheber- und Patentrecht (hierzu unter **1.**) sowie eine Gerichtsentscheidung zur Haftung für generative KI und ein prominentes und derzeit noch andauerndes Gerichtsverfahren im Zusammenhang mit der Haftung für Falschinformationen eines Chatbots (hierzu unter **2.**), zwei Gerichtsentscheidungen für Online-Plattformen (hierzu unter **3.**) und drei

---

[406] Ausfl. dazu *Hamilton* HLR 1022, 180 (183); *Dainow* AJCL 1966 - 1967, 419, (423ff.); *Bento*, Globalization of Discovery, Chapter 1.

[407] Siehe *Dainow* AJCL 1966 - 1967, 419 (425).

[408] Zu den KI-spezifischen Eigenschaften und deren Risiken siehe oben unter B. II.

Gerichtsentscheidungen für intelligente und autonome Roboter (hierzu unter **4.**), die große mediale Aufmerksamkeit auf sich gezogen haben, vorgestellt. Diese Entscheidungen können eine gewisse Tendenz für die KI-Haftung vorgeben (hierzu unter **5.**).

1. KI-Autonomie im Urheber- und Patentrecht

Nachfolgend werden zwei prominente Gerichtsentscheidungen, namentlich die Entscheidung in Sachen „*Thaler v. Perlmutter*“ (hierzu unter **a**)) und „*Thaler v. Hirsheld*“ (hierzu unter **b**)), dargestellt, die sich mit der Frage befassen, ob KI als Schöpfer i. S. d. Urheberrechts und als Erfinder i. S. d. Patentgesetzes einzuordnen sind.

a) US District Court for the District of Columbia, Case No. 1:22-cv-01564 – KI-Schutz im Urheberrecht (Thaler v. Perlmutter)

Am 18. August 2023 entschied das US District Court for the District of Columbia (US-Bezirksgericht für den Bezirk von Columbia) in dem Rechtsstreit „*Thaler v. Perlmutter*“ zugunsten des US-Urheberrechtsamt und stellte in seinem Urteil fest, dass KI nicht als Urheber eines Kunstwerks registriert werden kann.[409]

Der Kläger, Dr. Stephen Thaler (CEO von Imagination Engines, Inc), verklagte das US-Urheberrechtsamt, weil es sich weigerte, seine KI-generierten Kunstwerke zu registrieren.[410] Der Kläger behauptete, dass seine KI das Kunstwerk „A Recent Entrance to Paradise“ „autonom erschaffen“ habe.[411] In der Urheberrechtsanmeldung gab der Kläger die KI als Urheber des

---

[409] Siehe *Thaler v. Permutter*, Case No. 1:22-cv-01564, US District Court, D. Columbia; das Urteil v. 18.8.2023 ist abrufbar unter: https://www.govinfo.gov/content/pkg/USCOURTS-dcd-1_22-cv-01564/pdf/USCOURTS-dcd-1_22-cv-01564-0.pdf (Abrufdatum: 19.10.2024); siehe zur deutschen Diskussion in Bezug auf den KI-Schutz im Urheberrecht *Maamar* ZUM 2023, 481–491; *Kraetzig* NJW 2024, 697–702; *Baumann* NJW 2023, 3673–3687; *Welser* GRUR-Prax 2023, 516–520; *Schack* NJW 2024, 113–117; *Wagner* MMR 2024, 298–304; *Dörner* GRUR 2021, 784–792; *Dornis* GRUR 2021, 784 (785ff.) m.w.N.; *Hetmank/Lauber-Rönsberg* GRUR 2018, 574 (577ff.).

[410] Siehe Urt. v. 18.8.2023, S. 2.

[411] Siehe Urt. v. 18.8.2023, a.a.O.

vorgenannten Werks an.[412] Das US-Urheberrechtsamt lehnte die Registrierung ab, weil es an menschlicher Urheberschaft fehle.[413]

In dem Rechtsstreit argumentierte der Kläger unter Bezugnahme auf den Turings Test,[414] dass die in Streit stehende KI die gesetzlichen Anforderungen an Originalität und Kreativität erfüllen würde, die das Gesetz (U.S. Copyright Act) stelle.[415] Dies hat das Gericht verneint und festgestellt, dass nur ein Mensch diese Voraussetzungen erfülle.[416]

b) US District Court for the Eastern District of Virginia, Case No. 1:20-cv-00903 – KI als Erfinder (Thaler v. Hirshfeld)

Am 2. September 2021 entschied das US District Court for the Eastern District of Virginia (US-Bezirksgericht für den östlichen Bezirk von Virginia) in dem Rechtsstreit *„Thaler v. Hirshfeld“* zugunsten des US-Patent- und Markenamts (USPTO) und stellte in seinem Urteil fest, dass KI nicht als Erfinder in einem Patent aufgeführt werden kann.[417]

Ausgangspunkt dieser und ähnlicher Entscheidungen waren eine Reihe von Patentanmeldungen in den Jahren 2018/2019, die als Erfinder eine KI mit dem Namen „DABUS“ auswiesen.[418] Die DABUS-Patentanmeldungen

---

[412] Siehe Urt. v. 18.8.2023, S. 3.

[413] Siehe Urt. v. 18.8.2023, a.a.O.

[414] Siehe dazu oben Abschnitt C. I. 1.

[415] Siehe Urt. v. 18.8.2023, S. 9.

[416] Siehe Klage v. 2.6.2022, S. 10f., abrufbar unter: https://www.courtlistener.com/docket/63356475/thaler-v-perlmutter/ (Abrufdatum: 19.10.2024).

[417] Siehe *Thaler v. Hirshfeld*, Case No. 1:20-cv-00903, US District Court, E.D. Virginia (DABUS); das Urteil v. 2.9.2021 ist abrufbar unter: https://www.proskauerinlifesciences.com/wp-content/uploads/sites/56/2021/09/Thaler-v.-Hirshfeld.pdf (Abrufdatum: 19.10.2024); ausfl. dazu *Kim/Alber/Kwok/Mitrović/Ramirez-Atencia/Rodríguez Pérez/Zille* GRUR Int. 2022, 295–321; *Gärtner* GRUR 2022, 207 (208ff.); *Gajeck/Scheibe* RDi 2023, 408 (410).

[418] Siehe etwa *Thaler v. Vidal*, Case No. 1:20-cv-00903, US District Court, E.D. Virginia; BGH, Beschl. v. 11.6.2024, Az. X ZB 5/22 (BPatG); *Thaler v Commissioner of Patents* [2021] FCA 879 (Australien).

führten überwiegend zu keiner Patenterteilung.[419] Sie gaben allerdings Anlass zu kontroversen Diskussionen, ob KI-Erfindungen generieren kann.[420]

Der Kläger, Dr. Stephen Thaler, behauptete, er habe eine KI (mit dem Namen DABUS) geschaffen, die patentierbare Schöpfungen hervorbringen könne, und reichte eine Patentanmeldung bei dem USPTO ein, in der die KI als Erfinder aufgeführt war.[421] Das USPTO lehnte die Anmeldung mit der Begründung ab, dass die KI kein Erfinder i. S. d. Patentrechts sein könne.[422] Diese Auffassung hat das Gericht in dem Urteil vom 2. September 2021 bestätigt. Im Rahmen seiner Entscheidung prüfte das Gericht den Wortlaut des US-Patentgesetzes dahingehend, wie der Begriff „Individuum" („individual") zu verstehen ist. Das Gericht legte den Begriff anhand des allgemeinen Sprachgebrauchs aus, wobei es auch die Verwendung von Personalpronomen wie „sein" oder „ihre" („himself" oder „herself") im Gesetzestext berücksichtigte.[423] Zudem nahm das Gericht Bezug auf die Entscheidungen des Federal Circuit, wonach die Erfindereigenschaft die geistige Fähigkeit voraussetzt, eine Erfindung schöpferisch zu entwickeln.[424] In diesem Zusammenhang verwies das Gericht auf die Forschungsergebnisse des USPTO, wonach eine solche KI derzeit nicht existiere.[425]

2. Haftung für generative KI

Die US-amerikanischen Gerichte haben sich vermehrt mit Klagen im Zusammenhang mit Urheberrechtsverletzungen und im Zusammenhang mit Diffamierungsvorwürfen in Bezug auf generative KI-Tools zu befassen.

---

419 Ausnahme etwa Südafrika: Patent ZA 2021/03242.

420 Eingehend dazu *Gajeck/Scheibe* RDi 2023, 408–414; siehe auch *Nägerl/Neuburger/Steinbach* GRUR 2019, 336–341; *Engel* GRUR 2022, 864–869; *Ménière/Pihlajamaa* GRUR 2019, 332–336; *Nägerl/Neuburger/Steinbach* GRUR 2019, 336–341; *Dörner* GRUR 2021, 784–792; *Dornis* GRUR 2021, 784 (790f.) m.w.N.; *Hetmank/Lauber-Rönsberg* GRUR 2018, 574 (576ff.).

421 Siehe Urt. v. 2.9.2021, S. 1.

422 Siehe Urt. v. 2.9.2021, a.a.O.

423 Siehe Urt. v. 2.9.2021, S. 8, 13f.

424 Siehe Urt. v. 2.9.2021, S. 8, 13: Univ. of Utah v. Max-Planck-Gesellschaft, 734 F.3d 1315, 1323 (Fed. Cir. 2013) ("[I]nventors are the individuals that conceive of the invention […]."); Beech Aircraft Corp. v. EDO Corp., 990 F.2d 1237, 1248 (Fed. Cir. 1993) ("[O]nly natural persons can be 'inventors.'")).

425 Vgl. Urt. v. 2.9.2021, S. 20f.

Nachfolgend wird eine zentrale Gerichtsentscheidung, namentlich die Entscheidung in Sachen *„Doe 1, et. al. v. GitHub, Inc., et. al.“* (hierzu unter **a**)) und ein derzeit anhängiger Rechtsstreit, namentlich das Verfahren *„Walters v. OpenAI, L.L.C.“* (hierzu unter **b**)), dargestellt.

a) US District Court (N.D. Cal.), Case No. 4:22-cv-06823, - Haftung für Open-Source-trainierte KI (J. Doe 1, et. al. v. GitHub, Inc., et. al.)

Am 3. November 2022 hat der US-amerikanische Softwareentwickler, Source-Contributor und Rechtsanwalt *Matthew Butterick* in einem Massenverfahren stellvertretend für potenziell Millionen von GitHub-Nutzern (nachfolgend: „die Kläger“) GitHub, Inc., Microsoft Corporation, ECF und OpenAI, L.L.C. sowie weitere Unternehmen (nachfolgend: „die Beklagten“) vor dem US District Court of California (US-Bezirksgericht von Kalifornien) verklagt.[426] Das US-amerikanische Unternehmen GitHub, Inc. ist eine der führenden Code-Repository-Hosting-Plattformen zur Entwicklung von Open-Source-Software, die Microsoft im Oktober 2018 für USD 7,5 Mrd. erworben hat.[427] Im Jahr 2022 hat GitHub den „GitHub-Copilot“, einen KI-Assistenten für Softwareentwickler, der den Input des Nutzers automatisch vervollständigt, veröffentlicht.[428]

Die Kläger behaupten, dass die KI z.T. zur Vervollständigung einen Code vorschlug, der oftmals einem urheberrechtlich geschütztem Quellcode von GitHub-Nutzern entsprach, ohne diese Quelle offenzulegen, was

---

[426] Die Klage v. 3.11.2022 ist abrufbar unter: https://githubcopilotlitigation.com/; vgl. auch ähnliche Sammelklagen, z. B. *Andersen v. Stability AI Ltd.*, Case No. 3:23-cv-00201, 2023 WL 7132064 (N.D. Cal. Jan. 13, 2023); *Getty Images (US), Inc. v. Stability AI, Inc.*, Case No. 1:23-cv-00135 (D. Del.); *Kadrey et al v. Meta Platforms, Inc.*, Case No. 3:23-cv-03417 (N.D. Cal.); *Silverman et al. v. OpenAI, Inc.*, Case No. 3:23-cv-03416 (N.D. Cal.); *Tremblay v. OpenAI, Inc.*, Case No. 3:23-cv-03223 (N.D. Cal.); *Authors Guild, et al. v. OpenAI, Inc., et al.*, Case No. 1:23-cv-08292 (S.D.N.Y.); *The New York Times Co. v. Microsoft Corp., et al.*, Case No. 1:23-cv-11195 (S.D.N.Y.); *Daily News, LP, et al. v. Microsoft Corp., et al.*, Case No. 1:24-cv-03285 (S.D.N.Y.); vgl. auch die datenschutzrechtliche Sammelklage *PM et al. v. OpenAI LP et al.*, Case No. 3:23-cv-03199 (N.D. Cal.).

[427] Siehe *Beuth*, „Microsoft kauft GitHub für 7,5 Milliarden Dollar“, in: SPIEGEL, Artikel v. 4.6.2018, abgerufen unter: https://www.spiegel.de/netzwelt/web/microsoft-kauft-github-fuer-7-5-milliarden-dollar-a-1211118.html (Abrufdatum: 31.8.2024).

[428] Näher zur Funktionsweise des „GitHub-Copiloten“ *Siglmüller/Gassner* RDi 2023, 124 (124f.) m.w.N.; *Maamar* ZUM 2023, 481 (488).

eine Urheberrechtsverletzung darstelle. GitHub, Inc. habe dadurch Lizenzverletzungen von Open-Source-Lizenzen begangen und die Vorgaben des Digital Millennium Copyright Act (DMCA)[429] und des California Consumer Privacy Act (CPRA)[430] verletzt.[431]

Die Klage wurde mit Urteil vom 24. Juni 2024 abgewiesen.[432] Zur Begründung heißt es im Wesentlichen, dass die Kläger nicht nachweisen konnten, dass der in Streit stehende Code identisch von dem „GitHub-Copiloten“ reproduziert wurde:[433]

> [...] Defendants argue that “[l]ike the FAC [first amendment complaint], the SAC [second amendment complaint] does not identify even a single example of Copilot producing an identical copy of any work.” [...] The Court agrees. The SAC includes the same allegations that Defendants’ programs released, or “output,” code published to GitHub by Does 1, 2, and 5. In its last order, the Court concluded that these facts were “not sufficient [...] because they were not identical. Because these facts have not changed, the Court must again conclude that Plaintiffs have failed to meet the DMCA’s identicality requirement”.

Sinngemäß ins Deutsche übersetzt:

> [...] Die Beklagten argumentieren, dass das klägerische Vorbringen kein einziges Beispiel für die Herstellung einer identischen Kopie eines Werks durch den Copilot nennt“. [...] Das Gericht stimmt dem zu. Auch der weitere klägerische Vortrag enthält die gleichen Behauptungen, dass die Programme der Beklagten den von den Klägerinnen 1, 2 und 5 auf GitHub veröffentlichten Code freigegeben oder „ausgegeben“ haben. In seiner letzten Verfügung kam das Gericht zu dem Schluss, dass diese Fakten „nicht ausreichend [...] sind, da sie nicht identisch sind. Da sich diese Tatsachen nicht geändert haben, muss das Gericht erneut zu dem Schluss kommen, dass die Kläger die Identitätsanforderung des DMCA nicht erfüllt haben“.

Die Klage hatte mithin u.a. deshalb keinen Erfolg, da es den Klägern nicht gelang, darzulegen und zu beweisen, dass der durch den „GitHub-Copiloten“

---

429 Eingehend zum DMCA *Freytag* MMT 1999, 207–213; *Hilgendorf/Valerius*, Computer- und Internetstrafrecht, 2012, S. 213; *Otto* K&R 1998, 487–489.

430 Näher zum CPRA *Spies* MMR 2022, 839–840.

431 Vgl. Klage v. 3.11.2022, S. 10ff.

432 Das Urteil v. 24.6.2024 ist abrufbar unter: https://storage.courtlistener.com/recap/gov.uscourts.cand.403220/gov.uscourts.cand.403220.253.0_1.pdf (Abrufdatum: 30.8.202024).

433 Siehe Urteil v. 24.6.2024, S. 5.

vorgeschlagene Code identisch mit dem urheberrechtlich geschütztem Quellcode von GitHub-Nutzern war.

Die „GitHub-Entscheidung“ gab den Anstoß zu haftungsrechtlichen Diskussionen im Zusammenhang mit Imitationen und Kopien durch KI in den USA und in Deutschland.[434]

b) US District Court (N.D. Georgia), Case No. 1:23-cv-03122 - Haftung für Chatbots (Walters v. OpenAI, L.L.C.)

Im Juni 2023 hat der US-amerikanische Radiomoderator und Publizist *Mark Walters* (nachfolgend: „der Kläger“) Klage wegen unerlaubter Handlung gegen OpenAI, L.L.C. (nachfolgend: „die Beklagte“) bei dem U.S. District Court, Northern District of Georgia (US-Bezirksgericht von Georgia) erhoben und Schadensersatzansprüche geltend gemacht.[435] Der Kläger hat den Ersatz von allgemeinen Schäden, Strafschadensersatz („Punitive Damages“) in Form von

[434] Zu urheberrechtlichen und haftungsrechtlichen Fragen in Bezug auf die „GitHub-Entscheidung“ nach deutschem Recht *Siglmüller/Gassner* RDi 2023, 124–132; zur Regulierung generativer KI durch Urheberrecht in den USA und in Europa *de la Durantaye* ZUM 2023, 645–660; zum deutschen Urheberrecht in Bezug auf den Einsatz generativer KI am Beispiel von US-amerikanischen Klagen *Maamar* ZUM 2023, 481 (488); grundlegend zum Schutz des künstlerischen Stils und zur Wiedererkennbarkeit BGH, Urteil v. 14.04.1988 - I ZR 99/86 = GRUR 1988, 690–694 („Kristallfiguren“); siehe dazu die deutschen Diskussionen in Bezug auf KI generierte Inhalte *Welser* GRUR-Prax 2023, 57 (59); *Bombard/Gajeck* RDi 2021, 472 (474); *Grisse/Kaiser* ZUM 2021, 401–415; *Grünberger* ZUM 2022, 321 (326 ff.); einen Überblick über zentrale Rechtsstreitigkeiten im Zusammenhang mit KI findet sich bei *Sites* U. Mia. L. Rev. 2024, 1025–1061.

[435] Die Klage ist abrufbar unter: https://www.courtlistener.com/docket/67617826/walters-v-openai-llc/ (Abrufdatum: 30.8.2024); siehe zu einem ähnlichen Rechtsstreit in Bezug Halluzinationen von ChatGPT in Australien *Kaye*, “Australian mayor readies world's first defamation law-suit over ChatGPT content”, Artikel v. 5.4.2023, in: Reuters, abrufbar unter: https://www.reu-ters.com/technology/australian-mayor-readies-worlds-first-defamation-lawsuit-over-chatgpt-content- 2023-04-05/ (Abrufdatum: 1.9.2024); siehe zu einem ähnlichen Rechtsstreit im Zusammenhang mit KI-Halluzinationen *Battle v. Microsoft Corporation*, Case No. 1:23-cv-01822 (District Court, D. Maryland); siehe auch *Mansholt*, „ChatGPT erfindet einen Sex-Skandal – und macht einen echten Professor zum Täter“, Artikel v. 6.4.2023, in: Stern, abrufbar unter: https://www.stern.de/digital/online/chatgpt-erfindet-einen-sex-skandal---und-macht-einen-echten-professor-zum-taeter-33354438.html (Abrufdatum: 30.8.2024).

Schmerzensgeld und den Ersatz von Rechtsanwaltskosten gefordert, wobei die Höhe nicht beziffert wurde.[436] Das Verfahren dauert noch an.[437]

Zur Begründung führt der Kläger im Rahmen der Klageschrift aus, dass der von dem Unternehmen OpenAI, L.L.C. entwickelte und angebotene KI-Chatbot ChatGPT, der KI einsetzte, unwahre Tatsachen über ihn behauptet und verbreitet habe. Im Rahmen der Nutzung durch den Journalisten *Fred Riehl* (nachfolgend: „Journalist") habe ChatGPT der Wahrheit zuwider behauptet, dass der Kläger wegen Betrugs und der Unterschlagung verklagt worden sei. Der Journalist habe ChatGPT um eine Zusammenfassung einer anhängigen Zivilrechtsklage beim US-Bezirksgericht Washington D.C. (Found. v. Robert Ferguson., Case No. 2:2023-cv-00647, W.D. Wash. 2023) gebeten. Ausweislich der Antwort von ChatGPT sei der Kläger einer der dortigen Beklagten und wegen Betrug und Veruntreuung angeklagt. Zur Verschleierung seiner kriminellen Taten habe der Kläger in seiner Position als Schatzmeister und Chief Financial Officer der Second Amendment Foundation, so die Zusammenfassung von ChatGPT, u.a. Finanzunterlagen und Bankauszüge manipuliert.[438] Die Beklagte wisse, dass ChatGPT solche „Halluzinationen" hervorbringe:

> „OAI is aware that ChatGPT sometimes makes up facts, and refers to this phenomenon as a 'hallucination'. "[439]

Die Beklagte hat sich bislang im Wesentlichen damit im Rahmen ihrer Klageerwiderung vom 13. Oktober 2023[440] verteidigt, dass sie sich auf Haftungsausschlüsse beruft und auf ihre Nutzungsbedingungen verweist, wonach ChatGPT nur ein Hilfsmittel sei, um Texte zu verfassen; die Nutzer

---

436 Vgl. Klage v. 14.7.2023, S. 5.

437 Näher zum Rechtsstreit *Sites* U. Mia. L. Rev. 2024, 1025–1032.

438 Vgl. Klage v. 14.7.2023, S. 2ff.

439 Vgl. Klage v. 14.7.2023, S. 4.

440 Die Klageerwiderung v. 13.10.2024 ist abrufbar unter: https://www.courtlistener.com/docket/67617826/walters-v-openai-llc/ (Abrufdatum: 30.8.2024).

seien für etwaige Inhalte, die sie auf Basis der ChatGPT-Antworten veröffentlichen würden, allein haftbar:[441]

> „ ... that ChatGPT is a tool to generate „draft language" and that users must verify, revise, and „take ultimate responsibility for the content being published" before any publication. Upon logging into ChatGPT on the dates in question, users were warned „the system may occasionally generate misleading or incorrect information and produce offensive content. It is not intended to give advice."

Ins Deutsche übersetzt:

> „[...] dass ChatGPT ein Tool zur Erstellung von „Sprachentwürfen" ist und dass die Benutzer vor jeder Veröffentlichung die Inhalte überprüfen und überarbeiten und „die letztendliche Verantwortung für die veröffentlichten Inhalte übernehmen" müssen. Bei der Anmeldung bei ChatGPT im fraglichen Zeitraum wurden die Nutzer gewarnt, dass „das System gelegentlich irreführende oder falsche Informationen generieren und beleidigende Inhalte produzieren kann. Es ist nicht dazu gedacht, Empfehlungen zu erteilen."

Der Journalist habe zudem gewusst, dass die in Streit stehenden Aussagen falsch seien und er sei mehrfach gewarnt worden, dass die von ChatGPT hervorgebrachten Informationen falsch sein können.[442] Darüber hinaus hat sich die Beklagte mit dem Argument verteidigt, dass es für ChatGPT gar nicht möglich sei, den für Verleumdung in diesem Zusammenhang erforderlichen mentalen Zustand zu haben:[443]

> „[W]hile it is generally known that probabilistic output is not always factual, there is no way for an LLM, like ChatGPT, to have knowledge or reckless disregard for the truth or falsity of specific user-generated output concerning a particular public figure."

---

441 Vgl. Klageerwiderung v. 13.10.2023, S. 2; eine Übersicht über die Disclaimer damenhafter LLMs findet sich bei *Wachter/Mittelstadt/Russel*, „Do large language models have a legal duty to tell the truth?", 31.1.2024, S. 3f., abrufbar unter: https://papers.ssrn.com/sol3/papers.cfm?abstract_id=4771884 (Abrufdatum: 30.8.2024).

442 Vgl. Klageerwiderung v. 13.10.2023, S. 24.

443 Vgl. Klageerwiderung v. 13.10.2023, S. 24.

Ins Deutsche übersetzt:

> „[W]ährend es allgemein bekannt ist, dass probabilistischer Output nicht immer faktisch ist, gibt es für ein LLM wie ChatGPT keine Möglichkeit, Wissen oder rücksichtslose Missachtung für die Wahrheit oder Unwahrheit eines spezifischen nutzergenerierten Outputs zu haben, der eine bestimmte öffentliche Person betrifft".

Die Beklagte argumentiert mithin damit, dass ein LLM wie ChatGPT nicht in der Lage ist, eine Diffamierung einer Person zu begehen.[444]

Mit der Frage, ob Aussagen eines Sprachmodells ehrverletzend sein können, haben sich deutsche Gerichte bereits befasst. Der BGH hat bereits im Jahr 2013 entschieden, dass der Betreiber einer Internet-Suchmaschine mit Suchergänzungsfunktion für sog. „predictions" haftet und verpflichtet ist, zukünftig derartige Verletzungen zu verhindern, wenn er Kenntnis von der rechtswidrigen Persönlichkeitsverletzung erlangt.[445]

3. Haftung für Online-Plattformen

Die am 18. Mai 2023 ergangenen Entscheidungen des Supreme Court of the United States (Oberster Gerichtshof der USA, kurz: „USSC") in den Verfahren, „*Twitter, Inc. et al. v. Taamneh et al.*" (hierzu unter **a**)) und „*Gonzalez, Reynaldo v.*

---

[444] Siehe dazu *Wachter/Mittelstadt/Russel*, Do large language models have a legal duty to tell the truth?, 31.1. 2024, S. 3, abrufbar unter: https://papers.ssrn.com/sol3/papers.cfm?abstract_id=4771884 (Abrufdatum: 30.8.2024); siehe zur deutschen Diskussion um die Haftung für ehrverletzende Falschinformationen durch LLMs *Rolfes/Engeler* ZD 2024, 496-500; zur Frage, ob sich Social Bots auf die Meinungsfreiheit berufen können *Milker* ZUM 2017, 216 (217); vgl. auch *Dankert/Dreyer* K&R 2017, 73 (74 ff.); *Steinbach*, ZRP 2017, 101 (102 ff.); *Liesem*, in: Litschka/Krainer, Der Mensch im digitalen Zeitalter, 2019, S. 183 (188 ff.); *Löber/Roßnagel* MMR 2019, S. 493 (496 f.); vgl. *Tinnefeld* MMR 2020, 799 (801).

[445] BGH, Urteil v. 14.05.2013, Az. VI ZR 269/12 – „Google-Autocomplete-Entscheidung", NJW 2013, 2348, m. Anm. *Gounalakis* NJW 2013, 2321; *Mäsch* JuS 2013, 841-844.

Google L.L.C" (hierzu unter **b**)) sorgten für große mediale Aufmerksamkeit.[446] Angeklagt waren die drei weltweit führenden Online-Plattformen, namentlich Twitter, Inc. (ab Juli 2023: X), Facebook, Inc. und Google, L.L.C. Der Oberste Gerichtshof hatte sich mit der Frage zu befassen, ob die beklagten Online-Plattformbetreiber für schädliche Inhalte, die ihre Algorithmen hervorgebracht haben, haften.[447]

a) US Supreme Court, Case No. 598 U.S. 471 (2023) – Haftung für Online-Plattformen (Twitter, Inc. et al. v. Taamneh et al.)

In dem Rechtsstreit „*Twitter, Inc. et al. v. Taamneh et al.*", über den der USSC am 18. Mai 2023 entschieden hat, geht es um Schadensersatzansprüche nach dem Antiterrorismusgesetz (ATA) von hinterbliebenen Familienangehörigen von getöteten Terrorismusopfern.[448] Gem. 18 U.S.C. § 2333 ATA können Staatsangehörige der USA, die „durch einen Akt des internationalen Terrorismus geschädigt wurden", auf Schadensersatz klagen. Gem. 18 U.S.C. § 2333(a) ATA sind sie nicht darauf beschränkt, die einzelnen Terroristen oder Organisationen zu verklagen, die den Anschlag verübt haben. Nach 18 U.S.C. § 2333(d)(2) ATA ist jede Person zivilrechtlich haftbar, die Beihilfe leistet, indem sie wissentlich substanzielle Unterstützung leistet oder

---

[446] Siehe etwa *Fung*, "Supreme Court shields Twitter from liability for terror-related content and leaves Section 230 untouched", in CNN Politics, Artikel v. 18.5.2023, abgerufen unter: https://edition.cnn.com/2023/05/18/politics/supreme-court-twitter-google-social-media/index.html (Abrufdatum 3.9.2024); *Lennett*, "The Supreme Court Finds Terrorism Cases Against Twitter and Google Lacking. What Does it Mean for the Future of Big Tech Accountability?", in TechPolicy, Artikel v. 21.5.2023, abgerufen unter: https://www.techpolicy.press/the-supreme-court-finds-terrorism-cases-against-twitter-and-google-lacking-what-does-it-mean-for-the-future-of-big-tech-accountability/ (Abrufdatum 3.9.2024); *Howe*, „Supreme Court rules Twitter not liable for ISIS content", in: SCOTUSblog, Artikel v. 18.05.2023, abgerufen unter: https://www.scotusblog.com/2023/05/supreme-court-rules-twitter-not-liable-for-isis-content/ (Abrufdatum 3.9.2024); *Fisher*, "Gonzalez v. Google (2023)", in FREE SPEECH CENTER, Artikel v. 23.05.2023, abgerufen unter: https://firstamendment.mtsu.edu/article/gonzalez-v-google/ (Abrufdatum: 3.9.2023).

[447] Siehe dazu *Spies* MMR 2023, 161 (161); siehe zur Frage der Haftung für Facebook-Pinnwand-Einträge *Gosztonyi/Lendvai* MMR 2023, 923–928.

[448] *Twitter, Inc. et al. v. Taamneh et al.*, Case No. 598 U.S. 471 (2023), US Supreme Court; das Urteil v. 18.5.2023 ist abrufbar unter: https://www.supremecourt.gov/opinions/22pdf/21-1496_d18f.pdf (Abrufdatum: 30.8.2024).

sich mit der Person verschwört, die einen solchen Akt des internationalen Terrorismus begangen hat.[449]

Im Jahr 2017 verübte *Abdulkadir Masharipov* im Auftrag des Islamischen Staates (ISIS), einer ausgewiesenen ausländischen terroristischen Organisation, einen Terroranschlag auf den Nachtclub Reina in Istanbul, Türkei. *Abdulkadir Masharipov* tötete *Nawras Alassaf* und 38 weitere Personen.[450] Die Familie des getöteten *Nawras Alassaf* (nachfolgend: „Kläger") machte daraufhin zivilrechtliche Schadensersatzansprüche gem. 18 U.S.C. § 2333 ATA gegen Facebook, Inc., Twitter, Inc. und Google L.L.C (nachfolgend zusammen: „Beklagte") wegen Beihilfe zum internationalen Terrorismus geltend. Die Kläger behaupteten, dass die Beklagten dem ISIS und seinen Anhängern jahrelang wissentlich erlaubt hätten, ihre Plattformen und Empfehlungsalgorithmen als Mittel zur Rekrutierung, zur Mittelbeschaffung und zur Verbreitung von Propaganda genutzt zu haben und, dass die Beklagten dabei von der Werbung profitiert hätten, die in den Tweets, Posts und Videos des ISIS aktiviert worden seien. Die Beklagten haben sich u.a. auf Abschnitt 230 Communications Decency Act (CDA), einem Gesetz, das im Rahmen des Telekommunikationsgesetzes von 1996 verabschiedet wurde und Haftungsfreistellungen für Anbieter von „Computerdiensten" („computer service") 598 US 471 (202) beinhaltet, berufen.

Die Klage hatte keinen Erfolg. Zur Begründung führte das Berufungsgericht im Wesentlichen aus, dass die Behauptungen der Kläger, dass die Beklagten die ISIS bei dem in Rede stehenden Terroranschlag unterstützt hätten, nicht genügen würden, um einen Anspruch nach 18 U.S.C. § 2333(d)(2) 2ATA zu begründen. Namentlich hätten die Kläger nicht bewiesen, dass die Beklagten dazu beigetragen hätten, die Angriffe auf ihre Angehörigen zu fördern. Es sei allgemein bekannt, dass Milliarden Menschen weltweit sich bei den Plattformen der Beklagten angemeldet hätten und täglich große Mengen an Inhalten hochladen würden. Unstreitig sei, dass die Beklagten von diesen Inhalten profitieren würden und die Beklagten Werbung auf oder in der Nähe der Inhalte platzieren und Empfehlungsalgorithmen verwenden würden, die

[449] Vgl. *Bonacasa v. Standard Chartered PLC*, Case No. 22-cv-3320 (ER), US District Court, S.D. New York;, *Ofisi v. BNP Paribas, S.A.*, Case No. 77 F.4th 667 (2023), US Court of Appeals, District of Columbia Circuit; *Sotloff v. Qatar Charity*, Case No. 22-CV-80726, US District Court, S.D. Florida,; *Zobay v. MTN Group Ltd.*, Case No. 21-cv-3503 (CBA), US District Court, E.D. New York.

[450] Siehe Urteil v. 18.5.2023, S. 2 ff.

Inhalte, Werbung und Nutzer auf der Grundlage von Informationen über die Nutzung, die Werbung und die angesehenen Inhalte zusammenbrächten. Unstreitig sei ferner, dass diese Algorithmen Inhalte mit jedem Nutzer zusammenführen würden, der die Inhalte mit größerer Wahrscheinlichkeit ansehen würde. Ferner sei zwischen den Parteien unstreitig, dass die Beklagten meist keine Prüfung der Inhalte durchführen würden und die Inhalte meist ungeprüft hochgeladen würden.

Der Begriff „Beihilfe" i. S. d § 2333(d)(2)2 ATA beziehe sich auf eine bewusste, freiwillige und schuldhafte Beteiligung an dem Fehlverhalten eines anderen.[451] Dies sei vorliegend nicht der Fall gewesen. Eine Haftung nach der in Rede stehenden Vorschrift bestünde nur dann, wenn jemand eine unerlaubte Handlung begehe; die bloße Zustimmung zur Begehung genüge nicht.

Die bloße Bereitstellung der Plattformen durch die Beklagten sei zudem nicht schuldhafter als die Bereitstellung von E-Maildiensten, Mobiltelefonen oder dem Internet im Allgemeinen. Die Empfehlungsalgorithmen würden zur Infrastruktur der Beklagten gehören. Wörtlich heißt es in dem Urteil:[452]

> „The mere creation of those platforms, however, is not culpable. To be sure, it might be that bad actors like ISIS are able to use platforms like defendants' for illegal-and sometimes terrible-ends. But the same could be said of cell phones, email, or the internet generally. Yet, we generally do not think that internet or cell service providers incur culpability merely for providing their services to the public writ large. Nor do we think that such providers would normally be described as aiding and abetting, for example, illegal drug deals brokered over cell phones even if the provider's conference-call or video-call features made the sale easier."

Ins Deutsche übersetzt:

> „Die bloße Entwicklung der Plattformen ist nicht schuldhaft. Sicherlich kann es sein, dass Akteure wie ISIS in der Lage sind, Plattformen wie die der Beklagten für illegale und schreckliche Zwecke zu nutzen. Aber dasselbe könnte für die Nutzung von Mobiltelefonen, E-Mails oder dem Internet im Allgemeinen gelten. Gleichwohl nehmen wir nicht an, dass Internet- oder Mobilfunkanbieter allein dadurch schuldig sind, dass sie ihre Dienste für die breite Öffentlichkeit bereitstellen. Wir nehmen auch nicht an, dass solche Anbieter Beihilfe leisten, z. B. zum illegalen Drogenhandel, der über Mobiltelefone vermittelt wird, und zwar auch

---

[451] Siehe Urteil v. 18.5.2023, S. 2ff.

[452] Siehe Urteil v. 18.5.2023, S. 23.

nicht dann, wenn Konferenz- oder Videokonferenzfunktionen des Anbieters den Verkauf erleichtern."

Weiter führte das Gericht aus, dass auch keine Pflicht der Beklagten oder anderer Kommunikationsdienste bestehe, Kunden zu kündigen, die ihre Dienste für illegale Zwecke nutzen würden. Eine Entscheidung im Zusammenhang mit Abschnitt 230 CDA, auf den sich die Beklagte berufen hatte, erging nicht.

b) US Supreme Court, Case No. 598 U.S. (2023) – Haftung für Online-Plattformen (Gonzalez v. Google, L.L.C. et. al.)

In dem Rechtsstreit „*Gonzales v. Google, L.L.C. et. al.*", über den der USSC am 18. Mai 2023 entschieden hat,[453] ging es um Schadensersatzansprüche im Zusammenhang mit dem Terroranschlag von ISIS vom 13. November 2015 in Paris, bei dem mindestens 130 Menschen, u.a. *Nohemi Gonzalez*, von Terroristen getötet wurden. Die Familie der getöteten *Nohemi Gonzalez* (nachfolgend: „Kläger") behauptete, dass YouTube, eine Tochtergesellschaft von Google L.L.C (nachfolgend: „Beklagte"), die sie verklagt haben, ISIS bei der Rekrutierung unterstützt habe, indem die Empfehlungsalgorithmen der Plattform ISIS-spezifische Inhalte gefördert habe.[454] Die Beklagte habe dadurch gegen 18 U.S.C. § 2333 ATA verstoßen, wonach US-Staatsangehörige für Schäden, die sie „aufgrund eines Aktes des internationalen Terrorismus" erlitten haben, Schadensersatz verlangen könnten. Von zentraler Bedeutung war die aus den 1990er Jahren aus dem Communications Decency Act stammende Vorschrift 47 U.S. Code § 230, wonach Betreiber von Plattformen grundsätzlich nicht für die Inhalte verantwortlich sind, die auf ihren Plattformen veröffentlicht werden, auf den sich die Beklagte berufen hat. Die Kläger verlangen gleichwohl eine Haftung der Plattformbetreiber für diese Verbreitung der Inhalte, die eigentlich von Section 230 ausgeschlossen ist.[455]

Das USSC verwies den Rechtsstreit an das Erstgericht, das die Klage abgewiesen hatte, mit dem Hinweis zurück, den Fall im Lichte der „Twitter-Entscheidung" (598 U.S. 471 (2023)) erneut zu prüfen. Hinweise dazu, wie

[453] Das Urteil v. 18.5.2023 ist abrufbar unter: https://www.supremecourt.gov/opinions/22pdf/21-1333_6j7a.pdf (Abrufdatum: 30.8.2024); vgl. *Doe* v. *Mindgeek USA Incorporated*, 576 F.Supp.3d 760 (2021).

[454] Zum Sachverhalt siehe Urteil v. 18.5.2023, S. 2.

[455] Siehe dazu *Spies* MMR 2023, 161 (161).

es Abschnitt 230 CDA auslegt, gab das Gericht nicht explizit. Allerdings ließ das Gericht in der mündlichen Verhandlung am 21. Februar 2023 erkennen, dass sie eine Haftungserweiterung mit Blick auf die damit einhergehenden Konsequenzen für die Plattformen kritisch sehen.[456]

4. Haftung für intelligente autonome Roboter

Nachfolgend werden drei ausgewählte Klageverfahren, namentlich „*Jones v. W + M Automation, Inc.*" (hierzu unter **a**)), „*Payne v. ABB Flexible Automation, Inc.*" (hierzu unter **b**)) und „*Miller v. Rubbermaid Inc.*" (hierzu unter **c**)), die sich mit der Haftung für intelligente autonome Roboter befassen, dargestellt. Diese in den Jahren 1997, 2006 und 2007 ergangenen Entscheidungen können eine Tendenz aufzeigen, wie US-Gerichte die KI-Technologie einordnen.

a) US Court of Appeals, Case No. 96–2248 - Automatisierter Roboter (Payne v. ABB Flexible Automation, Inc.)

Am 9. Juni 1997 wies das United States Court of Appeals (US-Berufungsgericht) in dem Rechtsstreit „*Payne v. ABB Flexible Automation, Inc.*" die Klage einer Nachlassverwalterin (nachfolgend: „Klägerin") gegen die ABB Flexible Automation, Inc. (nachfolgend: „Beklagte") als Herstellerin eines Roboters ab.[457] Dem Fall lag folgender Sachverhalt zugrunde:[458] Der Arbeitnehmer *Michael Payne* verunglückte tödlich, als er bei einem Aluminium-Felgen-Hersteller (Superior Industries) als Zellenbediener eines automatisierten Roboters für die Herstellung von Aluminium-Autofelgen arbeitete. Herr *Payne* war u.a. für die Programmierung der KI des Roboters zuständig.[459] Herr *Payne* wurde, nachdem er die Sicherheitszäune, die den Roboter umgaben,

---

[456] Vgl Protokoll der mündlichen Verhandlung v. 23. Februar 2023, abrufbar unter: https://www.supremecourt.gov/oral_arguments/audio/2022/21-1333 (Abrufdatum: 9.9.2024).

[457] Das Urteil v. 9.6.1997 ist abrufbar unter: (Abrufdatum: 9.9.2024).

[458] *Payne v. ABB Flexible Automation, Inc.*, Case No. 96–2248, 1997 U.S. App. LEXIS 13571, at *5 (8th Cir. 1997); vgl. *Barfield*, J. Behav. Robot 2018, 193 (199); ähnlich *William v. Litton Sys., Inc.* 449 N.W.2D 669, 670 (Mich. 1989).

[459] Siehe Urteil v. 9.6.1997, Rn. 1.

unbefugt überwunden hatte, schwer von dem Greifarm des Roboters am Kopf verletzt und starb in Folge seiner Verletzungen.[460]

Das Berufungsgericht stellte fest, dass die Nichteinhaltung der Normen des American National Standards Institute (ANSI) und die vom beklagten Hersteller eingeräumten Probleme mit unerwarteten Bewegungen des Roboters irrelevant seien, da diese Probleme den Unfall nicht verursacht hätten.[461] Die Beklagte entlastete sich mit einem Bericht, aus dem hervorgeht, dass Herr *Payne* den Unfall selbst verursacht hätte, indem er die Sicherheitsmaßnahmen (Sicherheitszäune) nicht berücksichtigt habe. Die bloße Behauptung der Klägerin, dass eine andere Sicherheitsvorrichtung den Unfall verhindert hätte, genüge nicht. Insoweit sei die Klägerin beweisfällig geblieben.[462]

b) US Supreme Court of New York, Case No. 31 A.D.3d 1099 (2006) - Robotergestütztes Ladesystem (Jones v. W + M Automation, Inc.)

Am 7. Juli 2006 wies der New York Supreme Court (Oberster Gerichtshof von New York) in dem Rechtsstreit „*Jones gegen W + M Automation, Inc.*“[463] die Klage gegen W + M Automation, Inc., den Hersteller und Programmierer eines robotergestützten Ladesystems (nachfolgend: „Beklagte“), u.a. wegen Produkthaftung ab.[464]

Der Arbeitnehmer *Thomas E. Jones* (nachfolgend: „Kläger“) wurde von einem Greifarm eines Roboters am Kopf verletzt und starb infolge dieser Verletzungen. Der Kläger hatte beim Betrieb des Roboters den Sicherheitszaun überwunden und wurde von dem Roboter erfasst. Unstreitig ist, dass der Sicherheitszaun so konstruiert war, dass er jederzeit – auch bei Betrieb des Roboters – geöffnet werden konnte.[465]

Der Kläger stützte seine Ansprüche u.a. auf einen angeblichen Produktfehler. Der Oberste Gerichtshof entschied, dass die Beklagte nicht

---

[460] Siehe Urteil v. 9.6.1997, ebenda.

[461] Siehe Urteil v. 9.6.1997, Rn. 3f.

[462] Siehe Urteil v. 9.6.199., Rn. 3f.

[463] Das Urteil v. 7.7.2006 ist abrufbar unter: https://opencasebook.org/casebooks/475-compliance-and-computation/search/ (Abrufdatum 7.1.2024).

[464] Siehe *Barfield, J.* Behav. Robot 2018, 193 (199).

[465] Vgl. Urteil v. 7.7.2006, Rn. 8ff.

für die Verletzungen des Klägers haftbar gemacht werden könne.[466] Zur Begründung heißt es, dass die Beklagte nachweislich mangelfreie Bauteile hergestellt hätte. Der Kläger habe nicht nachgewiesen, dass der Roboter bei seiner Konstruktion und Installation nicht hinreichend sicher war („Plaintiffs failed to raise an issue of fact inasmuch as they failed to establish that the product was not reasonably safe when designed and installed."). Zudem bestünde auch keine Warnpflicht; die von dem Roboter ausgehende Gefahr sei offensichtlich gewesen.[467]

c) US Court of Appeals of Ohio, Case No. 23466 - Automatisierter Roboter (Miller v. Rubbermaid Inc.)

Im Jahr 2007 hat der Court of Appeals of Ohio (Berufungsgericht von Ohio) eine Entscheidung in dem Rechtsstreit „*Miller v. Rubbermaid, Inc.*" im Zusammenhang mit einem automatisierten Roboter getroffen.[468] Geltend gemacht wurden Schadensersatzansprüche wegen vorsätzlicher unerlaubter Handlung.[469]

Der Arbeitnehmer *William Kachelries* verunglückte an seinem Arbeitsplatz tödlich, als er einem automatisierten Roboter für Kunststoffspritzausgüsse programmieren (anlernen) wollte.[470] Herr *Kachelries* wurde von dem Roboter eingeklemmt, zerdrückt und getötet. Das Berufungsgericht entschied, dass die Beklagte nicht für den Tod von Herrn *Kachelries* verantwortlich sei. Zur Begründung heißt es, dass sich Herr *Kachelries* selbst der Gefahr des in Streit stehenden Roboters ausgesetzt habe. Trotz vorangegangener Schulungen soll Herr *Kachelries* Sicherheitsmaßnahmen nicht beachtet haben. Das Berufungsgericht stellte fest, dass die Beklagte keine Kenntnis davon hatte, dass Herr *Kachelries* durch seine Anstellung gefährlichen Prozessen, Verfahren, Instrumenten oder Bedingungen ausgesetzt sein würde und es so

---

[466] Vgl. Urteil v. 7.7.2006, Rn. 13ff.; vgl. *Amatulli v. Delhi Constr, Corp.*, 77 N.Y.2d 525, 535, 569 N.Y.Y.2d 337, 571 N.E.2d 645; *Gian v. Cincinnati Inc.*, 17 A.D.3d 1014, 1015–1016, 794 N.Y.S.2d 215; *Wesp v. Zeiss*, Inc., 11 A.D.3d 965, 968, 783 N.Y.S.2d 439.

[467] Siehe auch *Lamb v. Kysor Indus. Corp.*, 305 A.D.2d 1083, 1084, 759 N.Y.S.2d 266; *Felle v. W.W. Grainger, Inc.*, 302 A.D.2d 971, 972, 755 N.Y.S.2d 535.

[468] *Miller v. Rubbermaid, Inc.*, 2007 Ohio App. LEXIS 2672 (Jun. 13, 2007).

[469] Zur deliktsrechtlichen Verantwortlichkeit intelligenter Roboter nach deutschen Recht siehe *Keßler* MMR 2017, 589–594.

[470] Näher *Barfield, J.* Behav. Robot 2018, 193 (199).

zu einem Schaden kommen kann („In addition, although appellant argued that appellee should have shut down the malfunctioning machine, she failed to present any evidence that the malfunction caused the machine to be more dangerous or that injury was substantially certain to occur as a result of the malfunction."). Unstreitig war, dass dies der erste Unfall mit diesem Roboter war.

5. Zusammenfassung der Ergebnisse

Die betrachteten Entscheidungen von US-amerikanischen Gerichten können auf andere vergleichbare Fallkonstellationen übertragbar und damit von grundlegender Bedeutung sein. Die betrachteten Entscheidungen zeigen, wie US-Gerichte den KI-Einsatz in Bezug auf haftungsrechtliche Fragen und Fragen in Bezug auf die Verantwortung für KI bewerten.

Es sind keine Anhaltspunkte dafür erkennbar, dass die US-Gerichte KI eine Rechtspersönlichkeit zusprechen wollen, die selbst Träger von Rechten und Pflichten ist. Dies wird in keiner der betrachteten Entscheidungen diskutiert. Wie aus den „Thaler"-Entscheidungen hervorgeht, wird KI nicht als „menschenähnlich" eingeordnet. So werden reine KI-Erzeugnisse mangels menschlichen Schöpfungsakts nicht durch das Urheberrecht geschützt. Ferner wird KI die Erfindereigenschaft i. S. d. US-Patentgesetzes abgesprochen, da diese ausschließlich natürlichen Personen zukommen soll.

Aus der Zusammenschau der betrachteten US-Entscheidungen kann zudem geschlussfolgert werden, dass die Gerichte bislang offenbar gezögert haben, KI- Herstellern und Anbietern eine Haftung aufzuerlegen und KI-spezifische Risiken besonders zu berücksichtigen. Dies scheint bereits in den „Robotik-Entscheidungen" angelegt zu sein. Bei diesen Entscheidungen haben sich die US-Gerichte nicht mit der Frage der Verantwortlichkeit für die KI auseinandergesetzt, sondern damit, ob die intelligenten und autonomen Roboter beim Inverkehrbringen mangelfrei waren. Daraus kann zudem geschlussfolgert werden, dass die US-Gerichte die besonderen Risiken, die von solchen Robotern ausgehen, an sich als nicht relevant einordnen. Dies wird durch die „Chatbot-Entscheidung", die „GitHub-Entscheidung" und die „Online-Plattform-Entscheidungen" bestätigt. Dort haben sich die US-Gerichte ebenfalls nicht damit befasst, ob von den KI-Systemen ein besonderes Risiko ausgeht. Vielmehr wird in den „Online-Plattform-Entscheidungen" die Nutzung von KI-Systemen mit der Nutzung von Mobiltelefonen, E-Mails oder dem Internet im Allgemeinen verglichen, was zeigt, dass die besonderen Risiken und Gefahren, die von KI-Systemen ausgehen können, nicht berücksichtigt werden. Überträgt man die Wertungen der „GitHub-Entscheidung“, der „Online-Plattform-Entscheidungen“ und der „Robotik-Entscheidungen“ auf den noch nicht entschiedenen „ChatGPT-Rechtsstreit“, ist zu vermuten, dass das US-Gericht auch insoweit die besonderen Risiken, die KI-Systeme innehaben können, nicht berücksichtigen wird und mithin das Risiko, dass ein KI-Chatbot Halluzinationen erzeugen kann, nicht dergestalt bewertet, dass dies zu einem erhöhten Gefahrenpotenzial führt.

Darüber hinaus kann aus der Zusammenschau der betrachteten Urteile, insbesondere aus der „GitHub-Entscheidung“ und den „Roboter-Entscheidungen“, geschlussfolgert werden, dass der Klägervortrag zur KI-Technologie oftmals nicht ausreicht, um die geltend gemachten Ansprüche ausreichend darzulegen und zu beweisen. Hier zeigt sich die Beweisnot in Rechtsstreitigkeiten, in denen es um Schadensersatzansprüche und die Haftung und Verantwortlichkeit für KI geht. So scheiterte die Klage gegen GitHub, Inc. et. al. z. B. daran, dass die Kläger nicht nachweisen konnten, dass der vom „GitHub-Copiloten“ vorgeschlagene Code identisch mit dem urheberrechtlich geschütztem Quellcode von GitHub-Nutzern war. Dieser Nachweis dürfte sich allerdings in vielen Urheberrechtsverletzungsprozessen als eine unüberwindliche Hürde darstellen, da Dritte keinen Zugang zu den für die Beweisführung relevanten Tatsachen haben.

F. Vergleich der Regulierungskonzepte

In den Abschnitten D. und E. wurde gezeigt, dass die KI-Regulierung sowohl in der EU als auch in den USA in den letzten Jahren einen hohen Stellenwert erhalten hat. Sowohl die EU mit der am 1. August 2024 in Kraft getretenen EU-Verordnung (EU) 2024/1689 über harmonisierte Vorschriften für KI (englisch: „AI Act", kurz: „KI-Verordnung" oder „KI-VO")[471] als auch die USA mit der am 30. Oktober 2023 erlassenen Executive Order 14110 zur KI-Regulierung, die „Executive Order on Safe, Secure, and Trustworthy Artificial Intelligence" (kurz: „Executive Order 14110"),[472] haben weltweit eine Vorreiterrolle in der KI-Regulierung eingenommen.

Vor diesem Hintergrund werden die vorgenannten Regulierungskonzepte und damit zusammenhängende Initiativen im Rahmen eines funktionalen Rechtsvergleichs mittels einer ganzheitlichen Herangehensweise und einer sorgfältigen Abwägung von Faktoren, die für die Haftung und Verantwortung für KI eine Rolle spielen, in diesem Abschnitt miteinander verglichen (hierzu unter **I.**). Im Anschluss daran werden darauf aufbauend die Vor- und Nachteile

---

[471] Die Verordnung (EU) 2024/1689 ist abrufbar unter: https://eur-lex.europa.eu/legal-content/DE/TXT/PDF/?uri=OJ:L_202401689 (Abrufdatum: 2.8.2024).

[472] Die Executive Order 14110 ist abrufbar unter: https://www.whitehouse.gov/briefing-room/presidential-actions/2023/10/30/executive-order-on-the-safe-secure-and-trust-worthy- development-and-use-of-artificial-intelligence/ (Abrufdatum: 13.7.2024); siehe dazu auch die Veröffentlichung des Weißen Hauses (Washington) v. 30.10.2023, abgerufen unter: https://www.whitehouse.gov/briefing-room/statements-releases/2023/10/30/fact-sheet-president-biden-issues-executive-order-on-safe-secure-and-trustworthy-artificial-intelligence/ (Abrufdatum: 13.7.2024).

der beiden Regulierungsansätze bewertet und Schlussfolgerungen zur Identifizierung von möglichen Reformansätzen gezogen (hierzu unter **II.**).

I. Rechtsvergleichende Analyse

Dieser Abschnitt widmet sich der rechtsvergleichenden Analyse der zentralen regulatorischen Maßnahmen der EU und der USA zur Gewinnung rechtsvergleichender Erkenntnisse. Hierzu werden funktional vergleichbare Regelungen miteinander verglichen und methodengerecht bewertet.[473] Dies geschieht mittels einer Analyse der in den Abschnitten D. und E. betrachteten Regulierungskonzepte der EU und der USA zur Abstrahierung länderspezifischer Regelungen und Identifizierung von Regelungen mit allgemeingültigem Charakter. Im Mittelpunkt der Betrachtung stehen dabei die Zielsetzung der Initiativen (hierzu unter **1.**), deren Wirkungsweise (hierzu unter **2.**), deren Regulierungskonzepte (hierzu unter **3.**) und -ansätze (hierzu unter **4.**) sowie deren Durchsetzungsmechanismen (hierzu unter **5.**) und Ausgestaltung (hierzu unter **6.**).

1. Zielsetzung

Nachfolgend werden die Ziele der KI-Verordnung (hierzu unter **a)**) und die der Executive Order 14110 (hierzu unter **b)**) dargestellt, miteinander verglichen und bewertet (hierzu unter **c)**).

a) Ziele der KI-Verordnung

Die KI-Verordnung zielt darauf ab, einen verantwortungsvollen und sicheren Umgang mit KI zu gewährleisten und das Funktionieren des Binnenmarkts zu verbessern. Dies soll durch die Schaffung eines einheitlichen Rechtsrahmens, insbesondere für die Entwicklung, das Inverkehrbringen, die Inbetriebnahme und die Verwendung von KI-Systemen in der Union im Einklang mit den Werten der Union, erfolgen, um die Einführung von menschenzentrierter und vertrauenswürdiger KI zu fördern und gleichzeitig ein hohes Schutzniveau in Bezug auf Gesundheit, Sicherheit und der in der Charta der Grundrechte der EU verankerten Grundrechte, einschließlich Demokratie, Rechtsstaatlichkeit und Umweltschutz, sicherzustellen, den Schutz vor

---

[473] Vgl. *Zweigert/Kötz*, Rechtsvergleichung, S. 33.

schädlichen Auswirkungen von KI-Systemen in der Union zu gewährleisten und gleichzeitig die Innovation zu unterstützen.[474]

Der Europäische Gesetzgeber wurde vor Verabschiedung der KI-Verordnung von einer Gruppe von Sachverständigen, namentlich durch die „Hochrangige Expertengruppe für künstliche Intelligenz" (kurz: „AI HLEG"), beraten. Die AI HLEG arbeitet wiederum mit der European KI-Alliance, einem Online-Forum mit über 4000 Mitgliedern aus der Wissenschaft, Wirtschaft und Industrie, Zivilgesellschaft, EU-Bürgern und politischen Entscheidungsträgern.[475]

b) Ziele der Executive Order 14110

Die Executive Order 14110 zielte darauf ab, Innovationen im Bereich von KI zu fördern und gleichzeitig Risiken zu mindern, wobei sie die Bedeutung ethischer Grundsätze betonte und eine enge Zusammenarbeit zwischen der Regierung, der Privatwirtschaft, der Wissenschaft und der Gesellschaft forderte. So heißt es in § 1 Abs. 1 S. 1 Executive Order 14110, dass KI ein außerordentliches Potenzial, das sowohl vielversprechend als auch gefährlich sei, berge und der verantwortungsvolle Einsatz von KI das Potenzial habe, zur Lösung dringender Probleme beizutragen und die Welt wohlhabender, produktiver, innovativer und sicherer zu machen. Gleichzeitig könne ein unverantwortlicher Einsatz gesellschaftliche Schäden wie Betrug, Diskriminierung, Voreingenommenheit und Desinformation verschlimmern, Arbeitnehmer verdrängen und entmachten, den Wettbewerb ersticken und Risiken für die nationale Sicherheit bergen, § 1 Abs. 1 S. 2 Executive Order 14110. Um die KI für das Gute zu nutzen und ihre unzähligen Vorteile zu verwirklichen, müssten ihre erheblichen Risiken gemildert werden, § 1 Abs. 1 S. 3 Executive Order 14110.

Zur Umsetzung der Ziele sah die Executive Order 14110 einen Acht-Punkte-Plan vor, der Vorgaben für die Entwicklung von Richtlinien, Standards und Best-Practice-Vorgaben für KI-Sicherheit und zur Gefahrenabwehr, Vorgaben zur Förderung von Innovationen und von Wettbewerb, Vorgaben zur Unterstützung von Arbeitnehmern, Vorgaben zur Förderung von Gerechtigkeit und Menschenrechten, Vorgaben zum Schutz für bestimmte Personengruppen

---

[474] Siehe ErwG 1 KI-VO.

[475] Siehe dazu Website der Europäischen Kommission zur AI HLEG, abrufbar unter: https://digital-strategy.ec.europa.eu/de/policies/expert-group-ai (Abrufdatum: 22.9.2024).

(Verbraucher, Patienten, Passagiere und Studenten), Vorgaben zum Schutz der Privatsphäre der US-Bürger, Vorgaben für die Sicherstellung der verantwortungsvollen Nutzung von KI durch die US-Regierung und Vorgaben zur Stärkung der amerikanischen Führungsqualitäten im Ausland enthielt.[476] In diesem Zusammenhang ist hervorzuheben, dass die Executive Order 14110 im Rahmen ihres Acht-Punkte-Plans die Fachkräftegewinnung aus dem Ausland in Bezug auf KI vorsah.[477]

Die US-Regierung wurde vor Erlass der Executive Order 14110 von praxisnahen Experten beraten. So fand im September des Jahres 2023 beispielsweise ein Treffen mit den führenden Vertretern der Technologiebranche, u.a. mit *Elon Musk* (CEO von Tesla, X und SpaceX), *Mark Zuckerberg* (Gründer und CEO von Meta), *Bill Gates* (Gründer und ehemaliger CEO von Microsoft), *Sundar Pichai* (CEO von Google) sowie dem US-Präsidenten und dem US-Senat statt.[478] Ziel war es, von den Erfahrungen und Kenntnissen der Technologieführer zu profitieren und diese in die KI-Regulierung einfließen zu lassen.[479]

c) Bewertung

Die KI-Verordnung und die Executive Order 14110 verfolgen dem Grunde nach die gleichen Ziele:[480] Beide Initiativen wollen Bürger- und Menschenrechte schützen und gleichzeitig die Potenziale von KI und KI-Innovationen fördern. Sowohl die Executive Order 14110 als auch die KI-Verordnung formulieren Grundsätze für mehr Transparenz bei Algorithmen, menschliche Aufsicht, die Abschwächung von KI-Voreingenommenheit und sehen Sicherheitstests vor dem Einsatz von KI vor. Sowohl die Executive Order 14110 als auch das

---

476 Ausf. dazu oben Abschnitt E. I. 4. e).

477 Vgl. § 5 Executive Order 14110.

478 Siehe *Nagle*, „Biden White House, tech companies launch new safeguards around emerging AI technology", in: abcNews, Artikel v. 21.7.2023, abgerufen unter: https://abcnews.go.com/Politics/biden-white-house-tech-companies-launch-new-safeguards/story?id=101555314#:~:text=Seven%20major%20AI%20companies%20%2D%2D,a%20way%20to%20acknowledge%20content (Abrufdatum: 13.7.2024).

479 Vgl. *Jalonick/O'Brien*, „Chuck Schumer says he asked Musk, Gates and others about whether to regulate AI: „Every single person raised their hands"; siehe *Schumer*, in: Fortune, Artikel v. 14.9.2023, abgerufen unter: https://fortune.com/2023/09/13/chuck-schumer-elon-musk-bill-gates-ai-regulation-senate/ (Abrufdatum: 13.7.2024).

480 So auch *Odelberg*, Research Report 2024, S. 3.

KI-Gesetz sehen Ausnahmen für den risikoreichen Einsatz von KI in Fällen nationaler Sicherheit vor. Allerdings bestehen gewisse Unterschiede in der Zielgewichtung. Während der EU-Gesetzgeber auf eine strikte Regulierung setzt, macht es den Eindruck, dass die USA mit der Executive Order 14100 einen anderen Weg einschlagen wollten und die Innovationsförderung priorisierten. So betont die EU in der KI-Verordnung die Risiken und Gefahren, die von KI ausgehen können. Die Executive Order 14110 hob hingegen die Potenziale von KI hervor und betonte explizit das Ziel der Innovationsförderung.[481] Ferner wurde explizit herausgestellt, dass durch die Vorgaben in der Executive Order 14110 die amerikanische Führungsrolle in der Welt ausgebaut werden soll. Womöglich ist dies durch die führende Rolle der praxisnahen Experten, die die US-Regierung beraten haben, begründet, die eher Vor- als Nachteile in der KI sehen, während die EU von einer eher Theorie geprägten Expertengruppe beraten wurde. Dies wird durch die am 23. Januar 2025 erlassene Executive Order „Removing Barriers“ bestätigt, die staatliche Kontrollen stark reduziert und ebenfalls die Aufrechterhaltung der Führungsrolle der USA in der KI-Technologie und die Stärkung der Wettbewerbsfähigkeit priorisiert, vgl. § 2 i.V.m. Executive Order „Removing Barriers“.

2. Wirkungsweise

Nachfolgend werden die Wirkungsweisen der KI-Verordnung (hierzu unter **a)**) und die der Executive Order 14110 (hierzu unter **b)**) dargestellt, miteinander verglichen und bewertet (hierzu unter **c)**).

a) Verbindliche Vorgaben der KI-Verordnung

Die KI-Verordnung entfaltet unmittelbare Wirkung in den EU-Mitgliedstaaten und sieht verbindliche Vorgaben für Anbieter, Betreiber, Einführer, Händler und Nutzer von KI-Systemen vor.[482] Die KI-Verordnung zielt darauf ab, im Rahmen ihres Anwendungsbereichs einen verbindlichen und einheitlichen

---

[481] Der Begriff „Risiko“ wird in der144 Seiten umfassenden KI-VO insgesamt 104x verwendet, wohingegen der Begriff „Innovationen“ insgesamt nur 7x gebraucht wird. Hingegen wird der Begriff „innovation“ in der 26 Seiten umfassenden Executive Order 14110 insgesamt 21x und der Begriff „risk“ 17x verwendet.

[482] Vgl. Art. 113 KI-VO i.V.m. Art. 288 AEUV; näher dazu *Rohrßen* ZfPC 2024, 111 (114); vgl. *Auerbach* Bankenaufsicht, Kap. 2 Aufsicht über Kredit- und Finanzdienstleistungsinstitute Rn. 19.

Rechtsrahmen für KI zu schaffen, der unmittelbare Wirkung auf die Privatwirtschaft hat.[483] Eines Umsetzungsgesetzes bedarf es nicht.[484]

b) Die Executive Order 14110 als interne Dienstanweisung

Die Executive Order 14110 hat keinen Gesetzesrang. Bei der Executive Order 14110 handelt es sich um eine interne Dienstanweisung an staatliche Einrichtungen des US-Präsidenten, die in der Normenhierarchie unterhalb förmlicher Gesetze steht.[485] Die Executive Order 14110 sah, soweit sie sich an die US-Bundesbehörden und US-Ministerien richtete, Vorgaben vor, KI-spezifische Vorgaben, Leitlinien, Systeme und Standards zu formulieren, zu entwickeln und zu kommunizieren sowie zu implementieren.[486] In Bezug auf US-Behörden, die unabhängig sind und nicht der Weisungsmacht des US-Präsidenten unterfallen, formulierte die Executive Order 14110 Empfehlungen.[487] Unmittelbare Pflichten für Hersteller, Anbieter, Einführer oder Nutzer von KI sah die Executive Order 14110 mithin nicht vor. Damit entfaltete die Executive Order 14110 grundsätzlich keine unmittelbare Wirkung auf die Privatwirtschaft.[488] Vielmehr verpflichtete sie relevante staatliche Einrichtungen dazu, einheitliche Industriestandards, Richtlinien,

---

483 Siehe *Odelberg*, Research Report 2024, S. 3.

484 Siehe Art. 288 des Vertrags über die Arbeitsweise der Europäischen Union (AEUV).

485 Siehe *Mayer*, With a Stroke of a Pen, 2002, S. 35; *Rudalevige*, By Executive Order, 2021, S. 25ff..

486 Kritisch dazu *Whitman* und *Campbell*, "Experts react: What does Biden's new executive order mean for the future of AI?", in: Atlantic Council, Artikel v. 30.10.2023, abrufbar unter: https://www.atlanticcouncil.org/blogs/new-atlanticist/experts-react/experts-react-what-does-bidens-new-executive-order-mean-for-the-future-of-ai/ (Abrufdatum: 13.7.2024).

487 So auch *Vasel/Müller* MMR 2024, 291 (291).

488 Siehe *Odelberg*, Research Report 2024, S. 3.

Praktiken und Vorschriften für die KI-Entwicklung und -Nutzung in relevanten Sektoren zu entwickeln und umzusetzen.[489]

Auch vor Erlass der Executive Order 14110 vertrat die US-Regierung bei der KI-Regulatorik auf Bundesstaatenebene einen rein freiwilligen Ansatz, indem sie rechtlich unverbindliche Leitlinien und Konzepte vorgab. Nennenswert ist der im Jahr 2022 veröffentlichte Entwurf einer KI-Grundrechtecharta, die im Jahr 2023 erlassenen NIST KI-Risikomanagementkonzepte und die in den Jahren 2020 bis 2023 erlassenen drei Leitlinien der US-Wettbewerbsbehörde.[490]

c) Bewertung

Ein entscheidender Unterschied zwischen dem europäischen Regulierungsansatz und dem der USA liegt mithin in der Reichweite der Maßnahmen. Während der europäische Gesetzgeber verbindliche Vorgaben einführt, die unmittelbare Wirkung auf die Privatwirtschaft entfalten, verfolgen die USA einen freiwilligen Ansatz mit dem Erlass von Richtlinien, Empfehlungen und internen Dienstanweisungen. Unmittelbare Pflichten für die Privatwirtschaft werden nicht eingeführt.

Die KI-Verordnung schafft einen Rechtsrahmen mit klaren und angemessenen Regelungen, um die Folgen des Einsatzes von KI einschätzen zu können und wirksam die Regulierung in den EU-Mitgliedstaaten zu regulieren. Klar formulierte und strenge Rahmenbedingungen sorgen grundsätzlich dafür, dass diejenigen, die KI-Systeme anbieten, herstellen, einführen oder nutzen, die Verantwortung für die damit verbundenen Risiken übernehmen und Sicherheitsstandards einhalten. Dadurch schafft der EU-Gesetzgeber Rechtssicherheit, indem er die Verantwortungsbereiche und die daraus resultierenden Anforderungen und Pflichten klar benennt. Klar ist, welche Anforderungen und welche Verhaltensweisen erlaubt oder verboten sind und

---

[489] Eine Übersicht zu den umzusetzenden Maßnahmen unter Nennung der Einrichtung, einer Darstellung der Maßnahme und der Umsetzungsfrist findet sich bei *Convington Alert*, "Biden Administration Releases Artificial Intelligence Executive Order", Artikel v. 2.11.2023, abgerufen unter: https://www.cov.com/en/news-and-insights/insights/2023/11/biden-administration-releases-artificial-intelligence-executive-order#layout=card&numberOfResults=12 (Abrufdatum: 3.8.2024).

[490] Ausf. dazu oben Abschnitt E.I.

welche Haftungsstandards gelten. Dabei bestehen für die EU-Mitgliedstaaten gewisse Umsetzungsspielräume, die sie nutzen können.

3. Regulierungskonzepte

Nachfolgend werden die Regulierungskonzepte der KI-Verordnung (hierzu unter **a)**) und die der Executive Order 14110 (hierzu unter **b)**) dargestellt, miteinander verglichen und bewertet (hierzu unter **c)**).

a) Duales Regulierungskonzept der KI-VO

Der Europäische Gesetzgeber verfolgt bei der Regulierung von KI ein duales Regulierungskonzept. Ergänzend zu der KI-Verordnung hat die Europäische Kommission im September 2022 eine Novelle der Richtlinie über Produkthaftung (COM(2022) 495 final)[491] (kurz: „Produkthaftungsrichtlinie 2022" oder „ProdHaftRL-E 2022")[492] und der Richtlinie über die außervertragliche zivilrechtliche Haftung für KI (COM(2022) 496 final)[493] (kurz: „KI-Haftungsrichtlinie" oder „HaftRL-E") vorgeschlagen (zusammen: „Richtlinienentwürfe"), die eng mit der KI-Verordnung verknüpft sind.

Während die KI-Verordnung präventiv dafür sorgt, dass KI-Systeme bestimmten Zulassungskriterien und Kontrollregimen unterliegen und damit die Verantwortung für KI sowie im haftungsrechtlichen Zusammenhang das „Ob" einer Pflichtverletzung regelt,[494] zielen die beiden in Rede stehenden Richtlinienentwürfe darauf ab, dem/der Geschädigten die Geltendmachung von Schadensersatzansprüchen im Zusammenhang mit KI verursachten Schäden zu erleichtern, da nach Auffassung der Europäischen Kommission die zivilrechtliche Rechtsdurchsetzung in Bezug auf durch KI verursachte

---

[491] Vorschlag der Europäischen Kommission für eine Richtlinie des Europäischen Parlaments und des Rates über die Haftung für fehlerhafte Produkte, 28.9.2022, COM(2022) 495 final.

[492] Siehe zur Produkthaftungsrichtlinie 2022 *Mayrhofer* RDi 2023, 20; *Reusch* RDi 2023, 152; *Schreitmüller/Schucht* ARP 2023, 226 (228ff.).

[493] Vorschlag der Europäischen Kommission für eine Richtlinie des Europäischen Parlaments und des Rates zur Anpassung der Vorschriften über außervertragliche zivilrechtliche Haftung an künstliche Intelligenz (Richtlinie über KI-Haftung), 28.9.2022, COM(2022) 496 final.

[494] Siehe *Theis* BKR 2024, 414 (417).

Schäden oftmals sehr kompliziert und häufig mit hohen Kosten verbunden sein soll.[495]

Namentlich zielt die KI-Haftungsrichtlinie darauf ab, sicherzustellen, dass der/die Geschädigte von durch KI verursachte Schäden den gleichen Schutz erhalten wie der/die Geschädigte von Schäden, die durch Produkte im Allgemeinen verursacht wurden (Schließung von Entschädigungslücken).[496] Dazu sieht die KI-Haftungsrichtlinie zur Erleichterung der Informationsbeschaffung KI-spezifische Kausalitätsvermutungen und Beweislasterleichterungen im Rahmen der zivilrechtlichen Anspruchsverfolgung vor.[497]

Ein ähnliches Ziel verfolgt die am 9. Dezember 2024 in Kraft getretene Produkthaftungsrichtlinie (EU 2024/2853)[498], die einheitliche Vorgaben für die EU-Mitgliedstaaten schafft, mit denen das reibungslose Funktionieren der Digital- und Kreislaufwirtschaft sichergestellt werden und Geschädigte eine gerechte Entschädigung erhalten sollen.[499] Die Produkthaftungsrichtlinie 1985 ist nicht auf Produkte der modernen digitalen Wirtschaft ausgelegt, womit einhergeht, dass auch prozessuale Herausforderungen im Zusammenhang mit diesen Produkten bei der zivilrechtlichen Anspruchsverfolgung nicht berücksichtigt werden.[500]

b) Sektorales Regulierungskonzept der Executive Order 14110

Ein solches duales Regulierungskonzept sah die Executive Order 14110 nicht vor. Die Executive Order 14110 verfolgte hingegen ein sektorales Regulierungskonzept; wonach US-Behörden und US-Ministerien für eine KI-Regulierung sorgen sollten, die sich insbesondere daran orientieren sollte,

---

495 Vgl. KI-Haftungsrichtlinie, S. 1, 22.

496 Vgl. KI-Haftungsrichtlinie, Begründung, S. l, 19.

497 Vgl. KI-Haftungsrichtlinie, S. 2.

498 Die Richtlinie (EU) 2024/2853 ist abrufbar unter: https://eur-lex.europa.eu/legal-content/DE/TXT/PDF/?uri=OJ:L_202402853 (Abrufdatum: 25.01.2025).

499 Näher dazu *Brenner*, RDi 2024, 245 (345); *Rohrßen* ZfPC, 2024, 1 (2); vgl. *Burchardi* EuZW 2022, 685 (691); *Zech* NJW 2022, 502; *Wende* RDi 2021, 341 (344); *Reese* DStR 1994, 1121; vgl. *Riehm/Meier* EuCML 2019, 161 (164 f.); *Philipp* EuZW 2024, 492.

500 Vgl. ErwG 3 ProdHaftRL.

KI-Systeme sicherer zu machen und gleichzeitig die weltweite Führungsrolle der USA in diesem Bereich auszubauen und zu stärken.[501]

c) Bewertung

Das sektorale Regulierungskonzept der Executive Order 14110 birgt die Gefahr, dass die Standards in den verschiedenen Bereichen voneinander abweichen und nicht im Gleichklang stehen. Angesichts dessen, dass die Vorgaben in der Executive Order 14110 nicht so streng wie die in der KI-Verordnung waren, ist zudem zu erwarten, dass die Regelungen, die die US-Behörden und US-Ministerien zu erarbeiten hatten, weniger strikt ausgefielen wären. Denn Verstöße gegen die Vorgaben der Executive Order 14110 wurden nicht sanktioniert. Dies dürfte zur Folge haben, dass diese Regelungen weniger verhaltenssteuernd wirkten als die des Europäischen Gesetzgebers.

4. Regulierungsansätze

Nachfolgend werden die Regulierungsansätze der KI-Verordnung (hierzu unter **a**)) und der Executive Order 14110 (hierzu unter **b**)) dargestellt, miteinander verglichen und bewertet (hierzu unter **c**)).

a) Risikobasierter Ansatz der KI-VO

Der Europäische Gesetzgeber vertritt im Rahmen der KI-Verordnung einen risikobasierten Ansatz, der sich auch in den beiden im Zusammenhang ergangenen Richtlinienentwürfen wiederfindet. Die größte Regulierungsdichte liegt bei denjenigen Regulierungsadressaten, von denen die größten Risiken ausgehen.[502] In diesem Regulierungskonzept definiert der Europäische Gesetzgeber klare Ge- und Verbote. So werden „gefährliche" KI-Systeme mit einem unannehmbaren Risiko, wie beispielsweise KI-Systeme, die zur sozialen Manipulation eingesetzt werden, strikt verboten, Art. 5 KI-VO.[503] Für Hochrisiko-KI-Systeme, wie beispielsweise KI-Systeme, die ein hohes Risiko für die Gesundheit und Sicherheit oder für die Grundrechte natürlicher Personen darstellen, wie z. B. im Bereich der Justiz[504] und Verwaltung, der Medizin,

---

[501] Vgl. § 2 Executive Order 14110

[502] ErwG 26 KI-VO.

[503] Ausfl. dazu oben Abschnitt D. I. 4.a).

[504] Näher zur Einordnung von Legal Tech-Anwendungen als Hochrisiko-KI-Systeme siehe *Engelmann/Brunotte/Lütkens* RDi 2021, 317 (320).

der Arbeitswelt und der Kreditvergabe,[505] gelten strenge Anforderungen an Transparenz, Robustheit und menschliche Aufsicht, Art. 8-15 KI-VO.[506] Mit Blick auf das geringe von ihnen ausgehende Risiko werden KI-Systeme mit begrenztem Risiko hingegen nur leicht reguliert. Für solche KI-Systeme, wie beispielsweise Chatbots[507] und „Deepfakes" erzeugende KI-Systeme.[508], gelten weniger strenge Anforderungen, Art. 50 Abs. 1 S. 1 KI-VO.[509] KI-Systeme mit minimalem oder keinem Risiko, wie beispielsweise Spamfilter, KI-basierte Videospiele und Suchmaschinen,[510] können vorbehaltlos auf dem europäischen Markt betrieben werden. Solche Systeme haben die Möglichkeit, freiwillig einem Verhaltenskodex zur Steigerung des Vertrauens in KI zu befolgen, Art. 95 KI-VO.[511]

Gewisse Ausnahmen bestehen in Gestalt von regulatorischen Erleichterungen für kleine und mittlere Unternehmen, die ihren Sitz in der EU haben, die aufgrund ihres großen Innovationspotenzials von der EU und den EU-Mitgliedstaaten bei der Umsetzung der Vorgaben der KI-Verordnung unterstützt werden sollen.[512] Darüber hinaus sollen sog. „Regulatory Sandboxes" von den EU-Mitgliedstaaten zum Zwecke der Entwicklung,

---

505 Hierzu *Hacker/Berz* ZRP 2023, 226 (226); *Waas* RdA 2022, 125 (130); zum Einsatz von KI am Arbeitsplatz *Witteler/Moll* NZA 2023, 327 (328ff.); zum Einsatz von KI im Arbeitsverhältnis *Müller* öAT 2024, 26 (26ff.); *Frank/Heine* NZA 2023, 935 (935ff.); *Kalbfus/Schöberle* ArbRAtuell 2023, 251 (252); *Malorny* JuS 2022, 289 (291ff.); zum Einsatz von KI im Bankensektor *Buck-Heeb* WM 2023, 1625–1636; zum Einsatz von KI im Finanzsektor *Theis* BKR 2024, 414–420; *Woesch/Vogt* BKR 2024, 689– 696.

506 Ausfl. dazu oben Abschnitt D. I. 4.b).

507 Eingehend zur rechtlichen Absicherung von KI-Erzeugnissen von Chatbots siehe *Schippel* MMR 2024, 371 (374).

508 So ausdrücklich im Kommissionsentwurf-KI-VO in Nr. 1.1. genannt. Zu den generativen KI-Systemen gehören z. B. GPT 4 (Generative Pretrained Transformer), LlaMa 2 (Lagre Language Model Meta AI), DALLE, Midjourney oder Stable Diffusion, Palm 2 (Pathways Language Model); vgl. *Welser* GRUR-Prax 2023, 516 (516); siehe auch *Hacker/Berz* ZRP 2023, 226 (228); *Günther/Gerigk/Berger* NZA 2024, 234 (239). Zu den Problemen bei der Durchsetzung des digitalen Persönlichkeitsschutzes bei Deepfakes *Lennartz* NJW 2023, 3543 (3545).

509 Ausfl. dazu oben Abschnitt D. I. 4.c).

510 Vgl. *Orssich* EuZW 2022, 254 (255).

511 Vgl. ErwG 166 KI-VO; ausfl. dazu oben Abschnitt D. I. 4.c).

512 Näher dazu *Krönke* NVwZ 2024, 529; *Möller-Klapperich* NJ 2024, 337 (342).

Schulung, Erprobung und Validierung von innovativen KI-Systemen etabliert werden.[513]

b) Nicht risikoaffinierter Ansatz der Executive Order 14110

Mit der Executive Order 14110 verfolgte die US-Regierung einen anderen Ansatz als die KI-Verordnung, namentlich einen nicht risikoaffinierten Regulierungsansatz, in dem KI-Systeme nicht in Risikoklassen eingeordnet werden. Vielmehr differenzierte die Executive Order 14110 in Bezug auf Rechenleistungen der KI-Systeme.[514] Eine gewisse Risikoklassifizierung nahm die Executive Order 14110 allerdings dergestalt vor, dass KI-Systeme, die Risiken für die nationale Sicherheit sowie die öffentliche Gesundheit und Sicherheit darstellten, verpflichtende Tests durchlaufen sollten.[515] Nach den Risiken, die von den KI-Systemen ausgehen, differenzierte die Executive Order 14110 – wie auch die Executive Order „Removing Barriers"– allerdings nicht.

c) Bewertung

Die Regulierungsansätze des europäischen Gesetzgebers und der der präsidialen Maßnahme unterscheiden sich dergestalt, dass die EU einen risikobasierten Ansatz und die USA einen nicht risikoaffinierten Ansatz verfolgen. Das europäischen Konzept klassifiziert KI-Systeme strikt nach deren Risiken und sieht – je nach Risikoklassifizierung – Verbote und Vorgaben vor. Bestimmte KI-Systeme, die als unannehmbar riskant eingeordnet werden, sind verboten. Das Konzept der USA ist hingegen nicht dergestalt streng und sieht insbesondere keine Verbote für bestimmte KI-Systeme vor.

Das Risikokonzept der KI-Verordnung schafft Rechtssicherheit, indem es klare und einheitliche Vorgaben für die Entwicklung und den Einsatz von KI in der EU schafft. Die Nutzer der KI-Systeme können darauf vertrauen, dass die KI-Systeme, die auf dem europäischen Markt zugelassen wurden, bestimmten Sicherheits- und Qualitätsstandards entsprechen und damit sicher sind. Die Vorgaben aus der KI-Verordnung ermöglichen es zudem den potenziell Haftenden ihre Rechte und Pflichten zu verstehen und sich darauf

---

513 Ausfl. dazu *Ammann/Pohle* CB 2024, 137 (142).

514 Siehe *Vasel/Müller* MMR 2024, 291 (294).

515 Vgl. § 4 Executive Order 14110.

einzustellen sowie sich angemessen zu verhalten. Das kann dazu beitragen, dass Streitigkeiten über Haftungsfragen im Zusammenhang mit KI-Fehlern und KI-Schäden vermieden und so die Effizienz von Gerichtsverfahren gesteigert werden. Darüber hinaus kann ein ausgewogenes Regulierungskonzept dazu beitragen, dass das Vertrauen in den KI-Sektor wächst und Unternehmen Investitionen in diesem Bereich tätigen, wovon auch die Wirtschaft profitieren kann. Durch die Schaffung eines einheitlichen Rechtsrahmens für KI in der EU dürfte der Standort Europa insoweit an Attraktivität gewinnen. Allerdings birgt dieser Regulierungsansatz die Gefahr von Regulierungslücken im Zuge des Technologiefortschritts von KI. Zudem ist er wenig flexibel. Zwar verfolgt die KI-Verordnung ausweislich ihrer Zielsetzung auch die Innovationsförderung, doch erschöpft sich diese in gewissen regulatorischen Erleichterungen und Experimentierräumen, sog. „Regulatory Sandboxes" und ist damit limitiert. Darüber hinaus dürfte durch die Klassifizierung der KI-Systeme nach den von ihnen ausgehenden Risiken Innovationen zwar nicht generell gehemmt, doch wohl in gewisser Weise behindert werden.[516]

Die Executive Order 14110 hatte ebenfalls das Potenzial, den Standort USA für KI-entwickelnde und KI-einsetzende Unternehmen attraktiver zu machen. Allerdings schaffte die Executive Order 14110 nur einen gewissen Grad an Rechtssicherheit dergestalt, dass erstmals ein Rahmen für die Entwicklung und den Einsatz von KI auf Bundesstaatenebene vorgegeben wurde. Der Umstand, dass die Executive Order 14110 die Bedeutung der Förderung von Innovationen betonte und keine strikten Verbote für bestimmte KI-Systeme vorsah, dürfte die Attraktivität des Standortes USA relevant steigern. Ähnlich bot der im Jahr 2022 beschlossene sog. Inflation Reduction Act (kurz: „IRA") der US-Regierung, ein Investitionsprogramm in Höhe von 369 Milliarden US-Dollar über einen Zeitraum von 10 Jahren, (auch) für deutsche Unternehmen aufgrund der dortigen Maßnahmen zur

---

516 Ähnlich *Bernhard/Merkl* RDi 2021, 276 (283); *Vasel* EuZW 2024, 829 (835); *Köck/Markus/Reese*, Zukunftsfähiges Umweltrecht I, 2023, S. 143.

Innovationsförderung Anreize, in den USA zu investieren und dorthin abzuwandern.[517]

5. Durchsetzung

Nachfolgend werden die Durchsetzungsmechanismen der KI-Verordnung (hierzu unter **a)**) und der Executive Order 14110 (hierzu unter **b)**) dargestellt, miteinander verglichen und bewertet (hierzu unter **c)**).

a) Hartes Sanktionskonzept der KI-Verordnung

Die KI-Verordnung sieht ein hartes Sanktionskonzept vor, das sich in drei Stufen clustert, wobei die höchste Geldbuße bis zu 35 Mio. Euro oder – im Falle von Unternehmen – 7 % des weltweiten Jahresumsatzes, je nachdem welcher Betrag höher ist, betragen kann.[518] Das Sanktionskonzept der KI-Verordnung zielt darauf ab, durch die Androhung von hohen Strafen eine Abschreckung herbeizuführen und auf diesem Wege die Einhaltung der Vorgaben der KI-Verordnung zu gewährleisten.[519]

b) Vorgaben der Executive Order 14110

Die Executive Order 14110 sah keine Bußgelder oder andere Sanktionen bei Nichtumsetzung der Vorgaben vor. Unternehmen, die durch den Einsatz von KI Schäden verursachen, konnten allerdings zivilrechtlich haftbar sein.

---

[517] Siehe Wissenschaftlicher Beirat beim Bundesministerium der Finanzen, Stellungnahme 01/2023 v. 5.5.2023, US-Infation Reduction Act (IRA) Implikationen für Europa, abrufbar unter: https://www.bundesfinanzministerium.de/Content/DE/Downloads/Ministerium/Wissenschaftlicher-Beirat/Gutachten/us-inflation-reduction-act.pdf?__blob=publicationFile&v=7 (Abrufdatum: 30.10.2024); siehe auch Deutscher Bundestag, „Experten warnen bei „Inflation Reduction Act" vor Überbietungswettbewerb", Artikel v. 10.05.2023, abufbar unter: https://www.bundestag.de/dokumente/textarchiv/2023/kw19-pa-wirtschaft-inflation-reduction-act-944710 (Abrufdatum: 31.10.2024); *Ulrich*, „Wandert die deutsche Industrie in die USA ab?", in: DW Global Media Forum, Artikel v. 18.03.2023, abrufbar unter: https://www.dw.com/de/wandert-die-deutsche-industrie-in-die-usa-ab/a-65012251 (Abrufdatum: 30.10.2024) ; allg, zum IRA *Fischer* EnK-Aktuell 2023, 01039.

[518] Siehe *Chibanguza/Steege* NJW 2924, 1769 (1773f.); näher dazu oben unter Abschnitt D. I. 5.

[519] Vgl. *Roos/Weitz* MMR 2021, 844 (846); *Orssich* EuZW 2022, 254 (260); *Ebers* RDi, 2021, 588 (591).

c) Bewertung

Die KI-Verordnung und die Executive Order 14110 verfolgten ein unterschiedliches Durchsetzungskonzept. Während das harte Sanktionskonzept der KI-Verordnung abschreckende Wirkung haben soll und dafür sorgen soll, unerwünschtes Verhalten, namentlich die Nichtbefolgung ihrer Vorgaben, zu verhindern, hatte das Konzept der Executive Order 14110, das keine Sanktionen bei Missachtung der Vorgaben vorsah, keine solche Wirkung. Damit dürfte das europäische Konzept insoweit eher zu einer Verhaltensänderung und Einhaltung von dessen Vorgaben führen als das US-amerikanische. Die Executive Order 14110 dürfte hingegen aufgrund ihres flexibleren Konzepts die Anpassung an neue Technologien grundsätzlich ermöglicht haben und so den Adressaten und den Unternehmen die Möglichkeit geboten haben, die Besonderheiten der sich ständig verändernden KI-Technologie zu berücksichtigen. Denkbar ist in Bezug auf die zivilrechtliche Haftung von Unternehmen für von KI verursachte Schäden, dass die in der Executive Order 14110 verankerten Prinzipien für die Beurteilung von Schadenersatzansprüchen von Gerichten herangezogen werden konnten.

6. Ausgestaltung

Nachfolgend werden zentrale Sonderthemen, die die KI-Verordnung und die Executive Order 14110 behandeln, dargestellt, analysiert und bewertet. In den Fokus der Betrachtung rücken Vorgaben in Bezug auf den KI-Einsatz im Zusammenhang mit dem Schutz geistigen Eigentums (hierzu unter **aa**)) und die Sonderregelungen zu KI-Modellen mit allgemeinem Verwendungszweck („General-Purpose AI Models“, kurz: „GPAI“) (hierzu unter **bb**)). Abschließend werden weitere Sonderthemen kursorisch aufgelistet (hierzu unter **cc**)).

a) Geistiges Eigentum

Nachfolgend werden die Maßnahmen der US-Regierung (hierzu unter **aa**)) und der KI-Verordnung (hierzu unter **bb**)) in Bezug auf den KI-Einsatz im Zusammenhang mit dem Schutz von geistigem Eigentum miteinander verglichen und bewertet (hierzu unter **cc**)).

aa) Spezifische Maßnahmen zum Schutz geistigen Eigentums der Executive Order 14110

Die Executive Order 14110 befasste sich eingehend mit den Problemstellungen, die KI für den Schutz des geistigen Eigentums mit sich bringt und sieht in § 5 Executive Order 14110 KI-spezifische Maßnahmen zum Schutz des geistigen Eigentums vor. So wies die Executive Order 14110 beispielsweise das Marken- und Patentamt (USPTO) an, Leitlinien für Patentprüfer und -anmelder bezüglich der Überschneidung von KI und geistigem Eigentum zu erlassen. Darüber hinaus wurde das USPTO aufgefordert, dem Präsidenten Empfehlungen zu Urheberrecht und KI vorzulegen.[520]

bb) KI-VO und das Unionsurheberrecht

Die KI-Verordnung sieht keine vergleichbaren Maßnahmen vor. Allerdings befasst sich die KI-Verordnung auch mit urheberrechtlichen Fragen und nimmt Bezug auf die Vorschriften des Unionsurheberrecht.[521] Ferner sieht die KI-Verordnung Vorgaben in Bezug auf die Einhaltung des Urheberrechts vor.[522] Beispielsweise haben Anbieter von KI (auch) urheberrechtlich geschütztes Material offenzulegen, mit dem das System trainiert wird.[523]

Die KI-Verordnung ergänzt bereits bestehendes Unionsrecht und u.a. in dem Bereich Datenschutz.[524] Auch im Bereich Datenschutz hat die Europäische Union mit der am 25. Mai 2018 in Kraft getretenen Datenschutz-Grundverordnung („DS-GVO")[525] eine Vorreiterrolle eingenommen.[526] Die DS-GVO enthält aufgrund ihres Verordnungscharakters in der Europäischen Union unmittelbar geltendes Recht. Die DS-GVO betrifft alle öffentlichen und privaten Rechtssubjekte und alle Tätigkeitsbereiche, soweit diese in den Anwendungsbereich des Unionsrechts fallen, Art. 2 Abs. 2a) DS-GVO.

---

[520] Ausf. dazu oben Abschnitt E. 4.e) bb).

[521] Näher dazu *von Welser* GRUR-Prax 2024, 485 (488); siehe auch *de la Durantaye* AfP 2024, 9 (9 ff.); *Martini/Wendehorst*, KI-VO, 2024, Rn. 29–37.

[522] Eingehen dazu *Martini/Wendehorst*, KI-VO, 2024, Rn. 38–43.

[523] Art. 53 Abs. 1d KI-VO; ausfl. dazu oben Abschnitt D. I. 4. d).

[524] Siehe *Wybitul* NJW 2024, 2641 (2646).

[525] Verordnung (EU) 2016/679 des Europäischen Parlaments und des Rates v. 27. April 2016 zum Schutz natürlicher Personen bei der Verarbeitung personenbezogener Daten, zum freien Datenverkehr und zur Aufhebung der Richtlinie 95/46/EG (Datenschutz-Grundverordnung).

[526] Dazu *Benecke/Wagner* DVBl 2016, 600–608; *Schantz* NJW 2016, 1841–1847.

Die KI-Verordnung und die DS-GVO schließen sich gegenseitig nicht aus, sondern stehen in Bezug auf die Verarbeitung personenbezogener Daten nebeneinander.[527] Dies hat zur Folge, dass Betreiber und andere Akteure der KI-Verordnung, die zugleich datenschutzrechtlich Verantwortliche oder Auftragsverarbeiter sind, die Vorgaben beider Regelungssysteme erfüllen müssen.[528]

cc) Bewertung

Sowohl die Executive Order 14110 als auch die KI-Verordnung befassen sich eingehend mit dem Schutz von geistigem Eigentum in Bezug auf den Einsatz von KI, wobei dies im Rahmen der KI-Verordnung ergänzend auf bereits bestehende Unionsvorschriften Bezug nimmt, die neben den Vorgaben der KI-Verordnung zur Geltung kommen sollen. Letzteres ist bei der Executive Order 14110 nicht der Fall. Dies ist darin begründet, dass es auf Bundesstaatenebene in den USA keine verbindlichen Vorgaben in Form eines US-Datenschutzgesetzes gibt. In den USA werden Datenschutzgesetze derzeit auf bundesstaatlicher Ebene umgesetzt, wobei in 19 der US-Bundesstaaten bereits Datenschutzgesetze in Kraft getreten sind.[529] Auf Bundesstaatenebene wurden Gesetzesentwürfe vorgeschlagen, die allerdings noch nicht in Kraft getreten sind. So wurde im Juni des Jahres 2022 ein Entwurf für ein US-Datenschutzgesetz („American Data Protection and Privacy Act", kurz: „ADPPA"), das landesweite Datenschutz- und Sicherheitsstandards festlegen soll, vorgestellt.[530] Der Gesetzentwurf sieht die Einführung eines privaten Klagerechts vor, mit dem Geschädigte u.a. Schadenersatzansprüche und Unterlassungsansprüche vor einem Bundesgericht geltend machen können.[531] Ferner wurde am 7. April 2024 ein neuer Gesetzesentwurf für

---

527 Art. 2 Abs. 7 KI-VO.

528 Eingehend dazu *Wybitul* NJW 2024, 2641 (2641); *Hüger* ZfDR 2024, 263–291; zu den Anforderungen der DS-GVO an den KI-Einsatz *Baumgartner/Brunnbauer/Cross* MMR 2023, 543–547; vgl. *Geminn* ZD 2021, 355–359

529 Siehe National Conference of State Legislation (NCLS), Zusammenfassung über die KI-Gesetze 2023, abrufbar unter: https://www.ncsl.org/technology-and-communication/artificial-intelligence-2023-legislation (Abrufdatum: 20.10.2024).

530 Siehe dazu Überblick über den ADPPA des Congressional Research Service, aktualisiert am 31.8.2022, abgerufen unter: https://crsreports.congress.gov/product/pdf/LSB/LSB10776 (Abrufdatum: 12.10.2024).

531 Siehe ADPPA des Congressional Research Service, a.a.O.

ein US-Datenschutzgesetz („American Privacy Rights Act“, kurz: „APRA“) von dem House Committee on Energy and Commerce, einem ständigen Ausschuss des US-Repräsentantenhauses, vorgelegt, das ebenfalls landesweite Datenschutz- und Sicherheitsstandards festlegen soll und zudem Vorgaben in Bezug auf die Entwicklung und Nutzung von KI-Systemen enthält, veröffentlicht.[532] Der APRA sieht Vorgaben in Bezug auf den Schutz von Verbraucherdaten, den Datenschutz und die Datensicherheit, die Datenminimierung sowie Schutzmaßnahmen für generative KI-Systeme und Transparenzanforderungen bei der Datenverarbeitung vor.[533]

b) Offenlegung

Nachfolgend werden die Gründe der Einführung der neuen KI-spezifischen Instrumente zur Erleichterung der Durchsetzung von zivilrechtlichen Schadensersatzansprüchen, die der europäische Gesetzgeber durch die KI-Haftungsrichtlinie und der Produkthaftungsrichtlinie einführen will, betrachtet (hierzu unter (**1**)) und unter Bezugnahme auf ähnliche Instrumente, die das US-amerikanische Zivilprozessrecht vorsieht, namentlich die US-amerikanische „discovery“ (kurz: „US-Discovery“), analysiert (hierzu unter (**2**)) und sodann bewertet (hierzu unter (**3**)).

aa) KI-spezifische Instrumente zur Erleichterung der Durchsetzung von Schadensersatzansprüchen

Die beiden im Zusammenhang mit der KI-Verordnung vorgeschlagenen Richtlinienentwürfe sehen besondere Vorgaben zur Durchsetzung von zivilrechtlichen Schadensersatzansprüchen in Form von Offenlegungsansprüchen und widerlegbaren Vermutungen vor, um Geschädigten die Rechtsdurchsetzung von zivilrechtlichen Schadensersatzansprüchen im Zusammenhang mit Schäden, die durch KI-Systeme verursacht wurden, zu erleichtern.[534] Nach Auffassung der Europäischen Kommission ist die Durchsetzung von solchen Ansprüchen aufgrund der besonderen Eigenschaften von

---

[532] Siehe dazu Überblick über den APRA des Congressional Research Service, aktualisiert am 31.8.2022, abgerufen unter: https://crsreports.congress.gov/product/pdf/LSB/LSB11161 (Abrufdatum: 12.10.2024).

[533] Siehe APRA des Congressional Research Service, a.a.O.

[534] Siehe KI-Haftungsrichtlinie, S. 11, 13.; ErwG 42, 46 ProdHaftRL-E; ausfl. dazu oben Abschnitt D. II. 2., 3. und III. 5., 6.

KI-Systemen (Komplexität, Autonomie und Opazität)[535] und aufgrund der Beweislastverteilung besonders schwierig.[536]

bb) Rückgriff auf das US-amerikanische Prozessrecht

Vergleichbare Offenlegungsansprüche und Vermutungen enthielt die Executive Order 14110 nicht. Die Executive Order 14110 thematisierte nicht etwaige Schwierigkeiten bei der Durchsetzung von zivilrechtlichen Schadensersatzansprüchen in Bezug auf Schäden, die durch KI-Systeme verursacht wurden.

Die Offenlegungsansprüche in Art. 3 HaftRL-E und Art. 9 ProdHaftRL-E sollen der US-Discovery ähneln.[537] Die US-Discovery ist ein dem US-Klageverfahren vorgeschaltetes förmliches Beweisverfahren.[538] Sie dient dazu, die Prozessführung fair zu gestalten, indem sie den Parteien Zugang zu relevanten Informationen und Beweisen verschafft.[539] Im US-amerikanischen Zivilprozess obliegt es dem Gericht, die „wahre Gerechtigkeit" hervorzubringen, wozu die dem Klageverfahren vorgeschaltete US-Discovery die notwendige Informations- und Beweisbasis schaffen soll.[540] Dadurch soll vermieden werden, dass Personen von der Geltendmachung von Ansprüchen deshalb Abstand nehmen, da sie nicht hinreichenden Zugang zu den relevanten streitgegenständlichen Informationen und Beweismitteln haben.[541]

Das deutsche Zivilprozessrecht, das stellvertretend für das Zivilprozessrecht der anderen EU-Mitgliedstaaten betrachtet wird, sieht strikte Vorgaben mit limitierten Möglichkeiten zur Informations- und Beweisbeschaffung

---

535 Näher dazu siehe Abschnitt B. II.

536 Vgl. KI-Haftungsrichtlinie, S. 13; ErwG 42 ProdHaftRL-E.

537 So auch *Reusch* RDi 2023, 152 (158).

538 Das US-Discovery-Verfahren ist in 26–37 Fed. R. Civ. P. geregelt. Ausf. zur Historie der Discovery *Note* HLR 1961, 940, 946ff.; siehe zur Discovery im Allgemeinen *Kurz* IWRZ 2016, 64 (64ff.); *Rippert* RIW 1993, 626 (626ff.); *Dombrowski* GRUR-Prax 2016, 319 (319ff.); *Kersting*, Der Schutz des Wirtschaftsgeheimnisses im Zivilprozess, S. 129 ff; *Stadler*, Der Schutz des Unternehmensgeheimnis im deutschen und U.S.-amerikanischen Zivilprozess und im Rechtshilfeverfahren, 1989, S. 63.

539 Siehe *Theissen* IWRZ 2020, 10 (11); *Oberer*, Journal of Dispute Resolution 1987, 1, 4.

540 Siehe *Theissen* IWRZ 2020, 10 (11);

541 Siehe *Hornkohl* GVRZ 2021, 17 (17); *Hickman v. Taylor*, 329 U.S. 495, 500, 501 (1947).

vor.[542] Die Beweisaufnahme, die in den §§ 355–455 ZPO geregelt ist, findet im deutschen Zivilprozess regelmäßig im Rahmen eines laufenden Klageverfahrens statt, wobei die Parteien zur Informationsgewinnung auf einen streng limitierten numerus clausus von Beweismitteln angewiesen sind. Der Verhandlungsgrundsatz (auch Verhandlungsmaxime oder Beibringungsgrundsatz genannt) besagt, dass es grundsätzlich die Aufgabe der Parteien ist, Tatsachen und Beweismittel in den Prozess einzuführen.[543] Der Richter darf bei seiner Entscheidungsfindung grundsätzlich nur die von den Parteien rechtzeitig in den Prozess eingebrachten Tatsachen berücksichtigen.[544] Eine eigenmächtige Sachverhaltsaufklärung darf der Richter nicht betreiben.[545]

Die Parteien sind im Rahmen des Anwendungsbereichs der US-Discovery verpflichtet, der jeweils anderen Partei die Informationen und Beweismittel offenzulegen, auf die sich die Partei im Klageverfahren berufen will.[546] Dadurch soll auch verhindert werden, dass eine Partei erst in dem Klageverfahren von den Beweisen oder Zeugen des Prozessgegners „überraschend" erfährt und nicht mehr in der Lage ist, die erforderlichen Verteidigungsmittel zu beschaffen („trial by ambush").[547] Zudem treffen Unternehmen Aufbewahrungspflichten in Form von Beweissicherungspflichten, sofern „vernünftigerweise zu

---

542 Die gesetzlichen Regelungen des deutschen Zivilprozesses sind in der deutschen Zivilprozessordnung (ZPO) in der Fassung der Bekanntmachung v. 5.12.2005, BGBl. S. 3203 ber. 2006 I S. 431, 2007 I S. 1781, statuiert. Das Erkenntnisverfahren (Entscheidungs- und Urteilsverfahren) ist im 1. bis 7. Buch der ZPO geregelt.

543 Ausf. dazu *Anders*, in: Anders/Gehle ZPO, Vorbemerkung zu den §§ 128–703d Rn. 21; *Musielak*, in: Musielak/Voit ZPO Einleitung, Rn. 37; *Schreiber* Jura 2007, 500; KH-ZPO/*Saenger* Einführung Rn. 43ff; im Gegensatz dazu besteht im Straf- und Verwaltungsverfahren der Untersuchungsgrundsatz (Amtsermittlungsgrundsatz / Legalitätsprinzip), wonach der Staatsanwaltschaft die Pflicht obliegt, das Geschehen von Amts wegen aufzuklären, §§ 152 Abs. 2, 170 Abs. 1 StPO.

544 Siehe BVerfG, Beschluss v. 11.10.1994, Az. 1 BvR 1398/93 = NJW 1995, 40 (41); BGH, Urteil v. 13.3.1997, Az. I ZR 215/94 (KG) = NJW 1998, 156 (159); *Stadler*, in: Musielak/Voit ZPO § 139 Rn. 1.

545 Siehe *Kersting*, Der Schutz des Wirtschaftsgeheimnisses im Zivilprozess, S. 102 m.w.N.

546 Siehe *Theissen* IWRZ 2020, 10 (11); *Oberer*, Journal of Dispute Resolution 1987, 1, 4.

547 Ausf. dazu *Oberer*, Journal of Dispute Resolution 1987, 1, 4.

erwarten" („resonable anticipates") ist, dass ein Gerichtsverfahren anhängig gemacht werden wird.[548]

Solch weitreichende Offenlegungspflichten kennt die deutsche Zivilprozessordnung nicht. Die Parteien trifft im deutschen Zivilprozess lediglich die Obliegenheit, an der Aufklärung des Sachverhalts mitzuwirken.[549] § 138 ZPO statuiert in diesem Zusammenhang Erklärungspflichten der Parteien. Das bedeutet allerdings nicht, dass die Partei eine allgemeine Aufklärungspflicht trifft.[550]

Die US-Discovery lässt, anders als die deutsche Zivilprozessordnung, eine gewisse Sachverhaltsausforschung zu. Rule 26(b)(1) Fed. R. Civ. P. regelt die Reichweite der Offenlegungspflichten im Rahmen der US-Discovery. Gem. Rule 26(b)(1) Fed. R. Civ. P. kann eine Partei die Offenlegung von „relevanten" Informationen verlangen.[551] Der Begriff „Relevanz" („relevant") in Rule 26(b)(1) Fed. R. Civ. P. wird von den US-amerikanischen Gerichten weit ausgelegt.[552] Relevant sind dabei zunächst alle Beweismittel, die anspruchsbegründend sein können.[553] Dazu zählen auch solche Informationen, die zur Auffindung verwertbarer Beweismittel erst beitragen können.[554] Vor diesem Hintergrund wird die US-Discovery auch, da sie eine gewisse Ausforschung des Sachverhalts zulässt,[555] abwertend als „fishing trip" bezeichnet.[556] Selbst Beweismittel, die für die andere Partei von Nachteil sein können, sind

548 Vgl. *Kersting*, Der Schutz des Wirtschaftsgeheimnisses im Zivilprozess, S. 139.

549 Siehe *Anders*, in: Anders/Gehle ZPO § 138 Rn. 8.

550 BGH, Urteil v. 11.6.1990, Az. II ZR 158/89 = NJW 1990, 3151.

551 Von Rule 26(b)(1) Fed. R. Civ. P. erfasst ist auch die eDiscovery, d.h. digital gespeicherte Informationen („electronic stored information" – „ESI") nebst Metadaten, Ausdrucke, schriftliche Befragungen („written interrogations") oder eidesstattliche Aussagen („depositions"), siehe *Theissen* IWRZ 2020, 10 (11) m.w.N.Rule 34(a)(1)(A)(B) Fed. R. Civ. P.

552 Dies gilt auch für den Begriff „Beweis" („evidence") i. S. d. § 401 FRE. Auch dieser wird weit ausgelegt. § 401 FRE bestimmt, dass Beweise dann relevant sind, wenn sie zu Tatsachen führen können, die zu einer Bestimmung des Streitgegenstandes und des Anspruches führen können; ausf. dazu *Bento*, Globalization of Discovery, Chapter 1.

553 Vgl. *Theissen* IWRZ 2020, 10 (11).

554 Siehe *Klinger* RIW 2007, 108 (108).

555 Dazu *Stöhr* JA 2020, 688 (688).

556 Siehe LG Köln, Urteil v. 19.6.2019, Az. 26 S 13/18 = ZD 2019, 413 (415).

offenzulegen.[557] Erfasst sind auch Beweismittel, die mögliche Einreden und Einwendungen betreffen.[558]

Im Gegensatz dazu sind im deutschen Zivilprozessrecht Ausforschungsbeweise, d.h. vage Beweisanträge der Parteien ohne greifbare Anhaltspunkte für das Vorliegen eines bestimmten Sachverhalts mit willkürlichen Behauptungen „aufs Geratewohl" oder „ins Blaue hinein", die darauf abzielen, bei Gelegenheit der Beweisaufnahme Tatsachen in Erfahrung zu bringen oder die Benennung weiterer Beweismittel erst zu ermöglichen, unzulässig.[559] Das deutsche Zivilprozessrecht fordert, dass die Beweisanträge „bestimmt" sein müssen, d.h. zum Beweisantritt gehört die Angabe der zu beweisenden erheblichen Tatsache (Beweisthema) sowie die bestimmte Bezeichnung eines Beweismittels.[560] So ist etwa im Rahmen eines Urkundenbeweises nach § 424 ZPO bei dem Antrag auf Vorlegung einer Urkunde durch die Gegenpartei die Bezeichnung der Urkunde (Nr. 1), die Tatsachen, die durch die Urkunde bewiesen werden sollen

---

557 Siehe *Schönknecht* GRURInt 2011, 1000 (1005); Kurtz IWRZ 2016, 64 (64).

558 Siehe *Theissen* IWRZ 2020, 10 (11).

559 Siehe *Foerste*, in: Musielak/Voit ZPO § 284 Rn. 18; *Stöhr* JA 2020, 688 (688); zu den Anforderungen des Vorliegens eines unzulässigen Ausforschungsbeweises: BGH, Beschluss v. 28.1.2020, Az. VIII ZR 57/19 = NJW 2020, 1741 (1741) („unzureichende Behauptung ‚ins Blaue hinein'"); BGH, Beschluss v. 15.10.2019, Az. VI ZR 377/18 = NJW 2020, 393 (393) („Behauptet der Geschädigte [...] von einem eventuellen Vorschaden selbst keine Kenntnis [...] zu haben, kann ihm nicht verwehrt werden, eine tatsächliche Aufklärung auch hinsichtlich solcher Punkte zu verlangen, über die er kein zuverlässiges Wissen besitzt und auch nicht erlangen kann."); BGH, Urteil v. 26.2.2013, Az. XI ZR 425/10 = BKR 2013, 253 (255) („[...] ohne greifbare Anhaltspunkte für das Vorliegen eines bestimmten Sachverhalts willkürlich Behauptungen ‚aufs Geratewohl' oder ‚ins Blaue hinein' aufstellt."); BGH NJW, Urteil v. 13.6.2012, Az. I ZR 87/11 = NJW 2012, 3774 Rn. 17: „gewisse Wahrscheinlichkeit"; BGH, Urteil v. 8.5.2012, Az. ZR 262/10 = WM 2012, 1337 Rn. 28 ff. m.w.N. („ [...] ein unzulässiger Ausforschungsbeweis liegt vor, wenn [...] ohne greifbare Anhaltspunkte für das Vorliegen eines bestimmten Sachverhalts willkürlich Behauptungen ‚aufs Geratewohl' oder ‚ins Blaue hinein' aufstellt."); BGH, Urteil v. 10.1.1995, VI ZR 31/94 = NJW 1995, 1160 (1161) („ [...] wenn eine Partei mangels Kenntnis von Einzeltatsachen nicht umhin kann, von ihr zunächst nur vermutete Tatsachen als Behauptung in einen Rechtsstreit einzuführen, liegt keine unzulässige ‚Ausforschung' vor."); BGH, Urteil v. 13.7.1988, Az. IV a ZR 67/87 = NJW-RR 1988, 1529 (1539); OLG Düsseldorf, Urteil v. 19.6.2018, Az. I-1 U 164/17 = NJW-RR 2018, 1365 (1365) („ [...] willkürlich Behauptungen ‚ins Blaue hinein' aufstellt.").

560 BGH, Urteil v. 4.3.1991, Az. II ZR 90/90 = NJW-RR 1991, 888 (891).

(Nr. 2), eine möglichst vollständige Bezeichnung des Inhalts der Urkunde (Nr. 3), die Angabe der Umstände, auf welche die Behauptung sich stützt, dass die Urkunde sich in dem Besitz des Gegners befindet (Nr. 4) sowie die Bezeichnung des Grundes, der die Verpflichtung zur Vorlegung der Urkunde ergibt (Nr. 5), konkret zu nennen. Voraussetzung dafür, dass das Gericht eine Beweisaufnahme anordnet, ist mithin, dass die beweisbelastete Partei einen bestimmten Beweisantrag gestellt hat, d.h. (i) die zu beweisende erhebliche Tatsache (Beweisthema) und (ii) das Beweismittel konkret bezeichnet hat. Ausforschungsbeweise, d.h. unbestimmte, also vage, willkürliche, „aufs Geratewohl" oder „ins Blaue hinein" gestellte Beweisanträge sind strikt verboten und unzulässig. Eine „pauschale Aufforderung zur Vorlage ganzer Urkundensammlungen, Dokumentationen oder einer kompletten Korrespondenz" ist im Rahmen des § 142 ZPO ebenfalls unzulässig und kommt einer Ausforschung gleich.

Die Offenlegungspflichten der US-Discovery unterliegen allerdings gewissen Grenzen. Die Möglichkeit einer uferlosen Ausforschung besteht nicht. Namentlich ist die Offenlegung nur in Bezug auf nicht „privilegierte Informationen" zulässig („unless privileged or protected from disclosure", Rule 26(a)(iii) Fed. R. Civ. P.; „may obtain discovery regarding any matter not privileged, which is relevant to the subject matter involved in the pending action", Rule 26(b) Fed. R. Civ. P). Zu den privilegierten und damit für die Erforschung gesperrten Informationen gehören gem. Rule 26(b) Fed. R. Civ. P. z. B. Informationen im Zusammenhang mit der Anwalt-Mandanten-Beziehung[561], der Arzt-Patienten-Beziehung[562] und der Ehebeziehung. In Bezug auf ESI regelt Rule 26(b)(2) Fed. R. Civ. P., dass diese dann nicht offengelegt werden müssen, wenn dies eine unangemessene Belastung darstellt oder unangemessen hohe Kosten verursachen würde.[563] Während in Rule 26(b)(1) Fed. R. Civ. P. a.F. kein Verhältnismäßigkeitsprinzip verankert war, ist seit Neufassung der Vorschrift im Jahr 2015 eine Verhältnismäßigkeitsprüfung in Bezug auf den Begriff „Relevanz" („and proportional to the needs of the case") erforderlich. Die Abwägungskriterien sind konkret in der Vorschrift

[561] Siehe Rippert RIW 1993, 626 (627).

[562] Siehe *Jaffee v. Redmond*, 518 U.S. 1 (1996), Präzedenzfall zum Psychotherapeuten-Patienten-Privileg („psychotherapist-patient privilege"); *State v. Schroeder*, 524 N.W.2d 837 (1994) zum Begriff der Kommunikation beim Arzt-Patienten-Privileg.

[563] Ausf. dazu *Kurz* IWRZ 2016, 64 (66).

genannt. Zu beachten ist im Rahmen der Verhältnismäßigkeitsprüfung bei der US-Discovery

- die Tragweite der in dem Fall anstehenden Fragen;
- der Streitwert;
- der relative Zugang der Parteien zu relevanten Informationen;
- die Ressourcen der Parteien;
- die Beweiserheblichkeit und
- die Kostenbelastung durch die beabsichtigte Beweiserhebung in Relation zu dem voraussichtlichen Nutzen.

Für den Fall, dass das Informationsgesuch unangemessen ist, darf die Herausgabe von Informationen ebenfalls verweigert werden. Die US-amerikanische Zivilprozessordung sieht für den Anspruchsgegner darüber hinaus einen gewissen prozessualen Schutz vor, und zwar insbesondere, sofern Betriebs- oder Geschäftsgeheimnisse („trade secrets“) betroffen sind. So kann das Gericht zum Schutz des Anspruchsgegner auf dessen Antrag prozessuale Anordnungen („protective order“) gem. Rule 26(c) Fed. R. Civ. P. treffen oder gem. Rule 26(c)(G) Fed. R. Civ. P. einen vertraulichen Umgang („confidentiality order“) anordnen. KI wurde bereits von US-amerikanischen Gerichten als „trade secret“ eingeordnet.

Das deutsche Zivilprozessrecht bietet nur begrenzte Mittel zum Schutz von Geschäftsgeheimnissen. So kann durch das Geschäftsgeheimnisschutzgesetz (GeschGehG) der Zugang zu Geschäftsgeheimnissen nicht gänzlich ausgeschlossen werden. Zwar räumt das GeschGehG dem Gericht bei Klagen wegen einer Verletzung von Geschäftsgeheimnissen erweiterte Befugnisse zum Schutz dieser Geheimnisse ein, indem beispielsweise dem Prozessgegner Verschwiegenheitspflichten auferlegt werden können, deren Verletzung sanktioniert ist (§ 16 ff. GeschGehG) und gem. § 19 GeschGehG die Parteiöffentlichkeit auf einen eng begrenzten Personenkreis beschränkt werden kann. Doch kann der Zugang des Anspruchsgegners zu dem Geschäftsgeheimnis nicht vollständig ausgeschlossen werden. § 357 Abs. 1 ZPO gestattet den Parteien, der Beweisaufnahme beizuwohnen. Die Parteiöffentlichkeit, d.h. die Parteien, die Prozessbevollmächtigten und die Streithelfer (§§ 66 ff. ZPO) haben nach § 357 Abs. 1 ZPO ein Recht darauf, an der Beweisaufnahme teilzunehmen.[564]

---

[564] Siehe *Göertz*, in Anders/Gehle ZPO § 357 Rn. 5.

Ein sog. Geheimverfahren, wie das sog. „in-camera-Verfahren“[565] oder das sog. „Black-Box-Verfahren“[566], werden von der Rechtsprechung mit der Begründung abgelehnt, dass es mit dem geltenden Zivilprozessrecht unvereinbar sei.[567] Die Rechtsprechung hat in diesem Zusammenhang eine Abwägung zugunsten des Offenlegungsinteresses getroffen und die drohende Preisgabe von Betriebs- oder Geschäftsgeheimnissen in Kauf genommen.[568] So hat der BGH in diesem Zusammenhang entschieden, dass ein gerichtliches Sachverständigengutachten grundsätzlich als Beweismittel unverwertbar sein soll, wenn es auf Geschäftsunterlagen beruht, die eine der Parteien nur dem Sachverständigen und nicht auch dem Gericht und der Gegenpartei zur Verfügung gestellt hat und die im Verfahren auch nicht offengelegt werden.[569]

Mithin besteht die Gefahr, dass betroffene Unternehmen im Zivilprozess gezwungen werden, ihr „KI-Know-How“ offenzulegen. Im Falle der Nichtoffenlegung kann der Prozessverlust drohen. Art. 3 Abs. 5 HaftRL-E „sanktioniert“ die Missachtung des Adressaten der Offenlegungsanordnung zudem dergestalt, dass dies zu der (widerlegbaren) Vermutung derjenigen Sorgfaltspflichtverletzung führen soll, die die angeforderten Informationen

---

565 Ausf. zum in-camera-Verfahren: *Stadler*, in: Musielak/Voit ZPO § 142 Rn. 7a m.w.N.

566 Ausf. zum „Black-Box-Verfahren“: *McGuire* GRUR 2015, 424 (430).

567 OLG Köln, Beschluss v. 3.5.1995, Az. 19 U 153/93 = NJW-RR 1996, 1277; OLG Nürnberg CR 1987, 197; zur Zulässigkeit von Geheimverfahren *Prütting/Weth* NJW 1993, 576 (577); *dies.* ArbuR 1990, 269–275; *Zeuner* NJW 1993, 845 (845); *Kürschner* NJW 1992, 804 (805); *Schilken* SAE 1993, 308 (301); *Lachmann* NJW 1987, 2206; *Lange* NJW 1990, 3233 (3238); *Göertz*, in Anders/Gehle ZPO § 357 Rn. 5; MüKoZPO/*Heinrich*, 6. Auflage 2020, ZPO § 357 Rn. 9.

568 Das Spannungsverhältnis zwischen dem Offenlegungsinteresse der Partei einerseits und der Wahrung von Betriebs- oder Geschäftsgeheimnissen des Prozessgegners andererseits wird im Schrifttum und der Rechtsprechung kontrovers diskutiert. Befürwortend *Stürner* JZ 1985, 4553 (459); *Stadler* NJW 1989, 1202 (1203f.); *Wagner* ZZP 108 (1995), 193ff. (210ff.); *Gottwald* BB 1979, 1780 (1781); a.A. OLG Köln, Beschluss v. 3.5.1995, Az. 19 U 153/93 = NJW-RR 1996, 1277; OLG Nürnberg CR 1987; *Prütting/Weth* NJW 1993, 576 (577); *Zeuner* NJW 1993, 845 (845); *Kürschner* NJW 1992, 804 (805); *Schilken* SAE 1993, 308 (301); *Lachmann* NJW 1987, 2206; *Lange* NJW 1990, 3233 (3238); *Göertz*, in Anders/Gehle ZPO § 357 Rn. 5; MüKoZPO/*Heinrich*, 6. Auflage 2020, ZPO § 357 Rn. 9; differenzierend *Stadler*, in: Musielak/Voit § 357 Rn. 4; *Stadler*, Der Schutz des Unternehmensgeheimnis im deutschen und U.S.-amerikanischen Zivilprozess und im Rechtshilfeverfahren; 1989; *Ploch-Kumpf*, Unternehmensgeheimnisse im Zivilprozess, S. 166ff.; *Kersting*, Der Schutz des Wirtschaftsgeheimnisses im Zivilprozess, S. 115.

569 BGH, Urteil v. 12.11.1991, KZR 18/90 = NJW 1992, 1817 (1819); siehe auch OLG Köln, Beschluss v. 3.5.1995, Az. 19 U 153/93 = NJW-RR 1996, 1277.

und Beweise für den behaupteten Schadensersatzanspruch belegen sollten.[570] Ein vermuteter Sorgfaltspflichtverstoß kann wiederum Anknüpfungspunkt für die in Art. 4 HaftRL-E vorgesehene Kausalitätsvermutung sein, so dass auch insoweit der Prozessverlust droht.

cc) Bewertung

Bei den neuen Offenlegungsansprüchen ist der Grundstein dafür gelegt, dass bei Eintritt eines Schadens, der durch KI verursacht wurde, eine wirksame und realistische Entschädigung gewährleistet wird und KI-Geschädigte ihre Ansprüche effizienter durchsetzen können. Diese Regelungen sind insoweit ungewöhnlich, als dass eine solche Offenlegung von Beweismitteln in Civil Law-Staaten bislang unüblich ist. Während das deutsche Zivilprozessrecht, das stellvertretend für das Prozessrecht der anderen EU-Mitgliedstaaten betrachtet wird, nur begrenzte Mittel zur Erlangung streitrelevanter Informationen und Beweise zur Überwindung von KI-spezifischen Informationsdefiziten bereit hält, bietet das US-amerikanische Zivilprozessrecht bereits weitreichende Möglichkeiten der Informations- und Beweisgewinnung durch die US-Discovery. Offenzulegen sind im Rahmen der US-Discovery grundsätzlich alle relevanten Beweismittel. Relevant sind alle Beweismittel, die anspruchsbegründend sein können und bei denen es sich um „nicht-privilegierte Informationen" handelt. Es macht in der Tat den Eindruck, dass die KI-spezifischen Offenlegungsansprüche der beiden in Rede stehenden EU-Richtlinienentwürfe der US-Discovery ähneln. Der Begriff „Relevanz" spielt auch bei den Offenlegungsansprüchen aus Art. 3 HaftRL-E und Art. 9 ProdHaftRL-E eine zentrale Rolle. Dergestalt weitreichende Offenlegungsansprüche, wie sie die in Rede stehenden EU-Richtlinienentwürfe versehen, wonach die Parteien die Offenlegung „relevanter" Informationen verlangen können, die „vermutlich" für ihren Anspruch von Relevanz sind, kennt das deutsche Zivilprozessrecht bislang nicht.

Offen ist, was der EU-Gesetzgeber unter „relevanten" Beweismitteln versteht. Darüber hinaus ist nicht konkretisiert, welche Anforderungen an die Darlegung der „vermutlichen" Schadensanrichtung i. S. d.

---

[570] Dazu *Reusch* RDi 2023, 152 (154); im deutschen Recht dürfte das Vorliegen eines Sorgfaltspflichtverstoßes des Beklagten gemeint sein, weil ein objektiver Sorgfaltspflichtverstoß automatisch zu einem Verschulden führt; so *Bomhard/Siglmüller* RDi 2022, 506 (510).

Art. 3 Abs. 1 HaftRL-E gestellt werden. Art. 3 HaftRL-E gewährt, ähnlich wie Art. 9 ProdHaftRL-E, insoweit gewisse Auslegungsspielräume. So wird es eine zentrale Frage in den EU-Mitgliedstaaten sein, wie die nationalen Gesetzgeber in der Europäischen Union die (Gesetzgebungs-) Spielräume, die die europäischen Regelungen, wie z. B. in Art. 9 ProdHaftRL-E und Art. 3 HaftRL-E, gewähren, auslegen.

Mit Blick auf die Ähnlichkeiten kann die US-Discovery insoweit als „Auslegungshilfe" dienen. Wünschenswert ist es, dass in Anlehnung an Rule 26 Fed. R. Civ. P. konkrete Grenzen der Offenlegungsverpflichtung aus Art. 3 HaftRL-E und Art. 9 ProdHaftRL-E definiert werden, um Rechtssicherheit zu schaffen und einer uferlosen Ausforschung vorzubeugen. Zwar unterliegen die europäischen Offenlegungsansprüche gewissen Grenzen, doch dürfte insoweit ein gewisser Nachbesserungsbedarf bestehen. KI entwickelnde und anbietende Unternehmen in der EU müssen damit rechnen, KI-spezifische Informationen preisgeben zu müssen, um nicht in einem Prozess zu unterliegen. Sofern sich diese Unternehmen darauf berufen, dass es sich bei der KI um Geschäftsgeheimnisse handelt, dürfte dies in der Regel keine Abhilfe schaffen.

Aus Sicht der KI-entwickelnden und anbietenden Unternehmen kann es äußerst relevant und von existenzieller Wichtigkeit sein, ihr „KI-Know How" hinreichend vor der Öffentlichkeit zu schützen. Ein KI anbietendes Unternehmen, dessen KI einen Schaden verursacht hat, könnte daher im Zivilprozess gezwungen sein, dass „KI-Know How" offenzulegen, um nicht infolge von Beweisfälligkeit den Prozess zu verlieren. Selbst wenn die KI als Geschäftsgeheimnis eingeordnet wird, ist fraglich, ob dies einen ausreichenden Schutz des Anspruchsgegners darstellt, da der Zugang des Gegners zu dem Geschäftsgeheimnis gerade nicht vollständig ausgeschlossen werden kann. Mit Blick auf die Ziele der KI-Haftungsrichtlinie, namentlich der Schaffung von Rechtssicherheit durch Erleichterung der Rechtsdurchsetzung von Schadensersatzansprüchen von KI-Geschädigten,[571] ist zu befürchten, dass die Interessen der betroffenen Unternehmen zurückzutreten haben.[572] Dies dürfte gerade eines der übergeordneten Ziele des Europäischen Gesetzgebers,

---

[571] Siehe COM(2022) 496, Begründung.
[572] Vgl *Bombhard/Siglmüller* RDi 2022, 506 (509).

die technische Führungsrolle der Europäischen Union auszubauen[573], konterkarieren.

c) Sonderregelungen für KI-Modelle mit allgemeinem Verwendungszweck

Nachfolgend werden die Sonderregelungen für GPAI der KI-Verordnung (hierzu unter (**1**)) und die der Executive Order 14110 (hierzu unter (**2**)) dargestellt, miteinander verglichen und bewertet (hierzu unter (**3**)).

aa) Zu den Sonderregelungen für KI-Modelle mit allgemeinem Verwendungszweck in der KI-Verordnung

Die KI-Verordnung sieht spezifische Vorgaben für GPAI in Art. 51 ff. KI-VO vor, die auch gelten, sofern diese Modelle in ein KI-System integriert oder Teil davon sind.[574] Dabei sieht die KI-Verordnung gewisse Ausnahmen, z. B. bei rein interner Verwendung des GPAI und zu Forschungs- und Entwicklungstätigkeiten oder die Konzipierung von Prototypen, vor.[575] Ausweislich Erwägungsgrund Nr. 110 KI-VO können solche Modelle systemische Risiken bergen und negative Auswirkungen im Zusammenhang mit schweren Unfällen, Störungen kritischer Sektoren und schwerwiegende Folgen für die öffentliche Gesundheit und Sicherheit sowie auf demokratische Prozesse und die öffentliche und wirtschaftliche Sicherheit, die Verbreitung illegaler, falscher oder diskriminierender Inhalte haben.

Die Sonderregelungen für GPAI, die zusätzlich zu den risikobasierten Regelungen für KI-Systeme gelten, tragen dem Umstand Rechnung, dass die KI-Verordnung KI über ihren gesamten Produktlebenszyklus hinweg erfassen will und es aufgrund des Konzepts der KI-Verordnung erforderlich ist, den Verwendungszweck der KI entweder zu Beginn der Entwicklung jedoch spätestens bei Inverkehrbringen zu definieren.[576] Da GPAI als Basis für unterschiedlichste KI-Systeme in unterschiedlichen Bereichen dienen können, bedurfte es spezifischer Vorgaben, die die Besonderheiten der GPAI berücksichtigen.[577]

---

[573] Siehe KI-Haftungsrichtlinie, S.1.
[574] Ausfl. dazu *Engel* KIR 2024, 21–28; siehe auch oben Abschnitt D. I. 4. d).
[575] Siehe Art. 2 Abs. 8 i.V.m. ErwG 97 KI-VO.
[576] Siehe *Chibanguza/Steege* NJW 2024, 1769 (1170).
[577] Näher dazu *Möller-Klapperich* NJ 2024, 337 (341).

bb) *Zu den Sonderregelungen für KI-Systeme mit allgemeinem Verwendungszweck in der Executive Order 14110*

Die Executive Order 14110 sah Sonderregelungen in Bezug auf GPAI vor. Erkannt wurde, dass solche Modelle eine zentrale Rolle im Rahmen der KI-Technologie spielen und neben den Vorteilen auch große Risiken bergen.[578] Vor diesem Hintergrund sollte gem. § 4 Executive Order 14110 der Secretary of Commerce (US-Handelsminister) innerhalb von 90 Tagen nach Inkrafttreten der Executive Order 14110 Unternehmen, die „dual-use foundation models", d.h. GPAI, entwickeln oder entwickeln wollen, dazu verpflichten, der US-Regierung bestimmte Informationen zu übermitteln. Betroffene Unternehmen sollten dazu Ergebnisse der „Red-Teaming-Tests", d.h. besonderer Sicherheitstests, und andere wichtige Informationen im Zusammenhang mit der Entwicklung und Herstellung der KI (z. B. Informationen über die laufenden oder geplanten Tätigkeiten) offenlegen.[579]

cc) *Bewertung*

Sowohl die KI-Verordnung als auch die Executive Order 14110 sehen bzw. sahen Sonderregelungen für GPAI vor. Erkannt wurde, dass GPAI besondere Risiken bergen. Während hingegen die KI-Verordnung strenge Vorgaben in Bezug auf Dokumentations- und Informationspflichten für Anbieter von GPAI sowie zusätzliche Pflichten in Bezug auf GPAI, die ein systemisches Risiko mit sich bringen, vorsieht, legte die Executive Order 14110 Berichtspflichten für solche Modelle über die Ergebnisse von Sicherheitstests fest.

d) Weitere Sonderthemen

Die Executive Order 14110 thematisierte, anders als die KI-Verordnung, politische Themen (z. B. Einwanderung, Bildung und Arbeit)[580] und besondere Gefahren im Zusammenhang mit chemischen, biologischen, radioaktiven und nuklearen Stoffen.[581]

---

[578] Eingehend dazu *Seger et al.*, Open-Sourcing Highly Capable Foundation Models, Centre for the Governance of AI (2023), abrufbar unter:https://cdn.governance.ai/Open-Sourcing_Highly_Capable_Foundation_Models_2023_GovAI.pdf (Abrufdatum: 12.10.2024)..

[579] Siehe *Logan/Zoltick* Law360, 1 (4).

[580] Vgl. § 5 Executive Order 14110.

[581] Vgl. § 3(k)(i), 4. 4.1(ii)B(b) Executive Order 14110.

II. Schlussfolgerungen

Sowohl die KI-Verordnung als auch die Executive Order 14110 basieren auf einem fundierten Wissen über KI. Der Einbezug von Beratern kann bedeutenden Einfluss für die Ausgestaltung der Initiativen haben. Wie die Einbeziehung einer eher Theorie geprägten Expertengruppe im Rahmen der Ausgestaltung der KI-Verordnung gezeigt hat, kann dies zu einer strengeren Regulierung mit einem harten Sanktionskonzept führen, während der Einbezug von praxisnahen Experten, zu einer flexibleren und innovationsfördernden Regulierung führen kann, wie die Ausgestaltung der Executive Order 14110 zeigt. Jedenfalls sollten Vorgaben zur Regulierung von KI angemessen und ausgewogen sein, um Innovationen nicht zu behindern.

In Bezug auf die Haftung und Verantwortung für KI schaffen klar formulierte und verbindliche Regelungen Rechtssicherheit für diejenigen, die KI-Systeme herstellen, anbieten, einführen und nutzen einerseits und für diejenigen, die durch KI geschädigt wurden, andererseits. Regelungen zur Verantwortung und Haftung für KI-Systeme werden klar definiert, wodurch Haftende eindeutig identifiziert werden können. Dadurch wird es den Verantwortlichen ermöglicht, Risikobewertungen im Zusammenhang mit KI-Systemen vorzunehmen und geeignete Sicherheitsmaßnahmen sowie angemessene Qualitäts- und Risikomanagementsysteme einzuführen. Dies kann den Effekt haben, dass KI-Systeme durch die operative Begleitung optimiert, verbessert und beherrschbarer werden und so zu einer Schadensreduzierung beitragen. Unverbindliche Richtlinien und Empfehlungen, wie sie die Executive Order 14110 vorsah, haben diese Wirkung hingegen nicht.

Ein duales Regulierungskonzept, wie es die KI-Verordnung vorsieht, das präventiv dafür sorgt, dass KI-Systeme bestimmten Zulassungskriterien und Kontrollregimen unterliegen und klare Verantwortungsbereiche festlegt, sowie ex post dafür Sorge trägt, dass Geschädigte im Falle eines durch KI verursachten Schadens die Möglichkeit haben, zivilrechtliche Schadensersatzansprüche durchsetzen können, ist ein leistungsfähiges Instrument zur Steuerung von Märkten und Verhaltensweisen. Solch ein Konzept ermöglicht eine effiziente Anpassung an sich verändernde Rahmenbedingungen, wie beispielsweise an die sich rasant entwickelnde KI-Technologie. Ein sektorales Regulierungskonzept, wie es die Executive Order 14110 vorgab, bietet dies nicht und birgt die Gefahr divergierender und nicht harmonisierter Vorgaben.

Die Klassifizierung von KI-Systemen nach Risiken, die von ihnen ausgehen, wie es die KI-Verordnung vorsieht und das Verbot bestimmter KI-Systeme, greift steuernd in die Privatwirtschaft ein. Von Vorteil ist, dass durch die Einordnung von KI-Systemen Rechtssicherheit geschaffen wird. Nachteilig ist, dass durch den steuernden Eingriff Innovationen gehemmt werden können. Ein risikoaffinierter Ansatz, wie sie die Executive Order 14110 verfolgte, ist innovationsfördernd und kann zu einer Steigerung der Attraktivität des Standorts führen.

Ein striktes Sanktionskonzept mit empfindlichen Geldbußen wirkt abschreckend und sorgt dadurch dafür, dass die Vorgaben eingehalten werden. Die Abwesenheit eines solchen Konzepts führt dazu, dass Vorgaben weniger verhaltenssteuernd wirken. Allerdings kann ein flexibleres Konzept eine schnellere und effizientere Anpassung an neue Technologien ermöglichen. Strikte Regelungen, die harte Sanktionen bei einem Verstoß vorsehen, sind geeignet, effektiv das Verhalten zu steuern, Rechtssicherheit zu schaffen, Prozesse zu vermeiden und das Vertrauen in den KI-Sektor zu stärken. Insoweit kann das europäische Konzept als Vorbild dienen.

Sowohl der Schutz geistigen Eigentums beim KI-Einsatz als auch die Notwendigkeit der Regulierung von GPAI sind in der EU und den USA ein zentrales Thema. Insoweit besteht eine Tendenz zur Angleichung der Regelungen.

Zur Schließung von Entschädigungslücken und Erleichterung der Durchsetzung von zivilrechtlichen Schadensansprüchen im Zusammenhang mit Schäden, die durch KI verursacht wurden, steht das Beweisrecht in der EU ebenfalls im Fokus der Regulierung. In den USA ist dies nicht der Fall. Dort kann Rückgriff auf das vorhandene Zivilprozessrecht und insbesondere auf die US-Discovery genommen werden. Die Annäherung an die neuen Offenlegungsansprüche, die die KI-Haftungsrichtlinie und die Produkthaftungsrichtlinie einführen wollen, an die US-Discovery, trägt dazu bei, Gerechtigkeit zu schaffen, indem sie dem/der Geschädigten die Beschaffung von Informationen, die er/sie benötigt, um seine/ihre Ansprüche durchzusetzen, gewährt. Diese Vorschriften dienen mithin der Lösung aktueller KI-spezifischer Probleme. Wie herausgearbeitet wurde, besteht insoweit ein gewisser Nachbesserungsbedarf in Bezug auf den Schutz etwaiger Geschäftsgeheimnisse betroffener Unternehmen, die zivilrechtlichen Schadensersatzansprüchen ausgesetzt sind. Die US-amerikanischen Vorschriften können insoweit als Vorbild dienen und zur Harmonisierung der Regulierungskonzepte der EU und der USA eingesetzt werden.

In der EU können Geschädigte bei KI-verursachten Schäden zukünftig zudem zivilrechtliche verschuldensunabhängige Schadensersatzansprüche geltend machen, sofern der Anwendungsbereich der Produkthaftungsrichtlinie eröffnet ist, was ebenfalls die Geltendmachung von Ansprüchen im Zusammenhang mit Schäden, die durch KI verursacht wurden, erleichtert. Auffallend ist, dass weder die KI-Verordnung noch die Executive Order 14110 Anhaltspunkte dafür aufweisen, dass eine rechtlich fingierte „E-Person" als eigenständig Haftender eingeführt werden soll. Darüber hinaus bestehen keine Anhaltspunkte dafür, dass KI-spezifische Anspruchsgrundlagen geschaffen werden sollen. Es bestehen zudem keine Anhaltspunkte dafür, dass aufgrund der besonderen Gefahren, die von KI-Systemen ausgehen können, eine KI-spezifische Gefährdungshaftung oder eine KI-spezifische kollektive Rechtsdurchsetzung eingeführt werden soll. In den USA wird von großer Relevanz sein, wie die US-Gerichte mit Schäden, die durch KI verursacht wurden, umgehen. Bislang spielten die besonderen KI-spezifischen Risiken und Gefahren in den Gerichtsentscheidungen keine relevante Rolle. Insoweit können die Vorgaben der KI-Verordnung als Vorbild in Bezug auf die Einordnung der Verantwortung und Haftung für KI-Systeme dienen.

G. Zusammenfassung in Thesen

I. Einleitung

1. Künstliche Intelligenz (kurz: „KI“) ist allgegenwärtig und revolutioniert beinahe jeden Geschäftsbereich. Es ist von einem neuen „iPhone-Moment“ die Rede. Neben Vorteilen und Potenzialen birgt KI Risiken, so dass es Regelungen für einen verantwortungsvollen Umgang mit KI bedarf. Wird durch ein KI-System ein Schaden verursacht, stellt sich die Frage der Haftung und Verantwortung für die KI.
2. Die enorme Geschwindigkeit der Weiterentwicklung der KI-Technologien stellt die Gesetzgeber bei der Regulatorik von KI vor große Herausforderungen. Sie können häufig nur schwer mit der Entwicklung der KI-Systeme Schritt halten. Derzeit herrscht ein „globaler Regulierungswettbewerb“ zwischen der Volksrepublik China, der EU und den USA. Die ersten KI-spezifischen Vorgaben soll es in der Volksrepublik China gegeben haben. Eine Vorreiterrolle bei der Regulierung von KI übernimmt auch die Europäische Union mit der am 1. August 2024 in Kraft getretenen EU-Verordnung (EU) 2024/1689 über harmonisierte Vorschriften für KI (kurz: „KI-Verordnung“). Einen weiteren Meilenstein in der KI-Regulierung stellte die im Oktober 2023 von dem vormaligen US-Präsidenten *Joe Biden* erlassene und am 20. Januar 2025 aufgehobene Executive Order 14110, namentlich die „Executive Order on Safe, Secure, and Trustworthy Artificial Intelligence“ dar, mit der erstmals Regeln für KI in der USA erlassen wurden. Die kurz danach am 23. Januar 2025 durch den neuen US-Präsidenten *Donald Trump* erlassene Executive Order namens „Removing Barriers to American Leadership in Artificial Intelligence” (kurz: „Removing Barriers“) zielt darauf ab, etwaige durch die Executive Order 14110

getroffenen Maßnahmen zu beseitigen und die staatliche Kontrolle zu reduzieren.

3. Aufgrund des globalen Einsatzes von KI und mit Blick auf die bereits bestehende globale Zusammenarbeit der EU und den USA ist eine Vereinheitlichung der Regulierungskonzepte wünschenswert. Dabei sollte die Frage der Haftung und Verantwortung für KI eine zentrale Rolle spielen, da dies für die Akteure, namentlich für Produkthersteller, Betreiber, Bevollmächtigte, Einführer und Händler von KI von herausragender Bedeutung ist.

II. Technologie, Eigenschaften, Risiken und haftungsrechtliche Probleme von KI

4. Aus technischer Sicht wird grundsätzlich zwischen zwei verschiedenen Arten von KI unterschieden, namentlich zwischen der sog. „schwachen“ KI (englisch: „weak AI“ oder „narrow AI“) und der sog. „starken“ KI (englisch: „strong AI“ oder „general AI“). Derzeit soll ausschließlich schwache KI zum Einsatz kommen. Häufig eingesetzte KI-Methoden sind das sog. maschinelle Lernen (englisch: „Machine Learning“, kurz: „ML“), das sog. mehrschichtige Lernen („Deep Learning“, kurz: „DL“) und generativ vortrainierte Transformer (englisch: „Generative pre-trained transformer, kurz: „GPT“).
5. KI-Systeme zeichnen sich grundsätzlich durch die nachfolgenden drei zentralen Eigenschaften aus, namentlich durch Autonomie, Opazität und der daraus resultierenden Komplexität. Die Kombination bzw. das Interagieren der vorgenannten Eigenschaften führt u.a. zu äußerst komplexen Systemen. In Bezug auf haftungsrechtliche Fragestellungen führt diese Komplexität im Rahmen von zivilrechtlichen Gerichtsprozessen oftmals zu Schwierigkeiten bei der Rechtsdurchsetzung. So scheitern Schadensersatzansprüche im Zusammenhang mit durch KI verursachte Schäden häufig daran, dass den Anspruchsstellern, die nach den allgemeinen Grundsätzen darlegungs- und beweisbelastet sind, die notwendigen Informationen und Beweise fehlen, die sie zu der Durchsetzung ihrer Ansprüche benötigen. Darüber hinaus stellt sich die Frage der Verantwortlichkeit, denn KI-Systeme sind (bisher) nicht rechtsfähig. Eine E-Person wird nicht als Träger von Rechten und Pflichten anerkannt.

6. Die Definition von KI ist von erheblicher Bedeutung, da sie bestimmt, inwieweit KI-Systeme der Regulierung unterfallen. Die KI-Definition ist damit auch für die Frage der zivilrechtlichen Haftung und Verantwortung für KI von zentraler Bedeutung. Die Geschichte der KI reicht bis in das Jahr 1950 zurück. Seitdem unterliegt die KI einem ständigen Wandel. Damit einher geht, dass die KI-Definition ebenfalls einem Wandel unterliegt, um die Technologiefortschritte zu berücksichtigen. Aufgrund des durch die hohe Dynamik und des rasanten Technologiefortschritts bedingten Wandels von KI sind KI-Systeme äußerst schwer zu definieren. Der Europäische Gesetzgeber hat seit dem Jahr 2021 intensiv an einer Legaldefinition von KI gearbeitet und erstmals in dem Kommissionsentwurf der KI-Verordnung eine KI-Definition vorgeschlagen. Die KI-Definition gehörte zu den umstrittensten Vorschriften der KI-Verordnung und wurde im Laufe des Gesetzgebungsverfahrens mehrfach abgeändert. Seit dem 1. August 2024 existiert mit Inkrafttreten der KI-Verordnung als Verordnung eine europäische Legaldefinition in Art. 3 Nr. 1 KI-VO von KI. Auch in den USA ist KI in 15 USC § 9401(3) Code of Laws of the United States of America (kurz: „U.S.Code“) legaldefiniert. Die Executive Order 14110 und die Executive Order „Removing Barriers“ übernehmen inhaltsgleich in § 3(b) diese KI-Definition. Beide KI-Definitionen orientieren sich an der KI-Definition der Organisation for Economic Co-operation and Development (kurz: „OECD“) und knüpfen damit an ein internationales Verständnis von KI an. Während die europäische KI-Definition auf der neuen Fassung der OECD-Definition aus November 2023 basiert, knüpft die US-amerikanische Definition an der OECD-Definition aus dem Jahr 2019 an.
7. Mit Blick auf die Dynamik und den rasanten Wandel der KI-Technologie dürfte eine flexible KI-Definition zweckdienlich sein, die ein dynamische Konzept vorsieht, das die Möglichkeit bietet, die Definition schnell und flexibel anzupassen, sofern dies aufgrund neuer Technologien erforderlich ist. Der Europäische Gesetzgeber hatte ein solches Konzept in Gestalt delegierter Rechtsakte gem. Art. 290 AEUV im Kommissionsentwurf der KI-Verordnung vorgesehen, das im Laufe des Gesetzgebungsverfahrens wieder verworfen wurde. Insoweit sind sowohl die europäische als auch die US-amerikanische KI-Definition optimierungsbedürftig. Das europäische Konzept, das einen Verweis auf einen abzuändernden Annex vorsah, kann dazu als Vorbild dienen.

III. Regulierung von KI in der EU

8. Die EU hat bei der KI-Regulierung eine Vorreiterrolle eingenommen und mit der KI-Verordnung, die am 1. August 2024 in Kraft getreten ist, erstmals Vorgaben für die Entwicklung und Nutzung von KI-Systemen geschaffen. Die KI-Verordnung sorgt präventiv dafür, dass KI-Systeme bestimmten Zulassungskriterien und Kontrollregimen unterliegen und regelt damit die Verantwortung für KI. Die Regelungen der KI-Verordnung sind als Aufsichtsrecht zu qualifizieren. Grundsätzlich befasst sich die KI-Verordnung nicht explizit mit haftungsrechtlichen Fragen. Allerdings erlangt sie haftungsrechtliche Relevanz aufgrund dessen, dass einigen Regelungen Schutzgesetzqualität i. S. d. § 823 Abs. 2 BGB zukommt.
9. Neben der KI-Verordnung hat die Europäische Kommission zwei Richtlinienentwürfe, namentlich den Richtlinienentwurf über KI-Haftung (COM(2022) 496 final), der sich mit der zivilrechtlichen außervertraglichen Haftung in Bezug auf KI befasst, und den Richtlinienentwurf über Produkthaftung (COM(2022) 495 final), mit dem prioritär Unsicherheiten in Bezug auf Software und KI geklärt werden sollen, erlassen.
10. Der Entwurf der KI-Haftungsrichtlinie befasst sich explizit mit der zivilrechtlichen außervertraglichen Haftung für KI und zielt darauf ab, die Geltendmachung von Schadensersatzansprüchen im Zusammenhang mit dem KI-Einsatz zu erleichtern. Der Anwendungsbereich der KI-Haftungsrichtlinie erfasst gemeinsame Vorschriften über die Offenlegung von Beweismitteln betreffend Hochrisiko-KI-Systeme sowie über KI-spezifische Beweislastregelungen in Bezug auf außervertragliche verschuldensabhängige zivilrechtliche, d.h. deliktische Schadensersatzansprüche.
11. Es bestehen keine Anhaltspunkte dafür, dass aufgrund der besonderen Gefahren, die von KI-Systemen ausgehen können, eine KI-spezifische Gefährdungshaftung, KI-spezifische Anspruchsgrundlagen oder eine KI-spezifische kollektive Rechtsdurchsetzung eingeführt werden sollen. Es sind zudem keine Anhaltspunkte dafür erkennbar, dass durch diese Richtlinie eine E-Person eingeführt werden soll.
12. Der Entwurf der KI-Haftungsrichtlinie sieht einen speziellen materiellen Auskunftsanspruch vor, der es Geschädigten außergerichtlich und gerichtlich erleichtern soll, etwaige Schadensersatzansprüche im Zusammenhang mit einem durch KI verursachten Schaden durchzusetzen. Ziel ist es, Geschädigte bei der Geltendmachung

von Schadensersatzansprüchen von Kausalitätsfragen zu entlasten. Dazu soll es unter bestimmten Voraussetzungen künftig eine (widerlegliche) Vermutung dahingehend geben, dass ein ursächlicher Zusammenhang zwischen einem Verschulden bezüglich der Nichteinhaltung einer Pflicht nach der KI-Verordnung und dem durch das KI-Ergebnis herbeigeführten Schaden besteht.

13. Die am 9. Dezember 2024 in Kraft getretene Produkthaftungsrichtlinie (EU 2024/2853) überarbeitet die aus dem Jahr 1985 stammende und damit rd. 40 Jahre alte Produkthaftungsrichtlinie (Richtlinie 85/374 EWG) und hat insbesondere zum Ziel, die Risiken der Produktion von modernen digitalen Produkten angemessen zu verteilen und sicherzustellen, dass für Produkte im digitalen Zeitalter verschuldensunabhängig im Rahmen des Anwendungsbereich gehaftet wird. Klargestellt wird in Art. 4 Nr. 1 ProdHaftRL explizit, dass Software und KI als Produkt i. S. d. Produkthaftungsrichtlinie gelten.
14. Die Produkthaftungsrichtlinie soll zudem die Anknüpfungspunkte der Produkthaftung dergestalt erweitern, dass neben dem Inverkehrbringen als weiterer Anknüpfungspunkt der Haftung des Hersteller als relevanter Umstand die unterlassene oder mangelnde Kontrolle hinzukommen soll, sofern eine Kontrolle möglich ist, z. B. durch Updates oder Upgrades.
15. Neue Vorgaben zur Offenlegung von Beweismitteln und Beweislastverteilung, die sich für sämtliche Produkte im Anwendungsbereich der Produkthaftungsrichtlinie finden, sollen insbesondere der Beweisnot des Geschädigten in Bezug auf Software und KI entgegenwirken. Die Produkthaftungsrichtlinie sieht, ähnlich wie der Entwurf der KI-Haftungsrichtlinie, einen materiellen Auskunftsanspruch vor, der es Geschädigten erleichtern soll, Schadensersatzansprüche im Zusammenhang mit softwaregestützten Produkten durchzusetzen.
16. Die neuen Auskunftsansprüche sind insoweit ungewöhnlich, als dass sie eine Offenlegung von Beweismitteln vorsehen, die in Deutschland und Civil Law-Staaten im Allgemeinen bislang unüblich ist.

IV. Regulierung von KI in den USA

17. In den USA existieren bislang keine verbindlichen Vorgaben zur KI-Regulierung auf Bundesebene. Auf Bundesstaatenebene gleicht die KI-Gesetzgebung einem Flickenteppich unterschiedlicher Gesetze

und Regelungen, die sich in unterschiedlichen Stadien des jeweiligen Gesetzgebungsverfahrens befinden. In einigen US-Bundesstaaten sind bereits KI-spezifische Gesetze in Kraft, wie z. B. in Colorado und Utah.

18. Eine wichtige Rolle zur Regulierung von KI spielte die im Oktober 2023 vom vormaligen US-Präsidenten *Joe Biden* erlassene Executive Order 14110, die die Basis für eine einheitliche KI-Regulatorik in den USA schaffen sollte. Dieser Executive Order kommt unabhängig von ihrer Dauerhaftigkeit eine große gesellschaftsrechtliche und rechtliche Relevanz zu, da sie wichtige Impulse für zukünftige Vorgaben für KI geben kann, Schwächen in der Regulatorik aufzeigen kann und so den Weg für nachhaltige Verbesserungen ebnen kann. Adressaten der Executive Order 14110 waren 50 US-Bundesbehörden und US-Ministerien. Die Auswirkungen auf Unternehmen, die KI-Systeme entwickeln oder einsetzen oder KI-Lösungen von Drittanbietern nutzen, dürften zunächst begrenzt gewesen sein, da die Executive Order 14110 insofern keine unmittelbaren Pflichten vorsah, weil sie in der Normhierarchie unterhalb von Gesetzen steht. Die Executive Order 14110 dürfte gleichwohl eine gewisse Wirkung auf Unternehmen gehabt haben, insofern diese Vorbereitungsmaßnahmen, wie beispielsweise die Schaffung von Kapazitäten und Ressourcen für ein KI-Risikomanagement, getroffen haben, um für die Zukunft gewappnet zu sein. Damit dürfte die Executive Order 14110 mittelbar Auswirkungen auf die Privatwirtschaft entfaltet haben.
19. Es bestehen keine Anhaltspunkte dafür, dass aufgrund der besonderen Gefahren, die von KI-Systemen ausgehen können, eine KI-spezifische Gefährdungshaftung, KI-spezifische Anspruchsgrundlagen oder eine KI-spezifische kollektive Rechtsdurchsetzung eingeführt werden sollen. Es sind zudem keine Anhaltspunkte dafür erkennbar, dass durch die Executive Order 14110 eine E-Person eingeführt werden sollte.
20. Die Zusammenschau der betrachteten US-amerikanischen Gerichtsentscheidungen, die im Zusammenhang mit KI ergangen sind, hat gezeigt, dass die US-Gerichte KI-spezifische Risiken bisher nicht besonders berücksichtigt haben.
21. Es sind zudem keine Anhaltspunkte dafür erkennbar, dass die US-Gerichte KI eine Rechtspersönlichkeit zusprechen wollen, die selbst Träger von Rechten und Pflichten ist. Dies wird in keiner der betrachteten Entscheidungen diskutiert. Wie aus den „Thaler“-Entscheidungen

hervorgeht, wird KI nicht als „menschenähnlich“ eingeordnet. So werden reine KI-Erzeugnisse mangels menschlichen Schöpfungsakts nicht durch das Urheberrecht geschützt. Ferner wird KI die Erfindereigenschaft i. S. d. US-Patentgesetzes abgesprochen, da diese ausschließlich natürlichen Personen zukommen soll.

22. Die betrachteten Entscheidungen von US-amerikanischen Gerichten im Zusammenhang mit der Haftung für KI können auf andere vergleichbare Fallkonstellationen übertragbar und damit von grundlegender Bedeutung sein. Aus der Zusammenschau der betrachteten US-Entscheidungen kann geschlussfolgert werden, dass die Gerichte bislang offenbar gezögert haben, KI- Herstellern und Anbietern eine Haftung aufzuerlegen und KI-spezifische Risiken besonders zu berücksichtigen. Darüber hinaus kann aus der Zusammenschau der betrachteten Urteile geschlussfolgert werden, dass der Klägervortrag zur KI-Technologie oftmals nicht ausreicht, um die geltend gemachten Ansprüche ausreichend darzulegen und zu beweisen.

V. Vergleich der Regulierungskonzepte

23. Sowohl die KI-Verordnung als auch die Executive Order 14110 basieren auf einem fundierten Wissen über KI. Der Einbezug von Beratern kann bedeutenden Einfluss für die Ausgestaltung der Initiativen haben. Wie die Einbeziehung einer eher Theorie geprägten Expertengruppe im Rahmen der Ausgestaltung der KI-Verordnung gezeigt hat, kann dies zu einer strengeren Regulierung mit einem harten Sanktionskonzept führen, während der Einbezug von praxisnahen Experten, zu einer flexibleren und innovationsfördernden Regulierung führen kann, wie die Ausgestaltung der Executive Order 14110 zeigt. Insoweit kann die Executive Order 14110 als Vorbild in Bezug auf ihr innovationsförderndes Konzept dienen.

24. In Bezug auf die Haftung und Verantwortung für KI schaffen klar formulierte und verbindliche Regelungen Rechtssicherheit für diejenigen, die KI-Systeme herstellen, anbieten, einführen und nutzen einerseits und für diejenigen, die durch KI geschädigt wurden, andererseits. Regelungen zur Verantwortung und Haftung für KI-Systeme werden klar definiert, wodurch Haftende eindeutig identifiziert werden können. Dadurch wird es den Verantwortlichen ermöglicht, Risikobewertungen im Zusammenhang mit KI-Systemen

vorzunehmen und geeignete Sicherheitsmaßnahmen sowie angemessene Qualitäts- und Risikomanagementsysteme einzuführen. Dies kann den Effekt haben, dass KI-Systeme durch die operative Begleitung optimiert, verbessert und beherrschbarer werden und so zu einer Schadensreduzierung beitragen. Unverbindliche Richtlinien und Empfehlungen, wie sie die Executive Order 14110 vorsieht, haben diese Wirkung hingegen nicht. Insoweit kann die KI-Verordnung als Vorbild in Bezug auf ihr Durchsetzungskonzept dienen.

25. Ein duales Regulierungskonzept, wie es die KI-Verordnung vorsieht, das präventiv dafür sorgt, dass KI-Systeme bestimmten Zulassungskriterien und Kontrollregimen unterliegen und klare Verantwortungsbereiche festlegt, sowie ex post dafür Sorge trägt, dass Geschädigte im Falle eines durch KI verursachten Schadens die Möglichkeit haben, zivilrechtliche Schadensersatzansprüche durchsetzen zu können, ist ein leistungsfähiges Instrument zur Steuerung von Märkten und Verhaltensweisen. Solch ein Konzept ermöglicht eine effiziente Anpassung an sich verändernde Rahmenbedingungen, wie beispielsweise an die sich rasant entwickelnde KI-Technologie. Ein sektorales Regulierungskonzept, wie es die Executive Order 14110 vorgab, bietet dies nicht und birgt die Gefahr divergierender und nicht harmonisierter Vorgaben. Die KI-Verordnung kann in diesem Zusammenhang als Vorbild in Bezug auf ihr duales Regulierungskonzept dienen.
26. Die Klassifizierung von KI-Systemen nach Risiken, die von ihnen ausgehen, wie es die KI-Verordnung vorsieht und das Verbot bestimmter KI-Systeme, greift steuernd in die Privatwirtschaft ein. Von Vorteil ist, dass durch die Einordnung von KI-Systemen Rechtssicherheit geschaffen wird. Insoweit kann die KI-Verordnung als Vorbild dienen. Nachteilig ist, dass durch den steuernden Eingriff Innovationen gehemmt werden können. Ein risikoaffinierter Ansatz, wie sie die Executive Order 14110 verfolgte, ist innovationsfördernd und kann zu einer Steigerung der Attraktivität des Standorts führen. Jedenfalls sollten Vorgaben zur Regulierung von KI angemessen und ausgewogen sein, um Innovationen nicht zu behindern.
27. Ein striktes Sanktionskonzept mit empfindlichen Geldbußen wirkt abschreckend und sorgt dadurch dafür, dass die Vorgaben eingehalten werden. Die Abwesenheit eines solchen Konzepts führt dazu, dass Vorgaben weniger verhaltenssteuernd wirken. Allerdings kann ein flexibleres Konzept eine schnellere und effizientere Anpassung

an neue Technologien ermöglichen. Strikte Regelungen, die harte Sanktionen bei einem Verstoß vorsehen, sind geeignet, effektiv das Verhalten zu steuern, Rechtssicherheit zu schaffen, Prozesse zu vermeiden und das Vertrauen in den KI-Sektor zu stärken. Insoweit kann das europäische Konzept als Vorbild dienen.

28. Sowohl der Schutz geistigen Eigentums beim KI-Einsatz als auch die Notwendigkeit der Regulierung von GPAI waren in der EU und der USA ein zentrales Thema. Insoweit bestand eine Tendenz zur Angleichung der Regelungen.
29. Zur Schließung von Entschädigungslücken und Erleichterung der Durchsetzung von zivilrechtlichen Schadensansprüchen im Zusammenhang mit Schäden, die durch KI verursacht wurden, steht das Beweisrecht in der EU ebenfalls im Fokus der Regulierung. In den USA ist dies nicht der Fall. Dort kann Rückgriff auf das vorhandene Zivilprozessrecht und insbesondere auf die US-Discovery genommen werden. Die Annäherung an die neuen Offenlegungsansprüche, die die KI-Haftungsrichtlinie und die Produkthaftungsrichtlinie einführen wollen, an die US-Discovery trägt dazu bei, Gerechtigkeit zu schaffen, indem sie dem/der Geschädigten die Beschaffung von Informationen, die er/sie benötigt, um seine/ihre Ansprüche durchzusetzen, gewährt. Diese Vorschriften dienen mithin der Lösung aktueller KI-spezifischer Probleme. Wie herausgearbeitet wurde, besteht insoweit ein gewisser Nachbesserungsbedarf in Bezug auf den Schutz etwaiger Geschäftsgeheimnisse betroffener Unternehmen, die zivilrechtlichen Schadensersatzansprüchen ausgesetzt sind. Die US-amerikanischen Vorschriften können insoweit als Vorbild dienen und zur Harmonisierung der Regulierungskonzepte der EU und der USA eingesetzt werden.
30. In der EU können Geschädigte bei KI-verursachten Schäden zukünftig zudem zivilrechtliche verschuldensunabhängige Schadensersatzansprüche geltend machen, sofern der Anwendungsbereich der Produkthaftungsrichtlinie eröffnet ist, was ebenfalls die Geltendmachung von Ansprüchen im Zusammenhang mit Schäden, die durch KI verursacht wurden, erleichtert. Auffallend ist, dass weder die KI-Verordnung noch die Executive Order 14110 Anhaltspunkte dafür aufweisen, dass eine rechtlich fingierte „E-Person" als eigenständig Haftender eingeführt werden soll. Darüber hinaus bestehen keine Anhaltspunkte dafür, dass KI-spezifische Anspruchsgrundlagen geschaffen werden sollen. Es bestehen zudem keine Anhaltspunkte

dafür, dass aufgrund der besonderen Gefahren, die von KI-Systemen ausgehen können, eine KI-spezifische Gefährdungshaftung oder eine KI-spezifische kollektive Rechtsdurchsetzung eingeführt werden soll. In den USA wird von großer Relevanz sein, wie die US-Gerichte mit Schäden, die durch KI verursacht wurden, umgehen. Bislang spielten die besonderen KI-spezifischen Risiken und Gefahren in den Gerichtsentscheidungen keine relevante Rolle. Insoweit können die Vorgaben der KI-Verordnung als Vorbild in Bezug auf die Einordnung der Verantwortung und Haftung für KI-Systeme dienen.

Literaturverzeichnis

Ammann, Thorsten / Pohle, Jan, KI-Verordnung - Was bisher geschah und jetzt zu tun ist, CB 2024, 137–144.

Anders, Monika / Gehle, Burkhard (Hrsg.), Kommentar zur Zivilprozessordnung, 82. Aufl., 2024.

Apel, Simon /Kaulartz, Markus, Rechtlicher Schutz von Machine Learning-Modellen RDi 2020, 24–34.

Auerbach, Dirk (Hrsg.), Banken- und Wertpapieraufsicht, 2. Aufl. 2023.

Barfield, Woodrow, Liability for Autonomous and Artificially Intelligent Robots, Paladyn, Journal of Behavioral Robotics, 2018, 193–203.

Bathaee, Yavar, Berkeley Technology Law Journal (BTLJ), 2020, 114–170.

Baumann, Malte, Keine Benennung eingesetzter KI als Miterfinder – DABUS, Anmerkung zu BGH, Beschluss vom 11.06.2024, X ZB 5/22, NJW 2024, 2992–2996.

ders., Generative KI und Urheberrecht – Urheber und Anwender im Spannungsfeld, NJW 2023, 3673–3678.

Baumgartner, Ulrich / Brunnbauer, Jonas / Cross, Samuel, Anforderungen der DS-GVO an den Einsatz von Künstlicher Intelligenz, MMR 2023, 543–547.

Blanke-Roeser, Constantin, Der US-amerikanische »Blueprint for an AI Bill of Rights«, JZ 2023, 509–512.

BeckOK ZPO, Kommentar zur Zivilprozessordung, 48. Aufl. 1.3.2023, § 292 ZPO. BeckOK ZPO/Wolber, 54. Ed. 1.9.2024, EuGFVO Art. 26.

Becker, Daniel, Der Kommissionsentwurf für eine KI-Verordnung – Gefahr für die Wissenschaftsfreiheit? ZfDR 2023, 164–183.

ders. / Feuerstack, Daniel, Der neue Entwurf des EU-Parlaments für eine KI-Verordnung, MMR 2024, 22–26.

Beckers, Anna (Hrsg.), Three Liability Regimes for Artificial Intelligence, 2021.

Benecke, Alexander / Wagner, Julian, Öffnungsklauseln in der Datenschutz-Grundverordnung und das deutsche BDSG - Grenzen und Gestaltungsspielräume für ein nationales Datenschutzrecht, DVBl 2016, 600–608.

Bento, Lucas V.M., The Globalization of Discovery. The Law and Practice under 28 U.S.C. § 1782, 2019.

Bilski, Nico, Verantwortungsfindung beim Einsatz maschinell lernender Systeme, NJOZ 2019, 657–661.

Blasek, Katrin, KI-Regulierung in der Volksrepublik China, RDi 2023, 557–564.

Bombard, David / Siglmüller, Jonas, Europäische KI-Haftungsrichtline, RDi 2022, 506–512.

dies., AI Act – das Trilogergebnis, RDi 2024, 45–55.

Bombard, David / Gajeck, Niclas, Softwareentwicklung durch künstliche Intelligenz, RDi 2021, 472–480.

ders. /Merkle, Marieke, Europäische KI-Verordnung, RDi 2021, 276–283.

Borges, Georg, Der Begriff des KI-Systems, CR 2023, 706–716.

Bostrom, Nick (Hrsg.), Superintelligenz: Szenarien einer kommenden Revolution, 3. Aufl. 2018, S. 181 ff.

Botta, Jonas, Die Förderung innovativer KI-Systeme in der EU ZfDR 2022, 391–412.

Braegelmann, Tom / Kaulartz, Markus (Hrsg.), AI und Machine Learning-Handbuch, 2020.

Brenner, Raphael, Software im Fokus der neuen Produkthaftungsrichtlinie, RDi 2024, 345–352.

Buck-Heeb, Petra, Rechtsunsicherheit beim KI-Einsatz im Bankensektor, WM 2023, 1625–1636.

Bullinger, Winfried (Hrsg.), Praxiskommentar zum Urheberrecht, 6. Aufl. 2022.

Burchardi, Sophie, Risikotragung für KI-Systeme, Zur Zweckmäßigkeit einer europäischen Betreiberhaftung, EuZW 2022, 685–692.

Busche, Daniel, Einführung in die Rechtsfragen künstlicher Intelligenz, JA 2023, 441–446.

Casey, Bryan, Remedies for Robots, The University of Chicago Law Review, Vol. 86, No. 5 (September 2019), 1311–1396.

Chibanguza, Kuuya / Steege, Hans, Die KI-Verordnung – Überblick über den neuen Rechtsrahmen, NJW 2024, 1769–1840.

Cornelius, Kai, Vertragsabschluss durch autonome elektronische Agenten, MMR 2002, 353–358.

Dainow, Joseph, The Civil Law and the Common Law: Some Points of Comparison, The American Journal of Comparative Law, Oxford University Press, Vol. 15, No. 3 (1966 - 1967), 419–435.

Dankert, Kevin / Dreyer, Stephan, Social Bots – Grenzenloser Einfluss auf den Meinungsbildungsprozess? K&R 2017, 73–78.

Dartmouth College, A proposal for the Dartmouth summer research project on artificial intelligence, 1955, abgerufen unter: https://doi.org/10.1609/aimag.v27i4.1904 (Abrufdatum: 28.10.2023).

Dauner-Lieb, BGB Schuldrecht, 4. Aufl. 2021.

de la Durantaye, Katharina, »Garbage in, garbage out« – Die Regulierung generativer KI durch Urheberrecht, ZUM 2023, 645–660.

ders., Nutzung urheberrechtlich geschützter Inhalte zum Training generativer künstlicher Intelligenz – ein Lagebericht, AfP 2024, 9–22.

Denga, Michael, Deliktische Haftung für künstliche Intelligenz, CR 2/2008, 69–78.

ders., Unternehmenshaftung für KI – zur Konformitätsbewertung in Permanenz, CR 2023,277–285.

Dobson, Simon (Hrsg.), The Turing Test, 2018.

Dombrowski, Jan, Discovery – auch in deutschen Gerichtsverfahren? GRUR-Prax 2016, 319–321.

Domingos, Pedro, The master algorithm: How the Quest for the ultimate learning machine will remake our world, 2017.

Dornis, Tim, Die „Schöpfung ohne Schöpfer" – Klarstellungen zur „KI-Autonomie" im Urheber- und Patentrecht(GRUR 2021, 784–792.

Ebert, Andreas / Spiecker gen. Döhmann, Indra, Der Kommissionsentwurf für eine KI-Verordnung der EU NVwZ 2021, 1188–1193.

Ebers, Martin, Die KI-Verordnung ante portas: Ein neuer Rechtsrahmen für Legal Tech? LTZ 2024, 1.

ders., Standardisierung Künstlicher Intelligenz und KI-Verordnungsvorschlag RDi 2021, 588–597.

ders. / Steinrötter, Björn (Hrsg.), Künstliche Intelligenz und smarte Robotik im IT-Sicherheitsrecht, 1. Aufl., 2021.

ders. / Streitbörger, Chiara, Die Regulierung von Hochrisiko-KI-Systemen in der KI-Verordnung, RDi 2024, 393–400.

ders. / Hoch, Veronica R.S. / Rosenkranz, Frank / Ruschemeier, Hannah / Steinrötter, Björn, Der Entwurf für eine EU-KI-Verordnung: Richtige Richtung mit Optimierungsbedarf, RDi 2021, 528–537.

Eichelberger, Jan, Arzthaftung beim Einsatz von KI und Robotik, ZfPC 2023, 209–214.

Ellenberger, Jürgen / Bunte, Hermann-Josef (Hrsg.), Bankrechts-Handbuch, 6. Aufl. 2022.

Engel, Andreas, Erfinderische Tätigkeit und Künstliche Intelligenz, GRUR 2022, 864–869.

ders., Generative KI, Foundation Models und KI-Modelle mit allgemeinem Verwendungszweck in der KI-VO, KIR 2024, 21–28.

Engelmann, Christoph / Brunotte, Nico / Lütkens, Hanna, Regulierung von Legal Tech durch die KI-Verordnung, RDi 2021, 317–323.

Erdogan, Iknur, Scholz-Deepfake – bewusste Falschinformation zu politischen Zwecken, MMR 2024, 379–383.

Ertel, Wolfgang (Hrsg.), Grundkurs Künstliche Intelligenz. Eine praxisorientierte Einführung, 4. Aufl., 2016.

Feuerstack, Daniel / Becker, Daniel / Hertz, Nora, Die Entwürfe des EU-Parlaments und der EU-Kommission für eine KI-Verordnung im Vergleich, ZfDR 2023, 421–444.

Fischer, Franz-Alois, Buzzword der Woche: Inflation Reduction Act, EnK-Aktuell 2023, 01039.

Foss-Solbrekk, Katharina, Three routes o protecting AI systems and their algorithms under IP law: The good, the bad and the ugly, Journal of Intellectual Property Law & Practice (JIPLP), 2021, 247–258.

Frank, Justus / Heine, Maurice, Arbeitsrechtliche Dimension der KI Verordnung, NZA 2024, 433–438.

dies., Das KI-basierte Arbeitsverhältnis NZA 2023, 935–939.

Freytag, Stefan, Digital Millennium Copyright Act und europäisches Urheberrecht für die Informationsgesellschaft, MMR 1999, 207–213.

Gaede, Karsten (Hrsg.), Künstliche Intelligenz – Rechte und Strafen für Roboter?, 2019.

Gajeck, Niclas A. / Scheibe, Roman C., KI-Schutz im Erfinderrecht – die Lage nach „DABUS“, RDi 2023, 408–414.

Gärtner, Anette, Künstliche Intelligenz als Erfinder – oder: Stanley K lässt grüßen, GRUR 2022, 207–211.

Geminn, Christian, Die Regulierung Künstlicher Intelligenz, ZD 2021, 354–459.

Gerdemann, Simon, Konformitätsbewertung als Kernpflicht der KI-Verordnung, NJW 2024, 2209–2215.

Glinke, Anna (Hrsg.), Kommentar zum Geschäftsgeheimnisschutzgesetz, 1. Aufl. 2021.

Glossner, Silke, IT-Recht – Recht, Wirtschaft und Technik der digitalen Transformation, 4. Aufl., 2021.

dies., Zivilrechtliche Haftung bei Einsatz von Robotern und Künstlicher Intelligenz, 4. Aufl. 2021.

Gorny, Peter / Kilian, Wolfgang, Computer–Software und Sachmängelhaftung (Berichte des German Chapter of the ACM), Stuttgart 1985.

Gosztonyi, Gergely / Lendvai, Ferenc Gergely, Ist eine Person des öffentlichen Lebens für die Kommentare auf ihrer Facebook-Pinnwand verantwortlich? MMR 2023, 923–928.

Gottberg, Friedrich, ChatGPT als Medizinprodukt, RDi 2023, 159–164.

Gottwald, Peter, Zur Wahrung von Geschäftsgeheimnissen im Zivilprozess, BB 1979, 1780–1787.

Görz, Günther / Schmidt, Ute / Braun, Tanya (Hrsg.), Handbuch der Künstlichen Intelligenz, 6. Aufl., 2021.

Götz, Andreas (Hrsg.), Der Schutz von Betriebs- und Geschäftsgeheimnissen im Zivilprozess, 2014.

Gounalakis, Georgios, Rechtliche Grenzen der Autocomplete-Funktion von Google, NJW 2023, 2321–2324.

von Graevenitz, Albrecht, „Zwei mal Zwei ist Grün" – Mensch und KI im

Vergleich, ZRP 2018, 238–241.

Grisse, Karina / Kaiser, Carola, Freiheit ab Unkenntlichkeit? — Die Bedeutung der (fehlenden) Wiedererkennbarkeit für das urheberrechtliche Vervielfältigungsrecht, ZUM 2021, 401–415.

Grünberger, Michael, Die Entwicklung des Urheberrechts im Jahr 2022, ZUM 2023, 309–360.

Grützmacher, Malte, Die zivilrechtliche Haftung für KI nach dem Entwurf der geplanten KI-VO, CR 2021,433, Rn. 39.

Günther, Jan-Philipp (Hrsg.), Roboter und rechtliche Verantwortung, 2016.

Günther, Jens / Gerigk, Mark / Berger, Markus, Von Algorithmen und Arbeitnehmern: Die europarechtliche Regulierung von KI im arbeitsrechtlichen Kontext, NZA 2024, 234–240.

Haagen, Christian (Hrsg.), Verantwortung für Künstliche Intelligenz - Ethische Aspekte und zivilrechtliche Anforderungen bei der Herstellung von KI-Systemen, 2021.

Hacker, Bernd, Wird ChatGPT das Rechnungswesen revolutionieren? Der Nutzen von Künstlicher Intelligenz (KI) im Rechnungswesen, IRZ 2023, 117–121.

Hacker, Philipp, Europäische und nationale Regulierung von Künstlicher Intelligenz, NJW 2020, 2142–2147.

ders., Die Regulierung von ChatGPT et al. – ein europäisches Trauerspiel, GRUR 2023, 289–290.

ders. / Berz, Amelie, Der AI Act der Europäischen Union – Überblick, Kritik und Ausblick", ZRP 2023, 226–229.

Haenlein/Kaplan, A Brief History of Artificial Intelligence: On the Past, Present, and Future of Artificial Intelligence, California Management Review 61 (2019) Issue 4, 5–14.

Hamilton, Peter J., The Civil Law and the Common Law, Harvard Law Review (HLR), Vol. 36, No. 2 (Dec. 1922), 180–192.

Hartung, Markus, Smartlaw, ChatGPT und das RDG, RDi 2023, 209–217.

Hauck, Ronny, Keine Erfinderbenennung zugunsten einer Künstlichen Intelligenz, RDi 2023, 195 f.

Heine, Robert, Generative KI: Nutzungsrechte und Nutzungsvorbehalte, GRUR-Prax 2024, 87–90.

Heine, Moreen / Dhungel, Anna-Katharina / Schrills, Tim / Wessel, Daniel (Hrsg.), Künstliche Intelligenz in öffentlichen Verwaltungen, 2023.

Herberger, Maximilian, „Künstliche Intelligenz“ und Recht – Ein Orientierungsversuch – NJW 2018, 2825–2829.

Hero, Marco / Ströer, Maximilian, Der Einsatz von KI in Vertriebssystemen ZVertriebsR 2024, 75–79.

Hervey, Matt / Lavy, Matthew (Hrsg.), The Law of Artificial Intelligence, (London, England, Sweet & Maxwell, 2021.

Hess, Hans-Joachim, Haftungsverschärfung für Produkte in der EU, CB 2023, 27–33.

Hetmank, Sven /Lauber-Rönsberg, Anne, Künstliche Intelligenz – Herausforderungen für das Immaterialgüterrecht, GRUR 2018, 574–582.

Hilgendorf, Eric / Valerius, Brian, Computer- und Internetstrafrecht, 3. Aufl. 2023.

Hine, Emmie / Floridi, Luciano, The Blueprint for an AI Bill of Rights: In Search of Enaction, at Risk of Inaction, Minds and Machines 2023, 285–292.

Hoeren, Thomas / Sieber, Ulrich / Holznagel, Bernd, Handbuch Multimedia-Recht, 58. Aufl. 2022.

ders., „Geistiges Eigentum” ist tot – lang lebe ChatGPT, MMR 2023, 81–82.

Hoffmann-Riem, Wolfgang, Die digitale Transformation als rechtliche Herausforderung, JuS 2023, 617–627.

Höll, Raphael, Das neue europäische Produkthaftungsrecht – Ein Überblick, EuZW 2025, 12–19.

Höpfner, Clemens, Grundlagen einer europäischen Methodenlehre, AcP 2009, 1.

Huber, Michael, Grundwissen – Zivilprozess: Selbstständiges Beweisverfahren, JuS 2020, 1013–1015.

Hug, Robin, Tagungsbericht: Wie regulieren wir Künstliche Intelligenz? ZfDR 2024, 213–224.

Hüger, Jakob, Die Rechtmäßigkeit von Datenverarbeitungen im Lebenszyklus von KI-Systemen, ZfDR 2024, 263–291.

Jakl, Bernhard, Das Recht der künstlichen Intelligent, MMR 2019, 711–715.

Jauernig, Othmar (Hrsg.), Bürgerliches Gesetzbuch, BGB § 823, 18. Aufl. 2021.

Johannisbauer, Christoph, ChatGPT im Rechtsbereich – erste Erfahrungen und rechtgliche Herausforderungen bei der Verwendung künstlich generierter Texte, MMR-Aktuell 2023, 455537.

Junker, Abbo, Der deutsch-amerikanische Rechtsverkehr in Zivilsachen — Zustellungen und Beweisaufnahmen, JZ 1989, 121– 129.

Käde, Lisa, Next-Level Software Development - Computerprogrammschutz und weitere rechtliche Stolpersteine beim Einsatz von Code-generierender KI in der Praxis, MMR 2024, 142–148.

dies. / Maltzan, Stephanie, Die Erklärbarkeit von Künstlicher Intelligenz (KI). Entmystifizierung der Black Box und Chancen für das Recht, CR 2020, 66–72.

Kainer, Friedemann / Förster, Lydia, Autonome Systeme im Kontext des Vertragsrechts, ZfPW 2020, 275–305.

Kalbfus, Michael / Schöberle, Andreas, Arbeitsrechtliche Fragen beim Einsatz von KI am Beispiel von ChatGPT, ArbRAktuell 2023, 251–254.

Kalbhenn, Jan Christopher, Designvorgaben für Chatbots, Deepfakes und Emotionserkennungssysteme: Der Vorschlag der Europäischen Kommission zu einer KI-VO als Erweiterung der medienrechtlichen Plattformregulierung, ZUM 2021, 663–674.

Kaplan, Samuel Jerry (Hrsg.), Artificial Intelligence, 2016.

Kapoor/Klindt, Verschärfung der Produkthaftung in Europa: Der Vorschlag der neuen Produkthaftungsrichtlinie, BB 2023, 67–71

Karnow, Curties E.A., Liability for disrupted artificial intelligences, Berkeley Technology Law Journal (BTLJ), Vol. 11, No. 1 (1996), 147–204.

Kastl-Riemann, Graziana, Algorithmen und Künstliche Intelligenz im Äußerungsrecht, ZUM 2023, 578–585.

Keller, Erhard, Kommentar zum Geschäftsgeheimnisschutzgesetz, 1. Aufl. 2021.

Kersten, Jens, Menschen und Maschinen Rechtliche Konturen instrumenteller, symbiotischer und autonomer Konstellationen, JZ 2015, 1–8.

Kersting, Mark O., Der Schutz des Wirtschaftsgeheimnisses im Zivilprozess, 1995.

Keßler, Oliver, Intelligente Roboter – neue Technologien im Einsatz, MMR 2017, 589–594.

Kim, Daria / Alber, Maximilian / Kwok, Man Wai / Mitrović, Jelena / Ramirez-Atencia, Christian / Pérez, Jesús Alberto Rodriguez / Zille, Heiner, Clarifying Assumptions About Artificial Intelligence Before Revolutionising Patent Law, GRUR International, 71(4), 2022, 295–321.

Kirn, Stefan, Intelligente (Software-)Agenten: Von der Automatisierung zur Autonomie? – Verselbständigung technischer Systeme, MMR 2014, 225–232.

ders., Intelligente (Software-)Agenten: Eine neue Herausforderung unseres Rechtssystems – Rechtliche Konsequenzen der „Verselbständigung“ technischer Systeme, MMR 2014, 307–313.

Klinger, Michael, Vernichtet und verloren? RIW 2007, 108.

Klüver, Jürgen, Neue Algorithmen für praktische Probleme, 2. Aufl. 2024.

Köck, Wolfgang / Markus, Till / Reese, Moritz (Hrsg.), Zukunftsfähiges Umweltrecht I, 2023.

Kraetzig, Viktoria, KI-Kunst als schöpferische Zerstörung, NJW 2024, 697–702.

Krone, Felix, Urheberrechtlicher Schutz von ChatGPT-Texten, RDi 2023, 117–124.

Krönke, Christoph, Das europäische KI-Gesetz: Eine Verordnung mit Licht und Schatten NVwZ 2024, 529–534.

Kühling, Jürgen, Der Einsatz von Künstlicher Intelligenz durch Unternehmen und Aufsichtsbehörden bei der Bekämpfung von Hassrede, ZUM 2023, 566–573.

Kürschner, Wolfgang, Parteiöffentlichkeit vor Geheimnisschutz im Zivilprozess, NJW 1992, 1804.

Kurtz, Birgit, US-Pre-Trial Discovery auf dem Prüfstand, IWRZ 2016, 64–68.

Lachmann, Jens-Peter, Unternehmensgeheimnisse im Zivilrechtsstreit, dargestellt am Beispiel des EDV-Prozesses, NJW 1987, 2206–2210.

Langbein, John H., The German Advantage in Civil Procedure, The University of Chicago Law Review (U Chi L Rev), 1985, Vol. 52, No. 4, 823–866.

Langenbucher, Katja / Bliesener, Dirk / Spindler, Gerald (Hrsg.), Bankrechts-Kommentar, 3. Aufl. 2020.

Langen, Werner (Hrsg.), BGB Schuldrecht, 4. Aufl. 2021.

Langheld, Georg / Haagen, Christian, Einsatz Künstlicher Intelligenz bei unternehmerischen Entscheidungen, NZG 2023, 1535–1540.

Lantwin, Tobias, Deep Fakes – Düstere Zeiten für den Persönlichkeitsschutz?, MMR 2019, 574–578;

ders., Strafrechtliche Bekämpfung missbräuchlicher Deep Fakes – Geltendes Recht und möglicher Regelungsbedarf, MMR 2020, 78–82.

Lauscher, Anne / Legner, Sarah, Künstliche Intelligenz und Diskriminierung, ZfDR 2022, 367–390.

Lehmann, Michael (Hrsg.), Produzenten- und Produkthaftung für Soft- und Hardware, in: Handbuch Lehmann, 2. Aufl., 1993.

ders., Produkt- und Produzentenhaftung für Software, NJW 1992, 1721–172.

Lemley, Mark A., Remedies for Robots, The University of Chicago Law Review, Vol. 86, No. 5 (September 2019), 1311–1396.

Lennartz, Jannis, „Digitale Puppenspieler" – die Nachbildung von Körper und Stimme durch KI, NJW 2023, 3543–3547.

Leupold, Andreas (Hrsg.), Zivilrechtliche Haftung bei Einsatz von Robotern und Künstlicher Intelligenz, 4. Aufl. 2021.

ders., IT-Recht – Recht, Wirtschaft und Technik der digitalen Transformation, 4. Aufl., 2021.

Linardatos, Dimitrios, Künstliche Intelligenz und Verantwortung, ZIP 2019, 504–509.

Litschka, Michael / Krainer, Larissa, Der Mensch im digitalen Zeitalter, 2019.

Löber, Lena Isabell / Roßnagel, Alexander, Kennzeichnung von Social Bots, MMR 2019, 493–498.

Logan, Kristen / Zoltick, Martin, White House AI Order Balances Innovation And Regulation, 6.11.2023, Law360, 1–5.

Lühmann, Daniel / Görgülü, Can / Marciniak, Jörg, Einsatz von JI im Asset Management, BKR 2024, 175–182.

Maamar, Niklas, Urheberrechtliche Fragen beim Einsatz von generativen KI-Systemen, ZUM 2023, 481–491.

Malorny, Friederike, Auswahlentscheidungen durch künstlich intelligente Systeme, JuS 2022, 289–296.

Mantz, Reto, Die Entwicklung des Internetrechts, NJW 2024, 480–484.

Martini, Mario / Drews, Christian, Dark Patterns, ZfDR 2021, 47–74.

ders. / Kramme, Inken / Kamke, Anton, KI-VO, DMA und DA als Missing Links im Kampf gegen das dunkle Designmuster? Das Digitalpaket der Union und seine vielschichtigen Regelungsansätze gegen Dark Patterns, MMR 2023, 399–403.

ders. / Wendehorst, Christine (Hrsg.), Verordnung über künstliche Intelligenz, 2024.

Matthias, Andreas (Hrsg.), Automaten als Träger von Rechten, 2008.

Mäsch, Gerald, Anmerkung zu BGH, Urt. v. 14.05.2013 – VI ZR 269/12 (Persönlichkeitsrechtsschutz bei Suchergänzungsvorschlägen einer Internetsuchmaschine), JuS 2013, 841–844.

Mayer, Kenneth R. (Hrsg.), With the Stroke of a Pen: Executive Orders and Presidential Power, 2002.

Mayinger, Samantha Maria (Hrsg.), Die künstliche Person, 2017.

Mayrhofer, Ann-Kristin, Die Haftung des Verwenders von KI-Systemen auf der „ersten Stufe“, EuZW 2024, 882–888.

McCarthy, John, What is Artificial Intelligence? Stanford University Press., 2007, 2–15

McGuire, Mary-Rose, Know-how: Stiefkind, Störenfried oder Sorgenkind, GUR 2015, 424–436.

Ménière, Yann / Pihlajamaa, Heli, Künstliche Intelligenz in der Praxis des EPA, GRUR 2019, 332–336.

Meyer, Ruth / Podszun, Rupprecht, Künstliche Intelligenz und die Medienpolitik, ZRP 2024, 41–44.

Milker, Jens, „Social-Bots“ im Meinungskampf, ZUM 2017, 216–222.

Minsky, Marvin (Hrsg.), Semantic Information Processing, 1968.

Mohn, Matthias, Dürfen Arbeitnehmer ChatGPT zur Erledigung ihrer Aufgaben einsetzen? NZA 2023, 538–542.

Möller-Klapperich, Julia, Regulatorische Herausforderungen in KI-Wertschöpfungsketten, NJ 2023, 383–389.

dies., Die neue KI-Verordnung der EU, NJ 2024, 337–342.

Möllers, Thomas M. J. (Hrsg.), Juristische Methodenlehre, 5. Aufl. 2023.

Moor, James, The Darmouth College Artificial Intelligence Conference: The Next Fifty Years, AI Magazine, Vol. 27 No. 4 (2006).

Möslein, Florian / Omlor, Sebastian, FinTech-Handbuch (Digitalisierung, Recht, Finanzen), 3. Aufl. 2024.

Musielak, Hans-Joachim (Hrsg.), Kommentar zur Zivilprozessordnung, 20. Aufl. 2023.

ders., Beweislastverteilung nach Gefahrenbereichen. Eine kritische Betrachtung der Gefahrenkreistheorie des Bundesgerichtshofs, AcP 176 (1976), 465–486.

Müller, Anne-Kathrin, Software als „Gegenstand“ der Produkthaftung, 2020.

Müller, Elke-Luise, Künstliche Intelligenz (KI) im Arbeitsverhältnis, öAT 2024, 26–29.

Müller-Hengstenberg, Claus D. / Kirn, Stefan, Intelligente (Software-) Agenten: Von der Automatisierung zur Autonomie? – Verselbständigung technischer Systeme, MMR 2014, 225–232.

dies., Intelligente (Software-)Agenten: Eine neue Herausforderung unseres Rechtssystems – Rechtliche Konsequenzen der „Verselbständigung“ technischer Systeme, MMR 2014, 307–313.

Müller-Peltzer, Philipp / Tanczik, Valentin, Künstliche Intelligenz und Daten – Data-Governance nach der geplanten KI-Verordnung, RDi 2023, 452–458.

Münchener Kommentar zum BGB, Band 1: Allgemeiner Teil §§ 1–240, AllgPersönlR, ProstG, AGG, 9. Auflage. 2021. Band 7: Schuldrecht -Besonderer Teil IV §§ 705–853, Partnerschaftsgesellschaftsgesetz, Produkthaftungs-gesetz, 9. Aufl. 2024.

Münchener Kommentar zur Zivilprozessordnung, Band 2: §§ 355–945b, 6. Auflage 2020.

Nägerl, Joel / Neuburger, Benedikt / Steinbach, Frank, Künstliche Intelligenz: Paradigmenwechsel im Patentsystem, GRUR 2019, 336–341.

Nickl, Afra, ChatGPT als Rechtsdienstleister? MMR 2023, 328–333.

Oberer, Walter E., Trial by Ambush or A y Ambush or Avalanche – The Discovery Debacle, Journal of Dispute Resolution, 1987, Artikel 3.

Odelberg, Trevor, Research Report: Understanding the Future of Artificial Intelligence, Governance: Comparing the EU AI Act and U.S. Executive Order on Safe AI, University of Michigan, 2024.

Oechsler, Jürgen, Die Haftungsverantwortung für selbstlernende KI-Systeme, NJW 2022, 2713–2716.

Orssich, Irina, Das europäische Konzept für vertrauenswürdige Künstliche Intelligenz, EuZW 2022, 254–261.

Otto, Stephan, Urheberrechtliche Verantwortlichkeit von Internet-Service-Providern in den USA. Im Blickpunkt: Der Weg von Frena-Entscheidung zum „Digital Millennium Copyright Act“, K&R 1998, 487–489.

Paal, Boris / Hüger, Jakob, Die KI-VO und das Recht auf menschliche Entscheidung, MMR 2024, 540–544.

Pieper, Fritz-Ulli, Wenn Maschinen Verträge schließen: Willenserklärungen beim Einsatz von Künstlicher Intelligenz, GRUR-Prax 2019, 298–300.

Ploch-Kumpf, Ute (Hrsg.), Der Schutz von Unternehmensgeheimnissen im Zivilprozess unter besonderer Berücksichtigung in der Gesamtrechtsordnung, 1996.

Pohlmann, Petra (Hrsg.), Zivilprozessrecht, 5. Aufl. 2022.

Prütting, Hanns / Weth, Stephan, Zur Zulässigkeit beweisrechtlicher Geheimverfahren, ArbuR 1990, 269–275.

dies., Geheimnisschutz im Zivilprozess, NJW 1993, 576–577.

Rajaraman, Vaidyeswaran, John McCarthy – Father of Artificial Intelligence, Resonance 2014, 198–207.

Reese, Jürgen, Produkthaftung und Produzentenhaftung für Hard– und Software, DStR 1994, 1121–1127.

Reusch, Phillipp (Hrsg.), Future Law, 2. Aufl. 2022.

ders., KI und Software im Kontext von Produkthaftung und Produktsicherheit, RDi 2023, 152–159.

Riehm, Thomas, Gegen die Anerkennung einer digitalen Rechtspersönlichkeit, RDi 2020, 42–48.

ders. / Meier, Stanislaus, Product Liability in Germany - Ready for the Digital Age? - EuCML 2019, 161–165.

Riesenhuber, Karl, Europäische Methodenlehre, Handbuch für Ausbildung und Praxis, ZHR 171 (2007), 754.

Rippert, K. Stephan, Das Beweisverfahren im amerikanischen Recht, RIW 1993, 626–631.

Rohrßen, Benedikt, Die EU-Produkthaftungs-RL 2024: Der „final compromise text“, ZfPC 2024, 1–23.

ders., KI & CE – Die KI-VO, das Produktsicherheitsrecht für Künstliche Intelligenz, ZfPC 2024, 111–123.

Rolfes, Louis / Engeler, Malte, Unterlassungsansprüche bei der Erzeugung von ehrverletzenden Falschinformationen durch LLMs, ZD 2024, 496–500.

Roos, Philipp / Weitz, Caspar Alexander, Hochrisiko-KI-Systeme im Kommissionsentwurf für eine KI-Verordnung, MMR 2021, 844.

Rostalski, Frauke / Weiss, Erik, Der KI-Verordnungsentwurf der Europäischen Kommission ZfDR 2021, 329–357.

Roth-Isigkeit, David, Der neue Rechtsrahmen für Künstliche Intelligenz in der Europäischen Union, KIR 2024, 15–20.

Rudalevige, Andrew, By Executive Order: Bureaucratic Management and the Limits of Presidential Power, 2021.

Rühl, Gisela, Die Begrenzung des § 142 ZPO durch das Anwaltsprivileg. ZZP (2012) 125, 25–40.

Russell/Norvig (Hrsg.), Artificial Intelligence: A Modern Approach, 4. Aufl. 2022.

Rüthers, Bernd, Grundlagen einer europäischen Methodenlehre, AcP 2009, 1.

Saidakhrarovich Gulyamov, Said, Ethische und rechtliche Dimensionen der Regulierung von Quantum Artificial Intelligence-Systemen, MMR 2024, 26–31.

Saenger, Ingo, Handkommentar zur Zivilprozessordung, 10. Aufl. 2023.

Salz, Konstantin / Wiedemann, Max-Julian, KI im Mandat – Chancen und rechtliche Grenzen, NJW 2024, 1634–1636.

Schack, Haimo, Auslesen von Webseiten zu KI-Trainingszwecken als Urheberrechtsverletzung de lege lata et ferenda, NJW 2024, 113–117.

Schantz, Peter, Die Datenschutz-Grundverordnung - Beginn einer neuen Zeitrechnung im Datenschutzrecht, NJW 2016, 1841–1847.

Schaub, Renate, Nutzung von Künstlicher Intelligenz als Pflichtverletzung? NJW 2023, 2145–2150.

Scherer, Josef, Innovationen und enthaftende Wirkung eines Product- oder Nachhaltigkeits-Compliance-Managementsystems im Lichte aktueller höchstrichterlicher Rechtsprechung, ZfPC 2024, 1–20.

Schilken, Eberhard, Nachweis des Vertretenseins einer Gewerkschaft im Betrieb, SAE 1993, 308–314.

Schippel, Robert, KI-Chatbot-Erzeugnisse: Vertragsklausel zur Weitergabe und Nutzung, MMR 2024, 371–374.

Schirmer, Jan Erik, Rechtsfähige Roboter? JZ 2016, 660–666.

Schlee, Nelli, Shaping Europe's Digital Future – Regulierung von KI, ZD-Aktuell 2021, 05194.

Schmid, Thomas, Verantwortungsfindung beim Einsatz maschinell lernender Systeme, NJOZ 2019, 657–661.

Schmidt, Eike, Die Verfahrensgrundsätze im Zivilprozess, Jura 2007, 500–505.

Schneider, Moritz, Künstliche Intelligenz am Arbeitsplatz, ARP 2023, 194–197.

Schönknecht, Marcus (Hrsg.), Kommentar zum Geschäftsgeheimnisschutzgesetz, 2021.

Schreiber, Klaus, Die Beweislast in Zivilsachen – Funktionen und Verteilungsregeln, JuS 2003, 1007–1013.

Schreitmüller, Zeynep / Schucht, Carsten, Künstliche Intelligenz im Arbeitsschutz – Das künftige EU-Haftungsregime für Anbieter, Nutzer und Wirtschaftsakteure, ARP 2023, 226–232.

Schucht, Carsten / Öttinger, Michael, Online-Marktplätze im Produktrecht, BB 2022, 2435–2443.

Schulze, Reiner, Liability for AI, 1. Aufl., 2023.

Schürmann, Kathrin, Datenschutz-Folgenabschätzung beim Einsatz Künstlicher Intelligenz, ZD 2022, 316–321.

Schwartmann, Rolf, ChatGPT: Chancen und Risiken einer „Weltmaschine", MMR-Aktuell 2023, 455536.

Searle, John R., Minds, brains, and programs, The Behavioral and brain sciences (1980), 3, 417–457.

Seavey, Warren, A Principles of Torts, Harvard Law Review (HLR), Vol. 56, No. 1 (Sep. 1942), 72–98.

Sedlmaier, Felix / Krzic Bogata, Andeja, Die Haftung beim (teil-)autonomen Fahren, NJW 2022, 2953–2957.

Seeliger, Paul, Dark Patterns, ZfDR 2021, 47–74.

Shannon, Claude E., A proposal for the Dartmouth summer research project on artificial intelligence, 1955, abgerufen unter: https://doi.org/10.1609/aimag.v27i4.1904 (Abrufdatum: 28.10.2023).

Sheikh, Haroon / Prins, Corien / Schrijvers, Erik (Hrsg.), Mission AI, 2023.

Siglmüller, Jonas, Europäische KI-Haftungsrichtline, RiDi 2022, 506–512.

ders. / Gassner, Daniel, Softwareentwicklung durch Open-Source-trainierte KI – Schutz und Haftung, RDi 2023, 124–132.

Silver, David / Schrittwieser, Julian / Simonyan, Karen / Antonoglou, Ioannis / Huang, Aja / Guez, Arthur / Hubert, Thomas / Baker, Lucas / Lai, Matthew / Bolton, Adrian / Chen, Yutian / Lillicrap, Timothy / Hui,

Fan / Sifre, Laurent / Driessche, George van den, Graepel, Thore / Hassabis, Demis, Mastering the Game of Go Without Human Knowledge, Nature Journal (Research Article) 2017, 354–359.

Sites, Brian, Machine Speech: Towards a Unified Doctrine of Attribution and Control, U. Mia. L. Rev. 2024, 1025–1061.

Smuha, Nathalie A., From a „Race to AI" to a "Race to AR Regulation": Regulatory Competition for Artificial Intelligence, Law, Innovation & Technology, Vol. 13, Iss. 1, 2021.

Specht, Louisa / Herold, Sophie, Roboter als Vertragspartner? MMR 2018, 40–44.

Spiegel, Ulrich, Online-Marktplätze unter der neuen Produktsicherheitsverordnung, ZVertriebsR 2023, 71–80.

Spies, Axel, USA: Umsetzung des California Consumer Privacy Rights Act schreitet voran, MMR 2022, 839–840.

ders., ChatGPT & Co. – Keine Insellösungen, MMR 2023, 469–470.

Spindler, Gerald, Digitale Wirtschaft – analoges Recht: Braucht das BGB ein Update? JZ 2016, 805–816.

ders., Die Vorschläge der EU-Kommission zu einer neuen Produkthaftung und zur Haftung von Herstellern und Betreibern Künstlicher Intelligenz, CR 2022, 689–704.

Spiro, Michael, The FTC and AI Governance: A Regulatory Proposal, Seattle Journal of Technology, Environmental & Innovation Law (SJTEIL) 2020: Bank 10, Artikel 2, 12–19.

Splittgerber, Andreas / Becker, Joana, Der AI Act: Regeln zum Einsatz künstlicher Intelligenz in der EU, DB 2024, 984–990.

Stadler, Astrid, Der Schutz von Unternehmensgeheimnissen im deutschen und U.S.-amerikanischen Zivilprozess sowie im Rechtshilfeverfahren, 1989.

Staudenmayer, Dirk, Haftung für Künstliche Intelligenz, NJW 2023, 894–901.

ders. (Hrsg.), Liability for AI, 1. Aufl., 2023.

Steege, Hans, Definition von Künstlicher Intelligenz in Art. 3 Nr. 1 KI-VO-E, MMR 2022, 926–930.

Steinbach, Armin, Social Bots im Wahlkampf, ZRP 2017, 101–105.

Stiemerling, Oliver, „Künstliche Intelligenz" – Automatisierung geistiger Arbeit, Big Data und das Internet der Dinge, CR 2015,762–765.

Stöhr, Alexander, Der Ausforschungsbeweis im Zivilprozess, JA 2020, 688–691.

Stoll, Hans, Haftungsverlagerung durch beweis-rechtliche Mittel, AcP 176 (1976), 145–196.

Stone, Harlan F., The Common Law in the United States, Harvard Law Review (HLR), Vol. 50, No. 1 (Nov. 1936), 4–26.

Ströbel, Lukas / Grau, Robert, KI-gestützte Medizin-Apps - Rechtliche Herausforderungen eines interdisziplinären Produkts, ZD 2022, 599–605.

Stürner, Rolf, Parteiherrschaft versus Richtermacht – Materielle Prozessleitung und Sachverhaltsaufklärung im Spannungsfeld zwischen Verhandlungsmaxime und Effizienz, ZZP 123 (2010), 147–161.

ders., Die gewerbliche Geheimsphäre im Zivilprozess, JZ 1985, 453–461.

Taeger, Jürgen (Hrsg.), Außervertragliche Haftung für fehlerhafte Computerprogramme, 1995.

Theis, Ricarda, Auswirkungen der KI-Verordnung und der KI-Haftungs-Richtlinie auf die Haftung beim KI-Einsatz in der Finanzbranche, BKR 2024, 414–420.

Theissen, Natalia, Das US-amerikanische Rechtsinstrument der „discovery", IWRZ 2020, 10–14.

Teubner, Gunther, Elektronische Agenten und große Menschenaffen: Zur Ausweitung des Akteursstatus in Recht und Politik, ZfRSoz 27 (2006), 5–30.

ders., Digitale Rechtssubjekte? Zum privatrechtlichen Status autonomer Softwareagenten, AcP 2018, 155–205.

ders. (Hrsg.), Three Liability Regimes for Artificial Intelligence, 2021.

Theis, Ricarda (Hrsg.), Der Einsatz automatischer und intelligenter Agenten im Finanzdienstleistungsbereich, 2021.

Thiel, Markus, „Deepfakes" – Sehen heißt glauben? ZRP 2021, 202–205.

Thiermann, Arne / Böck, Nicole , Künstliche Intelligenz in Medizinprodukten, RDi 2022, 333–339.

Thöne, Meik, Autonome Systeme und deliktische Haftung, 2020.

Tinnefeld, Marie-Theres, Smarte Roboter – ein Menschenexperiment? MMR 2020, 799–801.

Tischbirek, Alexander, Ermessensdirigierende KI, ZfDR 2021, 307–328.

Tschorr, Sophie, Wenn der Staat Fake News verbreitet, ZfDR 2021, 381–393.

Turing, Alan M., Computing Machinery and Intelligence, Mind 1950, 433–460.

Vasel, Johann Justus, Sieben Sünden und Defizite europäischer KI-Regulierung, EuZW 2024, 829–835.

Vasel Johann Justus / Müller, Andreas P, Präsidiale KI-Regulierung?, MMR 2024, 291 MMR 2024, 291–297.

Voit, Wolfgang (Hrsg.), Kommentar zur Zivilprozessordnung, 20. Aufl. 2023

Vorberg, Sebastian, ChatGPT als Medizinprodukt, Rdi 2023, 159–164.

Wagner, Eric / Ruttloff, Marc /Römer, Sophie, Neuerungen und digitale Aspekte des Vorschlags der EU-Kommission für eine neue Produkthaftungsrichtlinie, CCZ 2023, S. 109–110.

Wagner, Gerhard, Produkthaftung für das digitale Zeitalter – ein Paukenschlag aus Brüssel, JZ 2023, 1–11.

ders., Produkthaftung für autonome Systeme, AcPBd. 2017, 707–937.

ders., Datenschutz im Zivilprozess, ZZP 108 (1995), 193–218.

ders., Haftung für Künstliche Intelligenz – Eine Gesetzesinitiative des Europäischen Parlaments, ZEuP 2021, 545–572.

Wagner, Kristina, Generative KI: Eine „Blackbox" urheberrechtlicher Haftungsrisiken? Balanceakt zwischen Innovationsförderung und effektivem Rechtsschutz für Werke Dritter, MMR 2024, 298–304

Wandtke, Artur-Axel (Hrsg.), Praxiskommentar zum Urheberrecht, 6. Aufl. 2022.

Weber, Klaus (Hrsg.), Weber kompakt, Rechtswörterbuch. 8. Aufl., 2023.

Weingart, Rowena Angelika, Vertragliche und außervertragliche Haftung für den Einsatz von Softwareagenten, 2022.

Weinzierl, Quirin, Dark Patterns, ZfDR 2021, 47–74.

Wende, Susanne, Software in IoT-Plattformen, RDi 2021, 341–347.

Welser, Marcus von, ChatGPT und Urheberrecht, GRUR-Prax 2023, 57–59.

ders., Generative KI und Urheberrechtsschranken, GRUR-Prax 2023, 516–520.

Wendehorst, Christiane / Nessler, Bernhard / Aufreiter, Alexander / Aichinger, Gregor, Der Begriff des „KI-Systems“ unter der neuen KI-VO, MMR 2024, 605–613.

Wettig, Steffen / Zehendner, Eberhard, The Electronic Agent: A Legal Personality under German Law?“, Proceedings of the Law and Electronic Agents Workshop, 97–112.

Wiebe, Andreas (Hrsg.), Zivilrechtliche Haftung bei Einsatz von Robotern und Künstlicher Intelligenz, 4. Aufl. 2021.

ders., IT-Recht – Recht, Wirtschaft und Technik der digitalen Transformation, 4. Aufl., 2021.

Wiebe, Gerhard, Produktsicherheitsrechtliche Betrachtung des Vorschlags für eine KI-Verordnung, BB 2022, 899–906.

Wilmer, Thomas, Herausforderungen der Vertragsgestaltung mithilfe Künstlicher Intelligenz, EuZW 2024, 868–875.

Witteler, Michael / Moll, Lucas, Künstliche Intelligenz am Arbeitsplatz – Datenschutz und Rechte des Betriebsrats, NZA 2023, 327–333.

Wittphal, Volker, Künstliche Intelligenz – Technologie / Anwendung / Gesellschaft, 2019.

Woesch, Philippe / Vogt, Melanie, Die KI-Verordnung – Die digitale Zukunft im Finanzsektor, BKR 2024, 689–696.

Wybitul, Tim, Geldbußen wegen Verstößen gegen die KI-Verordnung, NJW 2024, 2641–2647.

Zech, Herbert, Haftung für Trainingsdaten Künstlicher Intelligenz, NJW 2022, 502–507.

ders. (Hrsg.), Risiken digitaler Systeme: Robotik, Lernfähigkeit und Vernetzung als aktuelle Herausforderungen für das Recht, 2020.

ders., Künstliche Intelligenz und Haftungsfragen, ZfPW 2019, 198–219.

Zeuner, Albrecht, Überlegungen zum Begriff des Rechtsverhältnisses i. S. v 256 ZPO, NJW 1993, 845—846.

Zweigert, Konrad / Kötz, Hein, Einführung in die Rechtsvergleichung: Auf dem Gebiete des Privatrechts, 1996.

o.V., Developments of the Law – Discovery, Harvard Law Review Association (HLR), Vol. 74, No. 5 (Mar. 1961), 940–1072.

www.ingramcontent.com/pod-product-compliance
Ingram Content Group UK Ltd.
Pitfield, Milton Keynes, MK11 3LW, UK
UKHW021823290926
8980IPUK00004B/234

9 783631 937402